远东财经

见证通胀

动荡世界中的中国利益

吴庆 著

上海远东出版社

图书在版编目(CIP)数据

见证通胀：动荡世界中的中国利益/吴庆著. —上海：上海远东出版社，2011

ISBN 978-7-5476-0320-8

Ⅰ. ①见… Ⅱ. ①吴… Ⅲ. ①通货膨胀—研究—中国 Ⅳ. ①F822.5

中国版本图书馆 CIP 数据核字(2011)第 037292 号

责任编辑：李巧媚
封面设计：张晶灵

见证通胀 动荡世界中的中国利益

著者：吴 庆

出版：上海世纪出版股份有限公司远东出版社
地址：中国上海市仙霞路 357 号
邮编：200336
网址：www.ydbook.com
发行：新华书店上海发行所 上海远东出版社
制版：南京前锦排版服务有限公司

印刷：上海望新印刷厂
装订：上海望新印刷厂
版次：2011 年 5 月第 1 版
印次：2011 年 5 月第 1 次印刷
开本：710×1000 1/16
字数：308 千字
印张：18.25 插页 1
印数：1—5100

ISBN 978-7-5476-0320-8/F·432 定价：39.00 元

献　　给

我的爷爷闫学义、奶奶靳自清、瘦祖祖曹素贞和胖祖祖闫绍氏

目 录

序　一

2008年起于北美的全球金融危机爆发以来，中国经济进入了一个起伏跌宕的时期。有着良好货币金融专业训练、又多年从事宏观经济政策研究的吴庆君在此期间写了大量有见地的时评文章。当我们重读这些时评的时候，仿佛重新回到当时百家争鸣的现场，不仅饶有阅读历史的兴味，而且对于总结政策得失和分辨理论正误，也有很大的好处。

实际上，关于宏观经济形势和宏观经济的大讨论，早在2003年初就开始了。中间经过"SARS(非典)"的冲击，在2003年第四季度再度升温。中国经济的态势究竟如何，应当采取什么样的宏观经济政策，成为政学两界的热门话题。人们对经济形势的研判，从总体过热、局部过热，到态势良好，差别甚大。对于政府应当采取什么样的财政和货币政策，紧缩、扩张，还是中性，也是言人人殊。政府领导在2004～2007年间大体上采取了一种总量扩张、对少数产能过剩的行业采取投资审批等行政手段加以限制的政策。直到2008年初，房地产和股票价格居高不下，通货膨胀率(CPI)也到了8.7%的高位，才下达了"踩刹车"的命令。

紧缩性的货币政策与全球金融危机的重合，使中国经济在2008年秋季呈现出增速放缓的迹象。虽然从环比指标来看，中国经济在2009年1月已经开始见底回升，但人们还是普遍认为中国经济已经陷于衰退，需要用大规模的投资和国有商业银行的海量贷款来保证GDP高速增长。从那时以来，怎样认识宏观经济形势、什么是适当的宏观经济政策，一直是经济学界争论的焦点。

吴庆君正是在这种众说纷纭的场景下，积极参与到争鸣之中，写下了一百多篇时评。这些时评虽然篇幅短小，但言之有物，代表一种分析视角。如果我们联系当时的实际情况和后来导致的结果来回顾这番讨论，的确能够从中得到许多理论和政策上的启示。

吴庆君的这些时评，着重于短期经济分析。但是他也在书中用了两辑篇幅（即辑六和辑七）讨论长期经济问题。这也是十分重要的。因为在中国，不知从什么时候开始，流行用投资、消费、出口这“三驾马车”的分析框架来展望经济增长。似乎不管用什么方法，只要增加了总需求，就能够保证经济持续稳定增长。所谓“三驾马车”的分析框架，只是凯恩斯主义短期分析框架（储蓄＋消费＝投资＋消费＋净出口＋财政赤字）的变形。即使凯恩斯本人，也并不认为这一框架适合于分析长期经济增长。短期经济问题受制于长期经济问题。分析长期经济问题需要运用另外的分析框架，例如R·索罗改写过的生产函数等。

中国经济的根本问题发生在长期层面上，涉及到某些变动相对缓慢的变量。这些变量在几个季度的时间跨度里来不及发生显著的变化。要讨论长期变量，仅仅有短期时间跨度上的观察就不够用了。用短期宏观经济政策去应对中国经济当中的泡沫、通胀和停滞等看似短期经济波动造成的问题，只能顾此失彼。中国宏观经济当局在2011年初提出要把主要注意力放在解决长期增长中的问题上。这是十分正确的。

总之，我更看重本书最后两辑，包括短期政策和长期问题的关系，以及对长期政策的讨论。希望吴庆君在这个方面继续努力。

吴敬琏

2011年3月30日

序　二

通货膨胀是经济学研究的永恒主题，之所以“永恒”主要是因为通胀与就业密切相关：人口的增长，劳动力的增加，人们生活水平的提高，必然要增加就业；要增加就业，必须发展经济；而经济的发展，需要货币推动；货币的推动避免不了商品价格的波动；商品价格的波动会带来通货膨胀。

吴庆研究员长期观察、研究这一永恒的主题，以自己掌握的经济信息和高层决策的意图作基础，高屋建瓴，研析入微，提出了真知灼见，发表了不少文章。应当说难能可贵，可喜可贺！现以《见证通胀》的名义成书出版，不仅见证了我国这些年来通胀的过程，而且推动了金融学术的发展，特别是对通胀的研究。

当前，通货膨胀已经不是一个国家的问题，而是世界性的问题。世界性的通胀以什么理论去解释，用什么方法去防范和治理是个新的问题。在这里，我介绍“失业与通胀互换”理论，做引玉之砖。

社会经济的发展，难以在零失业率或零通货膨胀率状态下进行，社会经济发展的组织者只能选择较低的失业率或较低的通货膨胀率。失业率与通货膨胀率有替代关系。问题是在什么条件下失业与通货膨胀能够相互替代，在什么条件下不能相互替代。如果治理通货膨胀以失业为代价，治理失业以通货膨胀为代价，那么都需要社会成员付出代价。政策如何取舍，要考察社会成员对失业或对通货膨胀的承受力。通货膨胀可区分为公开的通货膨胀与隐蔽的通货膨胀。公开的通货膨胀表现为物价持续上涨，隐蔽的通货膨胀不直接表现在物价的上涨中，而是表现在消费品需求的计划分配上。正规市场上的物价虽然没有上涨，但“黑市”上的物价大幅度上涨。这种状况不反映在权威部门统计的指数上，但与通货膨胀一样，货币的购买力降低了。所以被称为隐蔽的通货膨胀。

在考察社会成员对失业或通货膨胀有多大承受力时，需要在理论上划清界限：是指对公开失业的承受力，还是指对包括隐蔽失业在内的整个社会失业的承受力；是指对公开通货膨胀的承受力，还是指对包括隐蔽通货膨胀在内的总体通货膨胀的承受力。

失业这个概念，在市场经济国家，通常是指具备了劳动能力、愿意工作而找不到合适工作的人群所处的状态。有工作岗位的人是不是都是非失业者呢？经济学的研究讲求劳动资源的合理配置和充分运用，所以不能简单地肯定有工作岗位的人就是非失业者。有的人在一定的工作岗位上劳动，但不能充分地发挥劳动力的作用，比如中国农村人多地少，有部分农民实际上处于隐蔽失业状态。

要计算有多少隐蔽失业者是困难的。理论分析的办法是：假定抽走部分劳动力后，不至于使农业生产力下降，则被抽走的这部分劳动力便是农村的隐蔽失业者。隐蔽失业者除农村外，在一些城市也有，但不如农村明显、严重。在考察社会成员对失业有多大的承受力时，惯例是把隐蔽失业者排开，仅以公开失业者而论，因为公开失业者既没有工作也没有收入，往往是引起社会不安定的因素之一，而隐蔽失业者虽然在其岗位上收入不多，但一定时期内不至于直接影响社会安定。所以，治理公开的通货膨胀特别重要，不能掉以轻心。怎样有效治理？不仅要有理论指导，而且要实践可行，吴庆研究员的著述，可谓一家之言。“长江后浪推前浪，一代更比一代强”，我作为他的导师，为他高兴。

曾康霖

2011年3月15日

辑一

货币战？没那么简单！

货币战？没那么简单！①

2010年9月29日，美国会众议院以348比79的投票结果通过了《汇率改革促进公平贸易法案》，允许美国政府对所谓低估本币汇率的国家征收特别关税。在之前的听证会上，财长盖特纳指认人民币被"严重低估"，因此有许多人认为中国是该法案主要针对的国家。

仅仅一周以后的10月5日，欧元集团主席容克、欧洲中央银行行长特里谢、欧盟委员会经济与货币事务委员雷恩联合向访问欧洲的温家宝总理表达了对人民币升值的希望。国际舆论普遍预期：在即将召开的IMF和世界银行年会上，人民币汇率将成为众矢之的。一场针对人民币的"货币战争"即将打响。

人民币汇率问题已经讨论了十多年。仅就汇率问题本身，其实已经没有什么值得进一步讨论。借用英国《金融时报》(*Financial Time*，简称FT)首席经济评论员马丁·沃尔夫的话说："如果把国内生产总值(GDP)的一半投资于外汇储备都不算汇率操纵，那什么才算？"他还说："这是一种保护主义政策。通过压低人民币实际汇率，中国为其出口商品及进口替代品的生产提供了补贴。"

沃尔夫先生言之成理。但是，然后呢？就算中国通过人民币低估扣动了"货币战"的扳机，侵犯了欧美国家为代表的主要贸易对手的利益，那么他们是不是应该联手反击？反击的理由已经存在了20年。如果欧美国家及时反击中国挑起的"货币战"，不会有今天。面对中国发起的"货币战"，欧美国家明明有能力行动，为什么迟迟不出手？

因为问题没有那么简单。事实上，从国家利益的角度来分析，被人民币汇率低估伤害最重的，正是中国自己；从人民币低估当中受益最大的，反而是中国的主要贸易伙伴，尤其是美国。只要愿意，你尽可以说这是一场"货币战"。但是这场"战争"的结果已经不是伤害自己的贸易伙伴，而是伤害自己，就算发动"战争"的目的不是这样。

---

① 2010年10月11日发表于FT中文网。写入本书时，字数增加了一倍。

正常的国际贸易追求国际收支平衡，因此本质上是物物交换。能够实现国际收支平衡的汇率被称为均衡汇率。发现均衡汇率的唯一办法就是让汇率自由浮动，让市场机制发挥发现均衡汇率的作用。在自由浮动的汇率体制中，国际收支平衡是自动实现的。如果汇率不能自由浮动，国际收支平衡是否能够实现才成为一个问题。

与自由浮动汇率体制中的国际收支平衡状态相比，人民币汇率低估改善了中国贸易伙伴的贸易条件（terms of trade），恶化了中国的贸易条件。假设人民币的实际汇率比均衡汇率低估了10%，那么，为了换回同样数量的舶来货，中国必须多付出10%的产品；同时，中国的贸易伙伴国少出口10%，就可以换取同样数量的中国货。

人民币低估的另一个结果是导致中国的对外贸易偏离了物物交换的本质。中国对主要贸易伙伴的很大一部分出口没有换回商品，而是换回了大量被称为“绿背欠条”（greenback paper）的美元。2010年底，人民银行外汇储备同比增长18.7%，余额达到28 473亿美元，是2010年度的进口总额13 948亿美元的两倍以上。

即使不考虑美元购买力降低造成的外汇储备损失，仅仅计算人民银行把高利率的人民币资产换成低利率的美元资产和人民币升值造成的外汇储备贬值这两项金融损失，中国人民银行可能已经成为全世界最不赚钱的中央银行。（详细计算参见本辑《推迟人民币升值的代价》。）

中国的外汇储备以美元资产为主，金融损失的绝大部分也就补贴给了美国，还承担着美国经济下行、美元购买力下降的巨大损失和损失继续扩大的风险。正如现任世界银行行长罗伯特·佐利克先生在担任美国副国务卿和贸易谈判代表时候所说：对美国来说，中国是一位“负责任的打工仔（a responsible stakeholder）”。

美国从人民币低估当中获益最大，却时不时地批评中国的汇率政策。用一句中国话说，这叫“得了便宜卖乖”（占了别人便宜还愣装作吃亏了的样子）。美国之所以“卖乖”，是为了让中国决策者以为得了便宜的是自己而不是美国，从而继续坚持人民币低估的汇率政策。这样美国就可以继续占中国的便宜。

上述关于美国政府为什么“卖乖”的推测隐隐地有些阴谋论的味道，但这充其量是阳谋，不是阴谋。因为向世界揭示这一谋略的正是美国人自己——美国企业公共政策研究所（AEI）的菲利浦·斯瓦戈尔（Phillip Swagel）先生。如果斯瓦戈尔先生的解释正确，美国政府“卖乖”是为了国家利益最大化，那么美国一定会把握好“卖乖”的尺度，对中国汇率政策的惩罚威胁只是“卖乖”而已，不会当真。如果假戏真做，真的逼迫人民币升值，那么一旦中国政府真的迫于压力加快人民币升值甚至自由浮动，岂不是“搬起石头砸自己的脚”。到目前为止，已经有很多迹象支持斯瓦戈尔先生的假说。(参见本辑《不要陷入美国官方的汇率阳谋》。)

这里要讨论的一个问题是：在汇率问题上，中国的决策者为什么会持续地慷国家之慨，把本国的利益赠与友邦？这恐怕是一切问题的起因。

笔者认为这不是中国决策者故意为之。可能的原因有两个：其一是对利害关系认识不够，既不“知彼”，也不“知已”；其二是新的挑战迫使决策者回避短期风险。

有迹象表明，在中美有关汇率的博弈之中，中方并不了解美方的利益所在，更不了解美方的策略。这个问题另有专文论述。本文先说说中国的汇率决策在“知已”方面的阴差阳错，以及决策体制遇到的挑战。

首先，在中国国内，人民币低估造成的损失尽管总量很大，但是分摊到几乎全体国民的身上，每个人承担的损失都比较小。这个小的损失不足以促使受损的个体发出宏大的声音，同时，每个人都知道受损群体规模巨大，因此每一个人都以为有很大的概率搭上别人的便车。于是，所有受损的个体都选择沉默，期望着搭上别人的便车。结果谁都搭不上谁的便车。俗话说：“三个和尚没水喝”，N个和尚一样没水喝。

不能忽略不计的是：中国国内还有一个小的利益集团从人民币低估当中获得了既得利益。这个既得利益总量不大，远不足以抵补全体国民的损失，但是由于这个群体当中的个体少，因此分摊到每个个体的利益却很显著，值得每一个个体为维护既得利益而大声疾呼。同时，由于每一个个体都知道受益的群体规模小，明白自己搭上别人便车的概率也小。因此在有关汇率的争论当中，这个群体中的个体发出了巨大声音。

基于以上分析，我们可以推测：有关人民币汇率的公共决策结果取决于决策的程序。让我们先假设两种极端的决策模式：

其一，如果让全体国民对汇率问题投票而且投票率足够高(足够多的受益人群不选择搭便车)，那么支持人民币升值的人数一定占上风；

其二，如果决策者公开听取支持与反对人民币升值的声音，而且发出支持或者反对声音的成本又足够高，高到让受益的人群选择搭便车，那么反对人民币升值的音量一定占上风。

实际的决策过程当然复杂得多，但总的来说更接近后一种极端模式。

在研究人民币是否应该升值之前，有多个调研组从北京出发分赴全国各地。但是调研的对象主要是出口企业和出口企业集中的地区。这样的调研有两个缺点：其一是把话筒递到了受损群体集中的地区；其二是政府过度强调并且包办了出口企业面临的短期问题。出口企业原本应该、也有能力自己解决问题。（参见本辑《低利润出口企业能够承受人民币升值》。）

汇率决策过程的低效率反映了中国经济政策决策体制的变化。随着经济决策的难度日益增加，原来高度集中的决策体系日益力不从心，于是出现两种应对策略：

> 其一是处于顶端的决策层的权力和责任被执行层分担，经济决策出现“条化”和“块化”的特点。决策的条块分割又进一步弱化决策者左右全局的能力。条块分割的决策容易实现局部最优。但也容易偏离全局最优。这是集中决策模式在新千年遇到的新挑战。但在本质上这个挑战毫无新意：它和上个世纪导致多个国家放弃计划经济体制的原因是一样的。
>
> 其二是现任决策者把能够拖延的任务留给下一任去解决，把权力和责任向下一任转移，并期望他们会更聪明、更有智慧和能力。和许多其他领域的改革一样，汇率和汇率制度改革的利益会在未来逐渐显现，短期很可能会导致经济增长方式转变，而转变过程存在不确定性。在“最困难的年头”，决策者不情愿进一步增大风险。

最后说一说国家间博弈的基本策略问题。

中国曾经采用过的外交基本策略是“两个凡是”：“凡是敌人反对的，我们就要拥护；凡是敌人拥护的，我们就要反对。”为了贯彻“两个凡是”，必须事先搞清两个“首要问题”：“谁是我们的敌人？谁是我们的朋友？”从中美汇率博弈的进程来看，中方有可能仍然把美国当成了敌人，继续采用了“两个凡是”的策略。斯瓦戈尔报告显示：美方的一部分智囊就是这样判断中方的。

需要警惕的是：首先，“两个凡是”策略的本质是“国际不合作”，这注定不可能造成“双赢”的结果，偏离了“和平崛起”的主张。其次，按照“两个凡是”策略，中方不仅不关注美方的利益，甚至也不关注自己的利益，只在意中美之间的敌对关系。这样很容易损害中方的国家利益。中美汇率博弈案例显示：当美方识破中方采用了“两个凡是”策略之后，可以通过伪造一个虚假的目标（迫使人民币升值）来制造“美方赢、中国输”的博弈结果。

至少在国际贸易领域，欧美外交的一条基本策略值得我们参考：“没有永恒的敌人,也没有永恒的朋友,只有永恒的利益。"执行这一策略,需要知彼知己。如果不知彼而知己,那么可以像应对 1997 年亚洲金融危机时候的选择一样,"走自己的路,让美方说去吧"。中方出于维护自身稳定的需要选择了维护币值稳定,之后才发现这有助于稳定亚洲货币体系。如果不知彼不知己,那么什么策略都是无用的。

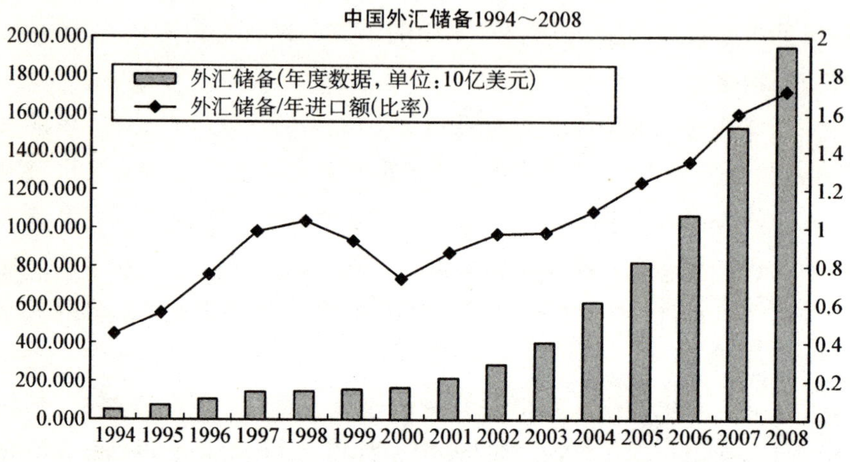

图 1 中国的外汇储备总量(美元)及其与当年进口总额的比值

数据来源:《中国统计年鉴》和国研网。

不要陷入美国官方的汇率阳谋[①]

自2009年12月初以来，由于美国经济复苏速度超过预期，而欧洲个别国家（例如葡萄牙、意大利、爱尔兰和希腊，四国首字母缩写为PIIG。中文合称为“欧猪四国”。）的金融不稳定开始考验欧元体系，导致美元对欧元汇率持续攀升，到2010年3月初已经上涨了10%。

由于人民币汇率窄幅钉住美元，因此兑欧元汇率跟随美元上涨了10%。这和2001年以前的情况一样：美元升值缓解了人民币对欧元的升值压力。但是，人民币对美元的升值压力并未缓解。正是这一差别导致目前美国和欧洲对人民币升值的态度迥然不同：来自欧洲的压力缓解，来自美国的压力依旧。

国际清算银行（BIS）计算的人民币有效汇率（REER）从2009年11月和2010年1月的113.5左右上升到2010年6月的119，半年升值超过5%，已经是很快的速度。在过去几个月里，经常项目发生的变化也显示出人民币升值压力正在释放的迹象。

据海关统计，2009年，我们的外贸出口下降了16%，但是进口只降低了11%，顺差减少了1 020亿美元。2010年1至2月，中国出口总值2 040.82亿美元，同比增加31.4%；进口总值1 823.19亿美元，同比增加63.6%。进出口规模与2008年初金融危机恶化之前的规模基本持平，但是贸易顺差为217.6亿美元，下降了50.4%。3月上旬更是出现了80多亿美元贸易逆差。商务部部长陈德铭日前在宏观高层论坛上预测整个3月可能会出现逆差。

由于上述两方面的原因，中国人民银行调整人民币汇率的可能性有所降低。反映在海外无本金交割远期（NDF）人民币兑美元外汇市场上，人民币在未来一年后的升值预期已经从2009年下半年的3%降低到2010年3月的略高于2%。

在人民币升值的经济压力得到缓解的同时，来自美国国会的政治压力开始升温。本月中旬，130名国会议员要求奥巴马政府在下月发布有关汇率

---

① 本文是两篇千余字的文章合并而成。第一篇2010年3月29日发表于《上海证券报》。第二篇2010年10月5日发表于香港《明报》。

操纵的定期报告时，把中国列为汇率操纵国，并且呼吁对中国输美产品征收反补贴税。众议院筹款委员会(House Ways and Means Committee)已经开始就人民币汇率问题举行听证会。

美国国会为什么如此"坚决"地推动人民币升值？下面介绍一位美国学者的奇妙回答。

菲利浦·斯瓦戈尔先生曾在2006年到2009年间担任美国财政部负责经济政策的助理部长。他曾经是白宫经济顾问委员会的主要成员和高级经济学家，也曾在美联储、国际货币基金组织等机构任职。2005年，他为美国企业公共政策研究所撰写了两篇有关人民币汇率的文章：一篇题目是《中国应该让人民币升值》，另一篇题目是《圆会答应吗?》——这两篇文章在经济利益和政治博弈两个层面上对中美汇率之争做了深刻分析。

斯瓦戈尔先生指出：2005年以前，美国以越来越高的声调要求人民币与美元脱钩。但是，其实很多美国人都知道：中国政府不想让人以为自己会向来自美国的压力屈服。因此，美国公开要求中国改革汇率制度，只能推迟人民币汇率的调整。美国官员们应该是知道这个状况的，那么他们为什么还要继续那么做？斯瓦戈尔把上述问题分成四个小问题，逐一回答。以下笔者简述这四个问答：

第一，人民币升值对中国经济是否有利？答案是汇率变动符合中国自己的最佳利益。他还详细分析了这个好处的好几个方面：降低货币增长、控制通货膨胀；降低贷款增长、减少不良贷款堆积；降低对出口的依赖、减少经济波动等方面。他还认为，在人民币强势的情况下，中国经济增长有坚实基础，将越来越多地依赖国内消费。

其次，既然人民币升值对中国有好处，为什么中国不主动行动呢？斯瓦戈尔指出：即使美国不施压，人民币升值也需要克服阻力。人民币升值总会降低出口企业的生存环境。这些企业已经在廉价的劳动力和易得的贷款之中变得惰性十足。如果人民币升值，这些企业无法面对国际竞争，而给这些企业发放了贷款的银行也会受到连累，政府不得不出资清偿。政府可能还难以把握升值的时机，担心国内需求还没有跟上的时候，国际需求降低得太快。

第三，人民币升值对美国有什么影响？从长期来看，人民币走向浮动汇率对美国有益，但是在短期，美国经济会受到负面影响：美国人必须以更高的价格买中国产品，美国的赤字也不再容易得到融资，债务人要支付更高的利息。更要命的是，美国工人无法从中国工人手中夺回就业机会。即使中国失去一些就业机会，这些机会也不会回到美国，而是转移到马来西亚、洪都拉斯之类的国家。

第四，既然有短期的痛苦，为什么要压迫中国升值呢？斯瓦戈尔说，美国官员确切知道：公开要求中国政府让人民币升值，会让中国方面更难采取行动。对人民币升值施压不是被错误的政治压力误导，而是推迟中国汇率改革、并企图从中得到更多好处的“曲折尝试”(devious attempt)。美国官员最初也许不是故意这么做，而是歪打正着。无论如何，美国当局有了一个“让即将失去的好日子继续维持一段时间的绝妙策略”。

也就是说，美国官员和国会要求人民币升值的呼声越高，越是说明他们不想让人民币升值。在人民币汇率问题上，美国政府实现美国利益最大化的策略是：实际上刺激、纵容甚至鼓励中国继续管制、低估汇率，但表面上时不时地使用惩罚性关税等贸易保护主义手段象征性地惩罚中国。这个惩罚有一个原则：一定要小到不足以推动人民币真的大幅升值或者自由浮动，尽可能地让人民币维持BBC型的缓慢升值，让中美汇率博弈的均衡点停留在原处。

到目前为止，已经有很多迹象支持斯瓦戈尔先生的假说。

中国媒体在报道美国财政部长盖特纳2010年9月16日到众议院筹款委员会作证的时候，注意到一个细节：盖特纳虽然强调“人民币被严重低估”，但对中国是否“操纵汇率”却始终不置可否。也就是说，盖特纳对“中国政府操纵汇率”之说表达了异议，但在解释原因的时候似乎有“难言之隐”。

在政府决策的层面，“严重低估”和“操纵汇率”之间存在着巨大差别。这正是盖特纳在国会表态十分谨慎的原因。如果美国国会认为中国政府“操纵汇率”，那么国会很可能选择最有力的措施、迫使人民币升值。如果美国这么做，中国没有任何有力的“反制”措施。

其实，美方完全有能力让“广场协议”在中美之间重演。当前的中国经济与当年的日本经济一样，都是出口导向型，高度依赖美国市场和自由贸易规则。只要美国国会或者白宫亮出可置信的“贸易保护”决心，出口导向型的经济体最终不得不屈服。因此，“广场协议”是否会重演，几乎完全取决于美国。

但是，“广场协议”并不能维护美国利益。从1985年9月至1989年12月，日元和马克对美元分别升值了46%和42%。美元大幅贬值不但没有让美国企业获得能够与日、德企业相匹敌的国际竞争力，反倒让美国消费者以更高的价格进口相同的产品，加剧了国内的通胀压力。包括盖特纳在内的美国官员心知肚明：重演“广场协议”不能实现美国利益最大化。盖特纳不承认中国“操纵汇率”，就是为了避免“广场协议”重演。

那么，盖特纳的“难言之隐”又是什么？

斯瓦戈尔先生可以在他认为适当的时候把美国官员们“让美国的好时光继续延长”的“聪明策略”写在纸上，但是盖特纳财长愿意看到美国采用“聪明策略”这个结果，但不愿意在国会听证会上主张美国这样做。听证会毕竟是追求公平正义的地方，“把美国的利益建立在中国的政策失误和损失之上”是既成事实，却无法在国会炫耀。这就是他的难言之隐。因此，在美国国会的讨论中，主张人民币升值的声音一定会占上风。

这里需要提到斯瓦戈尔报告的发布时间，以及斯瓦戈尔先生和美国企业公共政策研究所是如何确定发布时间的。这份报告发布的时间正好是2005年中国政府决定实施第一轮“汇改”的时候。这也许是巧合，也许不是。如果中方知道了斯瓦戈尔先生揭示的美方策略，中国决策者恐怕会坚定“汇改”的决心。但是在2005年年中，在中方已经决定实施“汇改”的前提下，斯瓦戈尔先生眼中的“聪明策略”就不再有必要保密。这就是该报告发布时间的恰当之处。

如果您看懂了上文，那么下面这条新闻将完全在您预料之中：2011年2月4日，本辑开篇处提到的《汇率改革促进公平贸易法案》有了新进展。美国财政部再次重申：人民币应该加速升值，但缺乏将中国列为汇率操纵国的证据。

与前次略有不同的是，美国财政部这次还站在中国立场上分析说：中国应该让人民币加速升值，否则“将面临的风险包括通胀更快速上升、国内信贷过度急速扩张，以及房地产和股市更大的上涨压力。所有这些都将威胁将来的经济增长”。笔者同意美国财政部官员的上述分析。本书后面的文章中有很多篇分析汇率低估与流动性过剩、资产价格上涨，以及通货膨胀的关系。

名义汇率与实际汇率

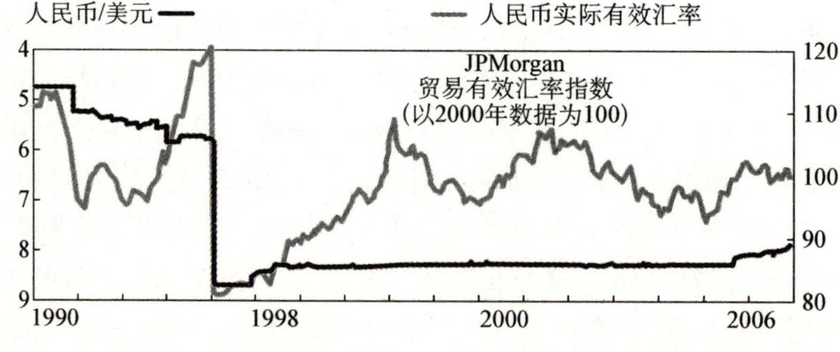

图2 人民币兑美元名义汇率和人民币有效汇率

数据来源：FT中文网。

提高存款准备金率不能替代人民币升值[①]

2008年二季度，越南通胀率陡涨到25.2%，引起中国宏观管理部门的高度警惕。在全球化的今天，周边国家的通胀有可能迅速传递到国内。何况越南和中国有着相同的通胀根源：都是美联储越来越宽松的货币政策的受害者。此外，当时中国国内的通胀水平已经不低。2008年3月，中国国内的居民消费价格指数(CPI)同比已经高达8.3%，商品零售价格指数也达到了7.8%。中国人民银行立即加大反通胀力度，把已经高达16.5%的存款准备金率再次提高了1个百分点。

运用紧缩性的货币政策工具是央行面对通胀压力时候的正常反应。可供央行运用的货币政策工具有三个：存款准备率、贴现率和公开市场操作。在这三大工具之中，存款准备金率被发达国家的银行家称之为"巨斧"，由于力量过大而很少使用，更不会一次调整1个百分点。在绝大多数情况下，美联储运用最温和的工具——公开市场操作——就能够实现货币政策目标。偶尔他们也会调整联邦储备基金贴现率。

中国央行在收缩流动性的时候偏好提高准备金率，在很大程度上是经济体制造成的。中国的银行业仍然保持着一个命令经济时代的特色：相当一部分向银行借款的企业只在乎是否得到贷款，不在乎利率的高低。即便央行直接提高贷款利率，也很难抑制贷款需求。

命令经济时代的特色为什么能够保留到今天？原因有两个：其一是国有企业改革还没有到位，相当一部分国有企业的经营目标是争夺资源、做大规模，而不是提高经济效益。其二是国有银行改革也没到位，仍然把国有企业当成主要的贷款客户。国有银行发放贷款的时候似乎这样想：只要把贷款发放给了国有企业，那么即使未来成了坏账，也容易勾销、剥离并免于追究。面对这样的经济体制，传统的三大工具当中，一多半都不好用，有效的只剩下存款准备金率。

不过，提高存款准备金率可以降低货币乘数，但不能减少外汇储备增加

---

① 2008年7月10日发表于国研网。

导致的基础货币投放。由于人民币升值预期强烈,跨国流动的投机资金十分愿意持有人民币资产,导致热钱涌向中国。尽管人民银行降低了货币乘数,但是外汇储备增加造成的基础货币发放能够很快增加广义货币供给。这样下去,央行将被迫反复提高存款准备金率,直到把商业银行逼到无法承受的地步。

总的来说,美联储为了挽救本国经济,一次次地实施宽松的货币政策,造成了日益严重的全球性的美元过剩。要在这样的世界中维护国内经济低通胀,离不开货币升值。提高存款准备金率的效果无法替代人民币升值。

本币升值是应对本次全球通胀的最佳策略

美联储为全球提供着重要的国际货币美元,其作用类似一个全球性的中央银行。但是,真正的全球性的中央银行必须对全球负责,而布雷顿森林体系崩溃之后的美联储只需要对美国的利益负责①。

这是一个重要的差别。当美国和其他国家的利益一致的时候,这个差别不会显现出来。一旦美国与其他利益相关国家的利益出现不一致,问题就暴露出来:美国的利益和其他国家的利益像鱼与熊掌一样不能兼得,美联储必须放弃其一。毫无疑问的是,美联储一定会维护美国的利益而损及别国。

不幸的是:美联储频繁地面对鱼与熊掌的选择,一再为了维护美国利益而损及别国。

在互联网泡沫破裂和次债危机爆发之后,美联储采用了扩张性的货币政策。这一政策在为金融市场提供流动性并且刺激本国经济增长的同时,也造成了美国之外的、全球性的流动性过剩。货币体系脆弱、货币与美元挂钩的发展中国家受美国扩张性的货币政策冲击尤其严重。

除美国以外的国家应对本次全球通胀的最佳策略是让本国货币对美元升值。发达国家的浮动汇率机制会自动导致这个结果,本币与美元挂钩的国家则必须主动调整汇率。但是发展中国家的货币当局普遍经验不足、独立性不够,采取的措施不是太迟就是太乏力,于是大多错过了汇率升值的最佳时机,导致大量廉价美元流入国内。

国际货币基金组织(IMF)提供的数据显示,从 2003 年四季度到 2007 年

---

① 在布雷顿森林体系时代,美联储也努力对使用美元的世界各国负责,但由于特里芬难题等制度性原因,最终力不从心。参见本书辑四《美元的国际货币地位:来之不易去之也难》。

三季度，发展中国家的官方外汇储备增加了2.654万亿美元，增长了139%；发达国家由于汇率机制灵活，官方储备同期只增加了3 500亿美元，增加32%。而在发展中国家当中，中国付出的学费最为昂贵，外汇储备四年翻两番，从2003年底的4 000亿美元增长到2005年底的8 000亿美元，之后又加速增长到2007年底的将近1.6万亿美元。截至2008年底，在人民币升值20%之后，中国外汇储备的账面汇兑损失达到1万亿元。

当越南货币当局放宽汇率浮动空间的时候，通货膨胀已经来临，导致越南盾在升值预期与贬值预期之间大起大落。中国当时的通胀水平比越南低，主要是因为中国从2003年开始实施偏紧的货币政策，又在2005年启动了人民币升值，在2005年到2008年之间，人民币兑美元大幅升值了20%。

央行和商业银行都难以承受高昂的对冲成本

稍许提高存款准备金率就可以显著减小货币乘数，从而有效地减少广义货币的供给。在当时超额储备很低的情况下，1个百分点的调整大约会增加4 000亿元存款准备金。此举出乎市场意料，引起强烈反应(7天回购加权利率单日上涨160个基点)，促使央行减少了票据发行。但是面对当今全球性的流动性过剩，如果不及时足量地调整汇率，放任外汇储备快速增加导致的基础货币投放，那么央行还将被迫反复动用“巨斧”，直到把商业银行逼到无法承受的地步。

与发行央行票据相比，提高存款准备金率降低了央行的对冲成本，但增加了商业银行的负担。央行以市场化方式发行央行票据需要按市场利率付息，而央行对存款准备金支付的利率低于银行资金的机会成本，甚至低于一些银行的边际成本和平均资金成本，于是将对冲成本部分转嫁给商业银行。为完成既定的利润目标，商业银行普遍将可贷资金投放到高息领域，导致长期贷款比例普遍提高。这意味着银行承担了更高的风险。在经济繁荣后期这样操作是非常冒险的。

较小的货币乘数降低了商业银行通过放贷创造存款的功能，对公司业务比例高的银行影响较大。例如股份制商业银行的存贷比持续升高，兴业、民生、中信、招行、华夏和深发展六家的存贷比在4月底超过了75%的监管指标，兴业银行甚至达到了88%。这些银行用同业存款、同业拆借、券商保证金存款等多元化渠道替代传统存款，并支付更高、波动也更大的市场化利率，这同样隐含着较高风险。

防止通货膨胀无法绕过汇率调整

提高存款准备金率不能替代人民币升值。只要人民币汇率继续低估，全球性通胀就会继续影响中国，央行还会不断地被迫对冲过多的流动性。继续提高存款准备金率将进一步降低银行业利润、增加银行业风险。这个过程是不可持续的。只有加快人民币升值速度、尽快消除单向预期，才能低成本地实现反通胀。

汇率成为货币政策新重点①

早在2009年一季度我们就可以看出，实际执行的货币政策比“适度”更宽松，而不是“适度宽松”。这样的货币政策不可能维持很久。但是，由于经济形势所需和对政策调整时滞的认识，当时认为比较大的变化可能会在第四季度才发生。当6月中旬的政策表态被误读时，预期发生了改变。

一方面，加速增长的银行信贷必将促使央行提早调整货币政策。另一方面，早在二季度时就能看出，虽然过度宽松的货币政策不可持续，但经济刺激计划必须延续至2010年左右。因此有理由预期，刺激计划当中的宽松货币政策将被市场取向的经济体制改革（主要是放宽市场准入限制）所取代。

2009年7月之后的宏观经济政策似乎验证了上述预期。一方面，货币政策微调不断，正在向“适度宽松”的轨道回归。虽然微调力度还十分有限，但已经向市场发出了明确的、不会被误读的信号。来自银监会日益严厉的监管与风险控制要求，仍是中国最有效的、最具特色的宏观调控工具。只要不再让货币政策信号继续政出多门，市场预期很难再次被误导。

另一方面，国家发改委副主任朱之鑫2009年8月7日在国务院新闻办的新闻发布会上指出，鼓励民间投资和中小企业发展的关键是对民营企业进一步扩大准入领域，中国将研究民间投资和中小企业状况，采取更多措施予以支持。

在国内宏观经济政策渐入正轨的情况下，下一个应高度重视的问题则来自于国际金融体系对国内金融体系的冲击。从货币与金融层面上看，美联储拯救华尔街危机的政策对中国的危害实际上远远大于华尔街危机的本身。早在互联网泡沫破裂之后就可以看出：由于中国的企业和金融机构还没有“走出去”太远，所以华尔街危机给中国造成的损失很有限。但由于中国采用了事实上的美元本位制度，因此美联储扩张性的货币政策在拯救华尔街流动性不足的同时，也必然导致中国的流动性过剩。

---

① 2009年8月10日发表于《中国经济时报》。

2005年之前，中国人民银行为对冲外汇增长带来的流动性过剩付出了很高成本。2005年之后，人民币升值缓解了外汇冲击，2008年世界金融危机恶化以来的汇率稳定，再次为美元冲击提供了机会。据大华银行（UOB）估测，2008年底和2009年初，由于欧美金融市场上的流动性不足，大约有1 730亿美元的热钱流出了中国。2009年二季度，中国外汇储备增加了1 780亿美元，为历史最高水平，这说明热钱回归已显露无遗。UOB估计，其中830亿美元是热钱，大部分流入了中国股市和房地产市场。

流入中国的热钱既可以获得利差，又有可能从人民币升值中获得资本利得，因此有可能成为一个日益严重的问题。目前中国的货币政策开始微调，市场利率开始走高。如果美联储的货币政策和美元利率不变的话，美元和人民币之间的利差交易就变得更加有利可图。

在人民币对美元汇率稳定的情况下交易，承担的汇率风险非常低。不仅如此，即使在热钱外流的几个月里，市场仍然认为人民币升值的趋势将是长期存在的。如果市场相信人民币被低估了15%～25%（彼得森国际经济研究所的测算结果），热钱承担的汇率风险就会很低甚至还有利可图。

汇率调整的滞后会给央行带来巨大的经济损失，给炒家提供同样巨大的经济利益。因此滞后的汇率政策总是会吸引全球炒家汇集一起，给该国造成更大损失，这是所有汇率非自由浮动国家都需要随时记住的历史教训。

全球金融危机造成的短暂热钱外流是一个良好的时机，让中国有机会以相对较低的成本改变本国汇率制度。这个策略符合传统中医的“冬病夏治”哲学，也许能够比较容易地被决策层接受。央行增设货币政策二司专管汇率政策的设想，显示了决策层对汇率政策的高度重视，也是改进汇率制度的重大机遇。

汇率自由化是迟早的事[①]

2009年6月中下旬以来的资产价格上涨在很大程度上是市场误读货币政策走向、通货膨胀预期几乎达成共识的结果。随着货币政策回归适度宽松的信号被市场消化，资产价格快速上涨的趋势在8月得到了扭转。上证指数从8月初3 478点的高位下探到8月中旬的2 761点，最大跌幅达到20%，回到了两个月前(6月中下旬)的水平。

同时，8月中旬的土地市场再也没有"地王"出现。广州市国土局8月18日推出的10块地，拍卖结果出人意料，处于广州老城区黄金地段海珠区南华西的地块遭遇冷落，竞价过程仅仅经历了七个回合，交易价格折合楼面地价仅仅4 651元/平方米。

然而，在全球各主要中央银行都实施量化宽松货币政策的时候，中国的货币政策能够回归到什么程度、流动性是否能够得到很好的控制，到目前为止仍不确定。就历史经验而言，管好银行信贷并不足以控制住国内的流动性。在固定汇率体制下，1994年以来迅速增长的外汇储备占款迫使央行被动发放了大量基础货币，增加了国内市场上的流动性。

同样的情形在2001年之后也曾发生过，为挽救互联网泡沫破裂和"9·11"事件之后的美国经济，格林斯潘主持的美联储向华尔街大量注入流动性，给中国及其他国家造成了严重的负面外部性影响，最终迫使人民币从2005年7月开始升值。

从这次华尔街的危机之后比较来看，欧洲和日本采用的是浮动汇率制度，因此受到"廉价"美元的冲击较小。日经指数和法兰克福指数大约从2009年3月的低点上涨了42%，涨幅与道琼斯工业指数持平。

港币和新加坡元对美元汇率相对稳定，因此受到的冲击较大：香港恒生指数和新加坡海峡时报指数上涨了大约67%。人民币兑美元汇率2008年7月以来稳定在1∶6.83左右，因此即使中国没有采用比适度更宽松的货币政策，股票指数仍会因"廉价"美元冲击而大幅上涨。

---

① 2009年8月24日发表于《中国经济时报》。

到2009年8月，跨国资本流动方向已从短暂的净流出转变为净流入：2009年一季度中国外汇储备仅增加了77亿美元，同比少增1 462亿美元；而二季度增加1 778亿美元，同比多增512亿美元。按照当时的汇率(1美元兑换6.83元人民币)，1 778亿美元外汇储备增长对应着1.2万亿元人民币基础货币的发放，这与同期M1增长速度的快速提高不无关系。

如果这一进程持续下去，那么即使银行信贷再也不出现天量“井喷”，中国国内的流动性过剩问题还会日益严重。在欧美金融市场开始“再杠杆化”之前，中国市场上的资产价格上涨一定会快于欧美市场。

保罗·克鲁格曼指出，在固定汇率、资本自由流动和独立的货币政策三者之中，至少要放弃一个，这就是“不可能的三合一”(impossible trinity)。在现实世界中，英国放弃了固定汇率，中国香港放弃了独立的货币政策，中国内地放弃了资本自由流动，三个经济体的选择似乎都是可行的。

但在对外依存度达到70%(进出口总额与国民生产总值的比例)以后，越来越多的金融资本可以通过经常项目实现跨境流动，因此资本管制实际上是不可能完成的使命。贸易项下境内外交易的双方，实际上可能是同一跨国集团的左手和右手，通过虚假交易和“注水”价格实现资本跨境转移很难被外汇管理部门甄别出来。

只要资本管制名存实亡的状况不改变，长期来看，中国不得不接受资本自由流动的既成事实，因此不得不在固定汇率和独立的货币政策之中放弃一个。作为一个日益庞大的经济体，长期放弃独立货币政策的代价是十分高昂的。

作为一个庞大的经济体，放弃固定汇率应该是更合理的选择，这正是中国从日本案例中可以获得的教训。在“广场协议”之后，日本银行仍要百折不挠地维持汇率稳定，因此丧失了独立的货币政策，最后坠入流动性陷阱难以自拔。直到2001年，日本才放弃干预汇率，试图恢复独立的货币政策。中国如果不想重复日本走过的弯路，就应该早一些放弃汇率稳定。

汇率调整宜早宜快[①]

美联储的量化宽松货币政策释放出空前规模的廉价美元，必将冲击世界各国。采取盯住汇率制度的国家应该从上一轮冲击中汲取教训，早一些、快一些调整汇率。

2008 年 9 月的雷曼兄弟公司倒闭事件，对华尔街其他投资银行产生了强烈的警示作用。为了避免同样的结局，幸存的华尔街投资银行纷纷在全球各地的金融市场上变现资产、增持美元现金，导致了两个结果：

1. 在资本市场上，导致市场流动性短缺和资产价格深度下跌，以至于起初的华尔街危机迅速恶化为全球性金融危机。从 2008 年 8 月到 2009 年 3 月，纽约、伦敦、东京和香港的股票市场指数都跌去了 1/3 甚至更多；

2. 在货币市场上，对美元的需求增加推动了美元升值，于是出现了看似反常的“危机国家本币升值”的情形。国际清算银行(BIS)公布的数据显示：美元的实际有效汇率在 2008 年 3 月到 7 月之间曾经在 87 点左右的谷底徘徊，从 8 月开始一路上升，直到 2009 年 3 月达到高点 100 点。

面对迅速恶化的金融危机，伯南克领导的美联储和格林斯潘领导的美联储一样，再次果断而坚定地用充足的流动性拯救华尔街危机。所不同的是，由于这一次危机“百年一遇”，伯南克注入流动性的力度是空前的。从 3 月开始，量化宽松(quantitative easing)货币政策在资本市场和货币市场上均开始显现出力挽狂澜的效果。

一方面，美联储无限量供应的廉价美元最终平衡了美元需求，推动美元重新回到贬值的轨道。美元的实际有效汇率从 2009 年 3 月的高点一路下跌到 9 月的 91.5 点；另一方面，廉价的流动性推动全球金融市场恢复性上涨。目前纳斯达克成份指数、金融时报指数和恒生指数均已经十分接近甚至达到 2008 年 8 月的水平。

前所未有的量化宽松货币政策对中国的廉价美元冲击也是空前的。这已经反映在中国外汇储备的变化上——2009 年二季度增加 1 778 亿美元，同

① 2009 年 10 月 19 日发表于《中国经济时报》。

比多增 512 亿美元，为历史最高水平；三季度增加 1 410 亿美元，同比多增 442 亿美元。据 UOB 估测，二季度中国外汇储备增量中有 830 亿美元是热钱，其中大部分流入了股市和房地产市场。

其实，应对廉价美元冲击有非常简便而有效的策略——让本国货币对美元升值，因此廉价美元冲击本来不是什么大问题。但是，在上一轮廉价美元冲击来临的时候，发展中国家的货币当局普遍经验不足、独立性不够，采取措施不是太迟就是太乏力，大多错过了最佳的时机。当同样情况再次发生的时候，回到盯住汇率制度的货币当局有了教训，但独立性还没有明显提高，因此能否吃一堑长一智，再次成为利益攸关却又悬而未决的问题。

对这个不确定性，当时经济学家和市场都作出了比较乐观的预期。据路透社报道，23 位经济学家预测的中值为：2009 年年底人民币兑美元汇率将略微上升至 6.82 元，2010 年 9 月将攀升到 6.75 元。基于这一预期，海外无本金交割的人民币远期汇率（non-deliverable forward，简称 NDF）早在 2009 年 10 月中旬就全线走高，一年期报价达到了最近 14 个月以来的高位 6.647 3 元。这相当于一年以后人民币将升值 2.7%。

然而这个升值幅度还是比其他货币的升值幅度小得太多。从 3 月的低点到现在，欧元对美元升值了将近 20%，英镑 15%，日元 10%，澳元和新西兰元则接近 50%，而人民币盯住了美元。如果人民币升值继续“小步快走”，中国很可能会重现日本经历过的资产价格泡沫。因此，敏感的投资者已经遥望到 A 股市场上下一次“人民币升值的盛宴”。货币当局如果默许这场盛宴的话，需要提前考虑如何事后买单。

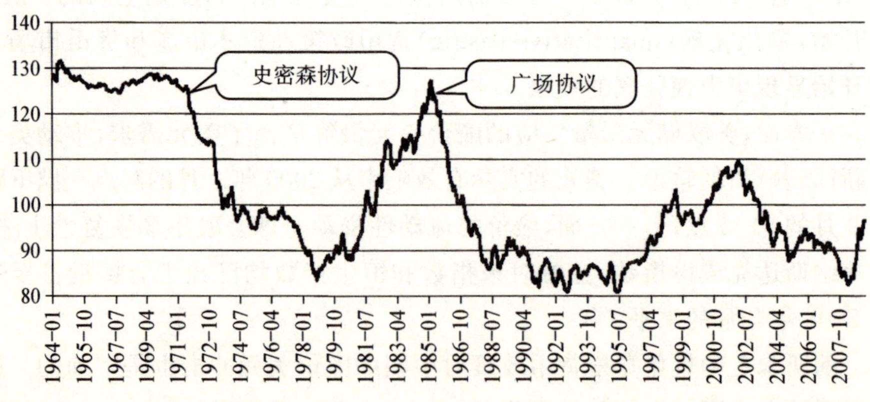

图 3 廉价美元周期性地冲击世界（美元实际有效汇率）

推迟人民币升值的代价①

美联储实施量化宽松货币政策到2009年3月终于有了成效。其效果一方面表现为3月以来的全球股市上涨，另一方面表现为其他货币对美元升值。从3月的低点到现在，欧元对美元升值了将近20%，英镑15%，日元10%，澳元和新西兰元则接近50%。人民币汇率从2008年8月开始重新盯住美元，因此其实际有效汇率从2月的高点126持续降低到9月的116。

日益增加的升值压力不能通过汇率变化得到释放，于是推动了外汇储备增长。在进出口同比下降超过20%的情况下，过去半年里，中国外汇储备增速同比加快显得很不协调。二季度外汇储备增加1 778亿美元，为历史最高水平，同比多增512亿美元；三季度增加1 410亿美元，同比多增442亿美元。特别是9月单月增加618亿美元，显示外资流入继续加快。

G20国家9月末在匹兹堡峰会上做出促进世界经济再平衡的决定之后，欧美各国联合敦促人民币升值的概率增大，因此海外无本金交割远期(NDF)市场对人民币升值的预期忽然提高。10月初，各期限人民币兑美元远期汇率全线走高。一年期报价达到14个月以来的高位6.647 3，相对于9月末的官定汇率6.829 0升值2.7%。

如果站在中国(人民银行)的立场上算一笔账，可以得出这样的结论：如果人民币升值不可避免的话，那么越早升值，越有利于减少中国的损失。相反，推迟升值将付出上千亿元的代价。

算这笔账有三个步骤：

首先，计算持有外汇储备的代价。人民银行的职责之一是为了满足经济增长的需要而增加基础货币发放。为了实现既定的货币供应量增长目标，人民银行既可以通过发放再贷款、持有债权的方式增加基础货币投放，也可以通过购买外汇的方式增加货币投放。不同的是，增持债

---

① 2009年11月2日发表于《明报》，3日发表于《上海证券报》。

权可以增加人民银行的利息收入(铸币税),而增加外汇储备不带来任何利息收入。

由于自1994年以来大规模增持外汇储备,人民银行已经成为世界上最不赚钱的中央银行之一。直到1999年底,14 061.40亿元外汇占款还只占人民银行总资产的40%。而在2009年8月末的资产负债表上,外汇占款高达162 093.25亿元,占总资产的74%。如果以再贷款方式增发如此规模的基础货币,那么按照人民银行对金融机构的再贷款年利率(3%上下)计算,人民银行每年应得利息收入接近5 000亿元。

其次,计算人民币升值导致的外汇储备贬值。截至2009年8月末,人民银行总共花费了162 093.25亿元人民币用于购买目前持有的22 108.27亿美元外汇储备。然而按照9月末的汇率(1美元兑6.829 0元人民币)计算,目前持有的外汇储备价值150 977.38亿元。也就是说,人民银行持有的外汇储备贬值了11 115.87亿元。这个损失是在2005到2008年间因人民币升值形成的。

到目前为止,这个上万亿元的损失仍然可以记为账面损失,但是实际上几乎没有机会挽回。除非未来人民币汇率出其不意地贬值到升值之前的水平,而且人民银行持有的外汇储备在汇率回归期间没有大幅减少。然而这样的灾难性事件已经是(也最好是)不太可能的事情。

最后可以算一算:如果人民币升值推迟半年,上述两项损失将增大多少。按照现在的速度预测,外汇储备在半年内很可能会增长3 000亿美元以上,人民银行将为此增加2万多亿元外汇占款。因此,与立即让人民币升值5%相比,推迟半年做同样的事情将造成以下两项额外的损失:

第一,更大的外汇储备贬值损失。如果这一次人民币对美元升值5%的话,那么推迟半年升值将增大外汇储备贬值损失1 000多亿元。

第二,更大的铸币税损失。如果人民银行对金融机构的贷款利率维持在3%上下,那么额外的2万多亿元外汇占款将导致人民银行的利息收入每年减少600亿元。

综上所述,尽管人民币升值将不可避免地造成外汇储备贬值。但是,如果把人民币升值决定推迟半年,人民银行将额外付出一个1 000亿元以上的贬值损失和每年600亿元以上的额外利息收入损失。因此,如果人民币升值不可避免,那么不要和市场力量对抗、当下做出升值决定,将减少上千亿元的损失。

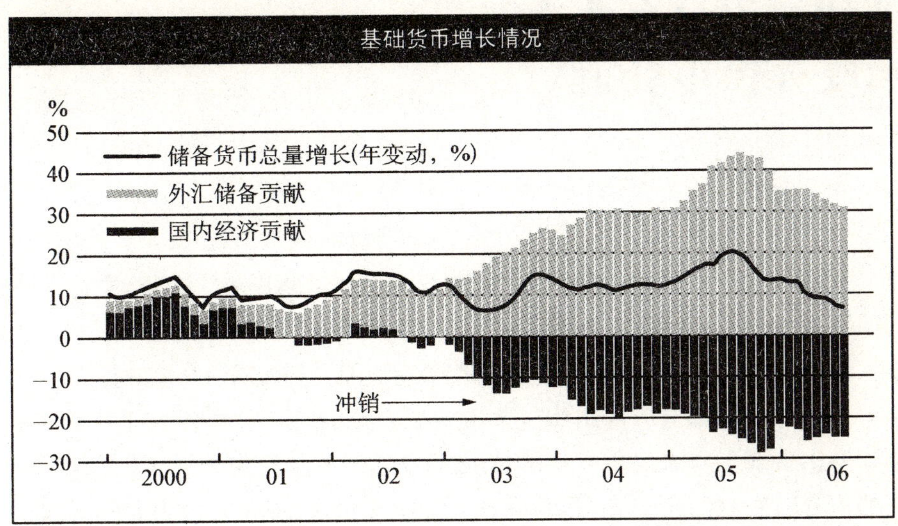

图 4　推迟人民币升值的代价

数据来源：FT 中文网。

低利润出口企业能够承受人民币升值[①]

在过去十多年里，中国经济沿着出口导向型的道路快速前进，形成了一个庞大的技术含量低、劳动密集的出口部门。这个部门既是经济增长的发动机，又提供了大量就业机会。直觉看来，这个部门最有可能受到人民币升值的打击。

主管部门和地方政府组织过多次专题调研，走访了大量出口加工企业，以了解出口部门对人民币升值的承受能力。很多企业主表达了对人民币升值的担心：企业的出口利润率只有3%～5%，如果人民币升值幅度超过5%，他们将无利可图，可能不得不歇业。

这些企业主的担心引起了政府更大的担心：如果这些劳动密集型的出口企业批量歇业，那么不仅经济增长将下一个台阶，而且还会减少大量就业机会；如果这种情况发生，政府几乎没有什么办法"保增长"或者"保就业"。这曾经是、也许依然是决策者在人民币升值问题上的最大顾虑。

然而企业主和政府的担心是多余的。"3%～5%的利润率抵挡不住5%以上的升值"的判断，是竞争领域的小企业主"只见树木(自己的企业)不见森林(自己所处的行业)"、在本企业静态财务分析的基础上得出结论。如果对人民币升值的冲击进行经济分析，得出的结论截然相反。

实际上，"3%～5%的利润率"是所有充分竞争行业的共同特点，与汇率、工资水平无关。中国沿海地区的出口行业就是一个典型的案例。

首先，由于产业聚集效应，每一个出口企业几乎都是在与自己的"邻居"竞争；其次，由于相互学习和模仿，每一个出口企业的产品及其生产成本几乎与自己"邻居"完全一样；再次，由于供给大于需求(产能过剩)，出口数量取决于海外需求而不是国内生产能力；最后，由于国内厂商之间价格的充分竞争，出口价格取决于国内生产成本而不是海外消费者的支付能力。而对于海外消费者来说，"中国制造"的价格不是问题，他们的需求是刚性的。

既然出口价格取决于国内的生产成本而不是海外消费者的支付能力，那么，如同"水涨船高"一样，全行业生产成本的上升可以100%地转嫁给海外的消费者来承担。目前导致全行业生产成本上升的因素有两个：一个是

---

① 2011年1月6日发表于《21世纪经济报道》。

人民币升值，另一个是劳动力成本（工资）上升。按照上述经济分析，担心这两个因素的不应该是中国企业主和决策者，而应该是海外的消费者。

过去几年里，有两个证据支持上述经济分析。

其一，在2005年到2007年底，人民币对美元升值接近20%，国际清算银行按照中国对世界各国的国际贸易份额计算的人民币有效汇率同期也上升了大约10%。二者升幅都远远超过了2005年出口企业3%～5%的利润率，但是无论对美国还是对世界，中国出口增长速度在这一阶段几乎没有改变。

如果说上一个案例是“水涨船高”，那么第二个案例就是“水降船低”。为了鼓励出口，中国政府2008年底再次提高出口退税率以降低出口成本。然而，在随后进行的广交会上，出口企业刚刚降低的出口成本立即全部转化为出口价格的降低。报道这一事件的外国媒体不免感叹：在这世界经济低迷的时期，中国政府向全世界发送了一份礼品。

低技术、低利润的劳动密集型出口企业能够承受人民币升值。这个经济分析的结论多少有些出乎我们的直觉之外。为什么看似毫无核心竞争力可言的企业能够承受人民币升值（和工资上涨）？原因有二：

其一，与自己的“邻居”相比，任何中国出口企业都没有什么核心竞争力。但是，相对于海外的同行，国内竞争性的出口行业拥有明显的价格竞争力。市场化和学习曲线降低了生产和流通成本。

其二，如果人民币大幅升值，难免会有一些产业转移到其他国家。但是没有一个国家能够取代中国的“世界工厂”地位。作为具有市场势力的制造业大国，适当提高出口价格于中国有利，即使不得不以降低中国在国际贸易中的份额为代价。

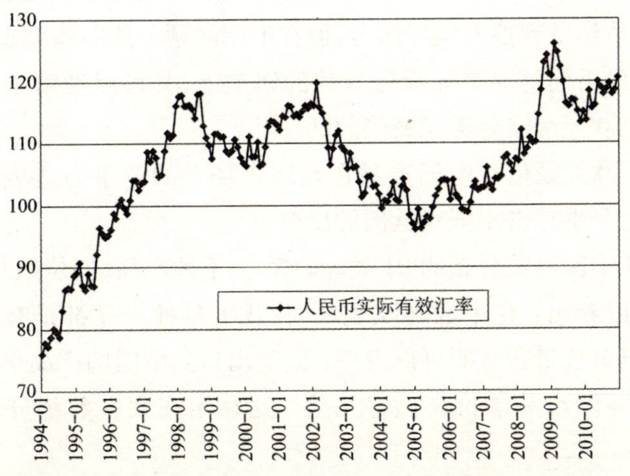

图5　国际清算银行（BIS）计算的人民币实际有效汇率

2010 年的汇率变化对中国出口影响有限[①]

在半年时间里，欧洲主权国家的债务危机推动欧元大幅贬值，导致人民币大幅被动升值。在 2009 年 11～12 月的峰值和 2010 年 6 月的谷底之间，欧元对美元贬值超过了 20%。在此期间，人民币汇率盯住美元，因此与美元一起对欧元大幅升值。国际清算银行(BIS)公布的数据显示，人民币名义有效汇率(NEER，人民币兑一个贸易加权的篮子货币的汇率)在 2009 年 11 月以来的六个月里升值了 4.8%，在 2010 年 4 月到 5 月之间剧烈升值了 2.4%。

与上一轮汇改期间人民币缓慢爬行升值相比，这一轮人民币被动升值十分迅速。在 2005 年到 2008 年的三年期间，人民币兑美元升值了 21%。美元在人民币汇改期间持续走弱，对欧元最大贬值幅度高达 35%，抵消了人民币升值的影响。在三年汇改期间，人民币兑欧元不仅没有升值，反而贬值了大约 10%。用名义有效汇率衡量，人民币三年升值不超过 11.4%，升值速度还不到过去半年的 1/5。

欧元大幅贬值促使中国的外贸管理部门担心中国对欧洲的出口受到沉重打击。对于刚刚重新启动的人民币汇改，外贸管理部门的顾虑更大，担心人民币主动升值成为压倒中国出口部门的最后一根稻草。受此影响，中国的货币政策虽然受到很大国际压力，但在汇率问题上依旧模糊态度：既可以理解为让人民币回到对美元缓慢升值的轨道上，又可以理解为不再跟随美元升值(如果欧元继续对美元贬值的话)。

实际上，欧元贬值对中国产品在欧洲市场上的竞争力造成的短期冲击有限，不可能严重打击中国对欧洲的出口。

首先，从中国海关公布的 21 类、99 章、上千种产品(四位数代码)的进出口数据中可以看出：在中国和欧盟之间，几乎每种产品都是有来有往。但是，比较进出口数量和金额可以发现：欧盟出口到中国的产品单价大多比中国出口到欧盟的产品单价高出好几倍。这显示在大多数细分的产品市场

① 2010 年 7 月 2 日发表于《上海证券报》，2010 年 7 月 5 日发表于《明报》。

上，中国企业和欧洲企业分别位于高档和低档两端，相互之间并不存在明显竞争。许多中国出口到欧盟的产品，欧盟内部早就不再生产。即使进口价格翻番，早就退出市场的欧盟厂商也不会重操旧业。因此，欧元贬值不太可能导致进口产品市场份额降低。

进一步分析，欧元贬值对购买力的影响会传递到购买数量上，从而间接减少进口。但是对低档商品的影响比对高档商品的影响小。欧元贬值将导致欧盟市场上进口产品价格上升，出现输入型通货膨胀。在购买者预算名义上不变的情况下，价格上升导致购买者的实际购买力下降，于是实际购买数量将有所降低。在正常情况下，实际购买力降低将导致购买者降低所有物品的购买数量。其中，高档商品的购买数量减少较多，低档商品的购买数量减少较少。在极端情形下，购买者有可能在减少购买高档商品的同时，增加购买低档商品（所谓"吉芬商品"）。

其次，出口低端产品的中国企业在欧盟市场上遇到的竞争对手主要来自与中国发展阶段相近的发展中国家，特别是位于中国周边的一些国家。在欧元对人民币大幅贬值的过程中，欧元对这些国家的货币贬值了相似的幅度。这样，中国出口企业与周边国家出口企业在欧盟市场的竞争优势没什么变化，各自的市场份额也将大致维持。

不仅如此，即使人民币主动升值，其影响也不会百分之百地传递到中国与周边国家出口产品的相对价格上。在过去十多年里，中国经济在规模增长的同时，与周边国家的联系也迅速增加，人民币汇率对周边国家货币汇率有显著影响。如果人民币升值，周边国家货币会跟随升值。一个值得注意的现象是：在人民银行宣布重新启动汇改的第一个交易日，人民币相对美元升值了 0.43%，周边国家货币相对美元升值的幅度甚至超过了人民币。

从长期数字来看，如果人民币在未来 6～12 个月内主动升值 1%～3%，中国的出口也不会受到很大冲击。欧元在半年时间里大幅快速贬值了 20% 以后，在 2010 年中对人民币的汇率降到 1 欧元兑换 8.38 元人民币左右。这已经是很严峻的变化，但是从历史数据来看，这远不是什么最严峻的情形。在 1999 年底开始的三年时间里，欧元对人民币的汇率一直低于 2010 年 6 月的数字。最低的时候两度触及了 1∶7，比现在的汇率还低将近 20%。

此外，2010 年 5 月人民币名义有效汇率为 116.21，也不是历史最高水平。在上一轮汇改之前的 2002 年一季度，三个月的名义有效汇率均高于这个水平。在全球金融危机爆发之后，2008 年 10 月以来的头八个月的时间里，人民币名义有效汇率更是高于这个水平，有四个月甚至超过了 120（这比

2010 年 6 月的汇率高了 3%)。

基于以上分析,我们有把握地相信:人民币汇改的步子完全可以迈得更大一些,不必有什么顾虑。

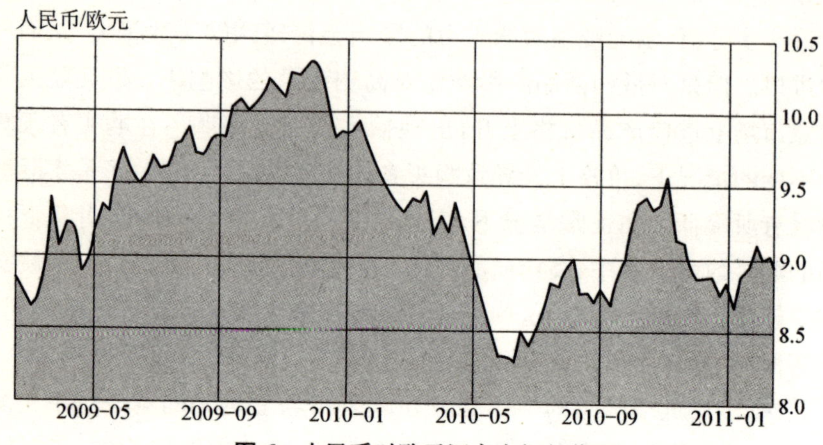

图 6 人民币对欧元汇率大幅起落

来源:Yahoo 网站。

欧元危机为人民币汇率改革提供意外机遇①

自从2008年8月全球金融危机爆发以来，人民币汇率事实上重新钉住美元，在6.83左右已经窄幅波动了20个月。然而，维持人民币兑美元的汇率稳定是以牺牲人民币兑其他货币的汇率稳定为代价的。在过去20个月里，人民币对欧元和日元这两个世界主要货币的汇率经历了两轮波动，波幅大致在15%到20%之间。

首先，欧元兑人民币汇率在2008年10月底到11月底之间一直在低点8.5566附近徘徊；之后迅速上升，到同年12月中旬到9.816 3，升幅接近15%；2009年2月和3月再度下跌到8.575，然后在波动中一路上升，到2009年底达到最高点10.3452，升幅超过了20%。

其次，人民币兑日元的汇率在同期也处在宽幅振荡之中。2008年8月，人民币兑日元汇率达到高点16.09，到同年12月中旬达到低点12.86，下跌了20%；2009年4月再次上升到14.76，11月底又下跌到低点12.63，下跌幅度接近15%。

从降低进出口企业的汇率风险、稳定对外贸易的角度考虑，只追求人民币兑美元汇率稳定而放弃人民币兑欧元、日元等国际主要货币汇率稳定的汇率政策，对中国来说已经不再是一个好的制度安排。首先，欧洲已经成为中国的第一大贸易伙伴。国研网提供的数据显示：2009年中欧双边贸易总额为4 269亿美元，远高于中美之间2 983亿美元的进出口总额。其次，日本也是中国主要的贸易伙伴之一，2009年的双边贸易达到了2 288亿美元。

从宏观经济调控的角度考虑，钉住美元的汇率制度安排等于放弃了独立的货币政策，让中国国内的流动性状况直接受到美联储政策的影响。笔者在其他文章中对这个问题已经有过分析，此处不再赘述。总之，无论从稳定进出口的微观层面考虑，还是从提高宏观调控能力的角度出发，钉住美元的汇率制度都是需要改变的。

有两种汇率制度可供中国选择。其一是篮子货币。即人民币汇率钉住

---

① 2010年6月1日发表于《上海证券报》。

一个货币篮子，篮子由世界主要货币组成。2005年汇率改革时，人民银行声称人民币钉住了一个货币篮子，但篮子的构成不对外公布。2008年以后篮子里明显只剩下美元。其二是彻底的自由浮动。即人民币兑其他货币的汇率完全由市场供求决定，人民银行原则上不再干预外汇市场。这是当前美、欧、日、英等主要国家都采用的制度安排。

需要注意的是：无论钉住货币篮子还是钉住单一货币，人民币都处于二级货币的地位。二级货币表现再好，也不过是其他货币的代用品。能够巩固其他货币的国际地位，自己却没有机会成为国际货币。如果中国以"货币强国"为目标，那么就不能把汇率制度改革的终极目标设定为篮子货币。人民币即使短期不自由浮动，长期也一定要自由浮动。

汇率制度从有管理的浮动转变为自由浮动的最大风险就是转变完成之后的汇率水平完全不可控，有可能大起大落并且对经济和金融市场造成无法预料的冲击。一些研究机构的成果就曾被用来夸大人民币潜在的升值幅度。例如，媒体报道但没有准确解释彼特森国际经济研究所（Peter G. Peterson Institute for International Economics）的判断"人民币对美元的汇率被低估了41%"，从而增加了国内企业家和政府决策者对自由浮动的担心（fear of floating），一次又一次地推迟了人民币汇率改革。

当前对人民币汇率最大的冲击来自欧元危机。在希腊债务危机的演变过程中，欧元对美元汇率从2009年12月底的1.514下跌到2010年3月的1.35左右，跌幅约11%；在4月30日到5月18日的十多个交易日里又从1.33迅速下跌到1.22，跌幅8%。欧元对人民币汇率也随之下跌，目前已经降低到8.3815这一2002年以来的最低位，并且推动了人民币有效汇率上升。据国际清算银行计算，人民币有可能会上升到115.5左右[①]，人民币有效汇率在过去半年里快速升值了4.1%，特别是在过去十多个交易日里上升了1.8%。这样的速度已经不再是爬行。

由于受到国内出口部门和外国政府的压力，中国政府本来很难做出人民币升值的决定；现在人民币有效汇率竟然"自动"升值了，缓解了人民币主动升值的压力，这无疑是欧元危机送给中国的一份大礼。然而，如果仅仅把这份大礼理解为"缓解人民币升值压力"，那就忽略掉了它更加重大的意义。等到欧元汇率走势逆转的时候，大礼又会被收回去。

实际上，人民币升值预期较低的时候，正是人民币汇率制度改革的较好

---

① 国际清算银行(BIS)6月15日更新的数据显示，人民币5月的有效汇率是116.21。

时机。以一步过渡到自由浮动汇率体制为例。自由浮动的初期，汇率将大幅波动，然后逐渐收敛到市场均衡的水平。波幅的大小取决于汇改前的汇率水平与汇改后的均衡汇率的差距。当前的汇率水平越接近市场均衡汇率，汇率的波动幅度就越小，汇改对金融市场和经济带来的冲击就越小。欧元危机缩小了人民币当前汇率与供求决定的均衡汇率的差距，因而为人民币汇改提供了一个意外的机遇。

小浮动也是大进步①

“老外”们恐怕很难理解发生在中国的某些事情。例如，面对华尔街危机造成的世界经济衰退，中国作出的应急反应比那些受到更严重冲击的国家更快更有力，显示中国政府有很高的决策效率与执行能力。但在改变对中国不利的汇率水平和汇率制度方面，中国政府却一再拖延，扩大了中国(特别是人民银行)的损失和风险。如此显著的反差是怎么造成的，这是一个很难回答的问题。

最初的解释是中国这样的发展中国家缺乏经验，甚至还从“广场协议迫使日元升值”的经历中汲取了错误的“教训”。至今仍然有经济学家认为研究日元升值的真实教训对中国的汇率决策具有现实意义。另一个解释是在国际政治层面。美国学者早就意识到中国人“爱面子”、坚持汇率政策的“自主性”、不愿意在外国政府施加的政治压力中选择升值。

其实，对中国的贸易伙伴来说，人民币不升值是最有利的。欧美某些官员对中国施压的目的也许就是故意刺激中国人的“爱面子”心理，从而推迟人民币升值。美国学者和官员不仅对此心知肚明，而且还有人坦率地说了出来。例如曾经担任驻华外交官的经济学教授戈登·塔洛克(Gordon Tullock)和曾经担任美国财政部部长助理的菲利浦·斯瓦戈尔。

难道中国人的“面子”情结真的大到了不顾自身经济利益的程度了吗？还好不是。

2010年6月，中国人民银行突然公布了“进一步推进人民币汇率形成机制改革、增强人民币汇率弹性”的决定，这正是处于中国面临巨大国际政治压力的时候。当月初，美国国会民主党参议员查尔斯·舒默(Charles Schumer)联合数位议员，准备推动参议院就一项针对中国汇率政策的议案投票。该议案计划向中国产品征收反补贴和反倾销税。一周以后在多伦多召开的G20会议上，中国领导人有可能在汇率问题上面对更多国家的责难。

对外国政府施加的压力作出反应并不是可耻的事情，特别是当对方的

---

① 2010年6月22日发表于FT中文网。

要求对本国有利时。对人民银行新闻发言人的讲话，笔者有以下看法：

第一，与2008年以来人民币小幅钉住美元相比，回到“有管理的浮动汇率制度”轨道上，的确“增强了人民币汇率弹性”，但说不上“进一步推进人民币汇率形成机制改革”。银行间外汇市场的人民币兑美元交易价的日浮动幅度为中间价上下5‰，银行对客户挂牌的美元对人民币现汇买卖价差不得超过中间价的1%，现钞买卖价差不得超过中间价的4%——这是照搬(2005年到2008年之间实施的规则)，不是“完善”。

第二，人民银行宣布“不进行一次性重估”，“在人民币汇率管理和调节中要注意采取渐进方式，为企业结构调整留出相应的时间”，意味着汇率变动将延续“小步走”的模式，而且很可能比上一轮升值走得更慢。这注定会吸引跨国资本投机人民币升值。因此，这次汇改有可能有限地降低输入型通胀，但同时也会再次吹大资产泡沫。在汇改消息发布后的首个交易日，A股市场用3%左右的强劲反弹作出反应。

第三，人民银行对汇改可能带来的负面冲击看得过重，以至于放弃了“进一步推进”汇率形成机制改革的潜在好处。如果真的“人民银行将进一步发挥市场在资源配置中的基础性作用”，那就必须允许市场通过试错(try and error)来发现价格。在试错过程中，汇率超调(高于市场均衡汇率)是不可避免的。因此，“要确保汇率波动幅度可控，防止市场力量引起人民币汇率超调”，意味着拒绝运用市场机制的价格发现作用，人民币汇率很可能还将继续被低估。

实际上，由于最近欧元快速大幅贬值，人民币跟随美元升值了不少。据国际清算银行(BIS)公布的数据，人民币有效汇率(EER)在过去一个月里陡然上升了2.4%，在过去六个月里上升了4.8%。正如人民银行所说，“当前人民币汇率与均衡水平相比并无太大偏差，不存在大幅波动和变化的基础”。既然如此，与其重归有管理的浮动汇率体制，还不如让人民币汇率自由浮动，既可以一次性解决汇率形成机制问题，也不会导致人民币汇率大幅度重估。正因为如此，当前的确“是进一步推进人民币汇率改革的有利时机”。回到有管理的有限浮动体制并没有充分利用这一时机。

应该提前预防人民币升值过头[①]

胡锦涛主席访问美国期间,华盛顿84位国会议员联名给奥巴马写信说:他们的忍耐已经"接近极限",如果人民币汇率继续低估,他们就进一步推进立法,对从中国进口的商品施加惩罚性关税。

根据国际清算银行(BIS)提供的数据,从2005年中(人民币汇率改革启动的时点)到2010年底,人民币的实际有效汇率(REER)升值了22%。中国的决策者应该提前思考这样的问题:人民币升值到什么水平是个尽头?升到尽头以后会发生什么?人民银行应该做什么准备?

第一个问题的答案看似很简单:那就是"市场供求决定的均衡汇率"。可是均衡汇率到底是多少?无论哪个机构预测,也无论用什么模型计算,都无法摆脱猜测的本质。据报道,美国领导人相信:如果任由人民币汇率自由浮动,人民币将升值20%以上。著名的华盛顿智库彼得森国际经济研究所甚至认为,人民币汇率低估了40%。

"价格发现"是市场才有的、不可替代的功能。发现人民币均衡汇率的办法只有一个,那就是外汇管理局停止干预外汇市场,让市场供求决定人民币汇率。这意味着彻底改变当前的汇率形成机制,让汇率自由浮动(free floating)。

如果中国政府这么做,汇率会如何变动?有足够的理由相信:如果允许自由浮动,人民币升值不仅会一步到位,而且将"矫枉过正"。之后,与其他自由浮动的货币一样,人民币汇率围绕均衡汇率上下波动,波动幅度逐渐收窄,收敛到均衡汇率。

当前中国采取的是"篮子、区间和爬行型"升值,简称BBC型(Basket, Band, and Crawling)。与自由浮动的汇率制度相比,BBC型升值的特色有三个:其一,汇率升值的速度减慢了;其二,跨国资金流入的时间延长了、数量增大了。除了这两个区别之外,BBC型升值和自由升值有一个共同点:当升值接近均衡汇率的时候,BBC型升值照样无法避免"矫枉过正"的试错

① 2011年1月27日发表于《上海证券报》。

过程。

人民银行坚持BBC路线的原因是为了防止“矫枉过正”。在2005年到2008年间，人民币兑美元汇率向上爬行了三年，之后停顿了两年。在2010年6月20日重启BBC型升值的时候，人民银行新闻发言人说：“要确保汇率波动幅度可控，防止市场力量引起人民币汇率超调的可能性。”“可控”意味着“爬行”，“超调”就是“矫枉过正”。

然而BBC型升值不仅无法避免“矫枉过正”，甚至还会延长“过正”的时间，加重“过正”的幅度。理论上说，人民银行能观察到外汇市场上的供求关系，可以从人民币升值的市场压力推测当前的汇率与均衡汇率间的差距大小。但政府干预导致人民币升值预期持续存在，升值预期又造成外汇市场上存在大量投机性需求，这些需求又进一步推动人民币升值、提高升值预期。于是，过度投机和升值预期相互强化，形成了正反馈，让“过正”更加严重。

由于海外人民币规模有限，对人民币升值的投机性需求主要表现为“热钱”跨境流入。但是，中国的资本项目仍然没有放开，跨国资金并不能随意进出中国。国家外汇管理局综合司司长刘薇于2011年1月10日接受媒体采访时称，未发现“热线”有组织、大规模跨境流入中国，不宜盲目高估和夸大“热钱”规模。

外管局严打“热钱”跨境流动已有相当长时间，取得的“成绩”却相当有限。据报道，从2010年2月开始，外汇局在部分外汇业务量较大的省市组织开展了应对和打击“热钱”专项行动，加强对无真实贸易或投资背景违规跨境流动资金的打击。截至2010年10月底，共查实各类外汇违规案件197起、立案和处罚违规案件178起，累计涉案金额仅仅73.4亿美元。与专家们对“热钱”规模最保守的估计相比，也还不到十分之一。

挡不住“热钱”不是外管局失职，而是BBC型汇率管制和出口导向型的经济增长方式所决定的。借用一部汤姆·克鲁斯主演的好莱坞大片的名字来表达：在中国经济已经高度融入世界经济的今天，靠外汇管制挡住“热钱”已经是“不可能完成的使命”（原名Mission Impossible，又译为“谍中谍”）。

中国2010年进出口总额已经接近3万亿美元。只要稍微高报出口价格、或者稍微低报进口价格，数千亿美元的国际资本就可以合法地、通过经常项目进入中国。这样，中国的外汇管制已经不是密不透风的万里长城，却更像是一张布满孔洞的网：它也许能够延缓、但是肯定无法阻挡跨境资金流动。特别是对于那些在自己的子公司之间做贸易的跨国公司来说，穿越这张网更没有什么难度。

跨国资本流动不仅可以通过经常项目进来，也可以通过经常项目出去。因此，外汇管理部门对跨境资金“宽进严出”的威胁根本不可信，外资仍然可以放心大胆地往中国境内钻。这些金融投机的资金夸大了人民币的升值压力，将推动BBC型的人民币升值“过头”（超过均衡汇率）。当市场发现人民币升值过头的时候，投机资金将兑现收益、掉头流出。这样的操作将推动人民币贬值。

BBC型升值过头对人民银行来说意味着什么？答案是：人民银行的账面损失变成实实在在的损失。2005到2008年之间的人民币升值给人民银行造成了大约一万亿元的账面损失。只要外汇储备不减少，这个损失就是账面上的。一旦外汇储备减少，这个损失就“做实”了。

之后呢？人民银行不得不放任人民币贬值，否则外汇储备将枯竭。贬值的过程以向下的“矫枉过正”结束。随后投机资金再次掉头流入中国，中国的外汇储备再次增长。人民银行“高价买外汇、低价抛外汇”的操作重新开始。主动买卖的跨境投机资金的收益就是被动交易的人民银行的损失。这是一场输赢早已注定的零和游戏。

这不是危言耸听。这个故事的完整版本早就在其他国家发生过：1992年，英格兰银行把英镑汇率与德国马克绑定的努力没有成功，仅仅抵抗了几天就损失了60亿英镑，其中15亿英镑成为乔治·索罗斯掌管的量子基金的投资收益。日本银行长期、强力干预汇率的操作以更加巨额的亏损而结束，导致日银的净资产长期为负。

有鉴于前车，人民银行是不是应该提前做点什么？已经形成的账面损失已经成为沉没成本，覆水难收。现在能实现的目标：一是尽量少地扩大账面损失，二是不要把账面损失“做实”。如果要实现这样的目标，答案就只有一个：人民币升值的最后一步绝对不能以BBC型迈出。在升值过头之前，人民币升值过程就应该从BBC型过渡到自由浮动。

为人民币自由浮动创造更好的条件[①]

人民币汇率自由浮动是人民币区域化进程中绕不过去的一步。但也有一个值得担心的后果，那就是汇率过大幅度的波动。

在世界经济增长过程中，总是会有一些大大小小的事件，打破世界经济原有的平衡，把世界经济推向新的平衡。市场体制自发应对外部“冲击”的方法，就是调整价格，包括汇率、利率、大宗商品价格以及其他价格。价格的调整诱使企业和消费者转变行为方式，于是经济向新的平衡点移动。

汇率浮动有利于应对国际间的失衡，有助于恢复国际经济平衡。如果让市场体制在汇率形成过程中充分发挥作用，那么经济体之间经济增长的不平衡将导致以汇率为主的价格调整，而汇率的调整将推动国际经济达到新的平衡点。

为了频繁应对“冲击”，汇率必须频繁调整。以美元和欧元这两个最主要的国际货币为例，可以看到汇率波动十分显著。

欧元诞生之初，设计者有意让它与美元的汇率非常接近1∶1。新诞生的欧元先略有升值，随后贬值到2001年的1∶0.9左右，并围绕这个水平波动到2002年初；从2002年初开始，欧元兑美元汇率一路上扬，在2004年初已经接近1∶1.3；在随后的两年里在1∶1.20和1∶1.35之间波动；从2005年底开始，欧元兑美元汇率从1∶1.20以下一路上涨，在2008年上半年达到历史高点1∶1.60。

全球性的金融危机进一步加大了各币种之间的汇率波动。同样以欧元兑美元汇率为例。2008年8月全球金融危机爆发之后，欧元兑美元汇率从历史高点1∶1.60迅速下跌，一度跌破1∶1.25，随后又强力上冲到1∶1.50。2009年底恶化的欧洲债务危机让欧元兑美元汇率迅速跌破1∶1.20，危机渡过之后又上涨超过1∶1.40。

从国际主要货币当中任意选择两个，都能看到与欧元—美元汇率类似的波动。

如果人民币加入自由浮动货币的行列，人民币对任意其他货币的汇率

---

① 《上海证券报》即将刊登。

也会大幅波动。这没什么奇怪,恐怕也无需解释。生产者和消费者本来就应该承担市场风险,不应该让政府包办。一旦央行不再干预汇率、转而支持国内外金融机构开发各种人民币汇率产品,那么居民和企业可以通过市场交易规避人民币汇率风险。有些人民币汇率产品(例如 NDF)已经在周边国家的金融市场上交易。

不过,由于国内价格管制的存在,如果让人民币汇率自由浮动,那么人民币汇率的波动幅度很可能超过其他主要汇率的波动幅度,人民币成为高风险货币。这不利于人民币成为计价或者结算货币。

当一个不存在价格管制的经济体受到外部"冲击"的时候,与这个"冲击"相关的一系列价格将立即作出反应。每一个价格的变化,都衰减掉一部分"冲击"。由于多个市场分担一个"冲击",外汇市场不会承担全部"冲击"。

但是,如果价格管制导致一些本来可以迅速变化的价格固定不变(例如汇率官定),或者降低它们对"冲击"作出反应的速度(例如燃油价格审批制),那么外汇市场必然分担更多的"冲击",这必然导致汇率在受到"冲击"的时候发生更大的变化。

以粮食短缺导致粮价上涨为例。由于不利的气候条件等原因,最近全球粮食市场供不应求,国际粮价已经达到 20 年来的最高水平。面对这么一个外部"冲击",中国政府是否管制粮食价格,对人民币汇率是有影响的。

第一种情形:假设中国政府不干预粮价,那么世界粮食价格上涨对中国的"冲击"主要被中国粮食市场承担,结果是国内粮价上涨,粮食出口很少,对人民币汇率影响很小。

如果没有价格管制,中国国内粮价与世界粮价之差,不会超过"粮食输出点"。如果价差超过了"粮食输出点",粮商们将通过"国内采购、国外销售"实现套利,而出口粮食的行为将减小价差直到其低于"粮食输出点"。

第二种情况:假设中国政府阻止国内粮食价格上涨,那么国内粮价不变(或者变动缓慢),无法承担世界粮价上涨的"冲击"。境内外粮食价差持续超过"粮食输出点",套利空间持续存在。除非实施粮食出口管制,否则粮商们持续出口粮食的套利行为增加外汇市场上的外汇供给,对人民币汇率影响增大。

当前宏观经济政策目标已经从去年的"保增长"转变为今年的"防通胀"。而"防通胀"的常用手段之一就是强化价格管制。但是,价格管制降低中国经济应对外部冲击的能力,增加汇率波动的压力,与自由浮动汇率体制不匹配。因此,减少国内的价格管制,能够为人民币汇率自由浮动创造更好条件。

东亚合作将渐入佳境[1]

2009年10月10日，第二次中日韩三国领导人会议在北京举行，其意义在于避免三国之间鹬蚌相争。从长远来看，有可能推动东亚合作渐入佳境。

有两个因素正在推动中日韩三国之间的经济合作渐入佳境。其一是百年一遇的国际金融危机及其造成的世界经济衰退，严重打击了东亚各出口导向型的经济体，也推动了第一次中日韩三国领导人会议于去年12月在日本福冈召开。从十年前的"非正式早餐会"开始，三国领导人的会面曾经长期处于非正式层级。其二是日本国内的执政党更迭，促进了日本对外政策取向的变化。今年9月中旬，鸠山由纪夫在当选首相后的首次记者招待会上就大胆地谈到了"东亚共同体"构想。

仅仅提出"东亚共同体"这一名称，就显示出鸠山由纪夫比前任"前怕狼、后怕虎"的态度前进了一大步。以往的日本领导人不敢提出这样的主张，据说有两个原因。其一，这个名称容易让东亚各国联想到"二战"时期日本依靠武力推行的"大东亚共荣圈"，从而容易激发各国对日本的仇视与敌意，因此不利于推进区域合作。其二，这个名称容易让欧美国家联想到欧盟的前身——"欧洲共同体"。欧美（特别是美国）不愿意看到自己在东亚地区的影响力受到削弱，因此注定不会欢迎这个主张。

中日韩三国的经济总量（GDP）占东亚地区的90%、世界的17%，是东亚地区名副其实的三个大国。特别是中日两国，经济规模分别名列世界第三、二位。只要中日（或者中日韩）之间能够顺利合作，东亚的区域合作趋势就大势已定。然而，由于历史遗留问题和区域外大国的离间与干预，导致区域内的大国相互猜忌、互不妥协，相互间的合作无法深入。与此形成鲜明对比的是东亚地区的十个小国之间的合作进展迅速，形成了"东盟"组织。

团结的力量提高了东盟的地位与影响力，以至于中日韩三个大国分别向东盟寻求合作、形成了三个"10＋1"合作框架。为了达成与东盟的合作，大国竞相向东盟国家作出开放市场、提供资金之类的让步。例如，在1997年

---

① 2009年10月12日发表于《中国经济时报》。

亚洲金融危机之后，日本主动提出“新宫泽计划”，向这些国家提供援助，帮助其渡过危机。之后构建起来并且一再扩张规模的“清迈协议(CMI)”更是一个由大国出资、让小国受益的机制：当小国发生危机的时候，大国必须出手相救；当大国发生危机的时候，小国其实无能为力。

因此，在东亚地区内部过去十余年的国家博弈中，大国是相互争斗的鹬蚌，小国是坐收其利的渔翁。这种状况势必会持续到大国之间真正开始合作。

日本学者对亚洲区域合作的研究目前领先于该区域内其他国家的学者。例如，在有关区域货币合作的讨论中，日本学者经常发表的言论是“合作的条件已经成熟，缺少的只是政治领导人的魄力与勇气”。笔者本人对这样的言论持怀疑态度，因为笔者相信政治家群体也具备足够的经济理性。正如一句谚语所说，在政治家眼里，“没有永久的敌人，也没有永久的朋友，只有永恒的利益”。只要合作能够带来足够大的利益，领导人们最终一定会选择合作。当前各国之所以没有积极选择合作，很可能是因为他们无法确信未来的预期收益。

因此，东亚的经济学家和经济官员应该更加努力地构建一个确保各参与国都能受益的合作框架，而不是空喊合作的口号，然后将决定合作成败的责任全盘推到政治家身上。区域合作从来都不是一件容易的事情，更何况东亚地区合作的难度比西欧大得多。欧盟的建立是经过了大约半个世纪的努力。因此，东亚地区即使能够形成类似今天欧盟一样的组织，也是很多年以后的事情。

辑二

中国泡沫属于危险类型

扩张性货币政策的羊群效应①

国有银行的信贷扩张能力已经发挥到极致，过度宽松的货币政策已经发生了具有中国特色的微调。羊群效应可能使股份制商业银行模仿四大行的扩张行为，成为扩张性货币政策的传导机制。

全球金融危机发生以后，四大国有银行（下文简称“四大行”）对经济下行的反应曾经和其他银行一样：收缩业务。

央行从2008年9月开始逐步放松对信贷规模的控制，银行作为一个整体却一度收缩贷款。新增贷款在2008年9月是3 500亿元，10月陡降至1 800亿元。

2009年1月之所以会出现创纪录的贷款井喷，部分归于年初效应。年初效应均匀作用于各家银行。在1.62万亿元新增信贷中，四大行贡献了7 667亿元（工行和建行各自贡献了2 500亿元以上），13家股份制商业银行贡献了4 985亿元新增贷款。

贷款井喷的另一个原因是干预。其实干预的效果早在2008年的最后两个月就显现出来。2008年11月贷款增幅为4 769亿元，12月达到7 400亿元。贡献主要来自四大行。四大行在1月底和3月底集中发放贷款的行为也显示出急于做大数字、完成任务的动机。据财经网报道，有业内人士感叹：“没有想到，中国的商业银行竟会如此听话。”

2009年2月和3月的贷款增长显示四大行是这一轮信贷增长的领头羊。四大行的贷款增幅2月小幅下降到5 510亿元，3月大幅增长到9 943亿元；同期13家股份制商业银行的贷款增长幅度分别为2 732亿元和4 061亿元。两类银行的贷款增幅相差一倍以上。

四大行的扩张能力已经运用到极致。前五个月新增贷款分别为7 600亿元、6 400亿元、7 300亿元和6 300亿元左右。合计2.73万亿元，略低于银行新增贷款总额5.84万亿元的一半。

过度宽松的货币政策在二季度已经发生了具有中国特色的微调，对四

---

① 2009年6月15日发表于《中国经济时报》及同日《明报》。

大行的干预也随之转向。一季度信贷数据公布之后，人民银行网站刊登了央行副行长易纲撰写的《坚定不移地落实好适度宽松的货币政策》一文，指出“金融危机情况下的货币信贷较快增长利大于弊”。随后公布的《一季度货币政策执行报告》表达了同样的态度。

然而一个月后，货币政策“口头上没有变，但实际上已经在收缩”。周小川说，货币政策可以根据需要微调。

有些国有银行已口头要求分支行严格执行信贷投放标准、平缓放贷。因此，四大行的贷款增速从二季度开始降低，4、5 两个月仅略高于 2 200 亿元。

在 2009 年二、三季度，股份制商业银行填补了四大行收缩后空出的市场。四大行一季度的贷款井喷对其他银行产生了挤出效应。而为了维持市场份额和经营收入，其他银行在剩余的月份里奋起直追。如果过去半年的经济低迷让股份制银行谨慎贷款的话，当前中国经济的短暂“复苏”和四大行的示范作用也解除许多股份制银行的警惕。因此 4、5 两个月的信贷增长总量还是达到了 5 918 亿元和 6 645 亿元。

行为金融学者早就在金融市场上发现了类似羊群的行为：在信息不充分（特别是遇到不了解的危险）情况下，投资者有时会不假思索地模仿其他投资者的行为。当一群投资者彼此模仿的时候，市场很容易发展到非理性的状态。当羊群效应发生作用的时候，银行家和散户没什么差别。

商业银行的羊群行为在一些领域已引起过度竞争。例如票据市场上的贴现率和存款利率倒挂，导致企业可以无风险套利；个人住房贷款市场上，开发商名义上与银行合作，执行中充当银行的前台，为了销售住房有可能和买房人合谋欺骗银行。

如果股份制商业银行果真接过信贷扩张的接力棒，并通过降低价格和风险控制标准发放贷款的话，必定会在不久的将来为自己的羊群行为付出代价。中国经济的真实复苏至少在 12 个月之后，之前很可能会经历 VVV 型的反复。过度扩张会给银行渡过真正的低谷增加难度。

不良银信关系显示金融体制改善有限[①]

2009年以来，商业银行和信托公司合作推出的理财产品迅速扩张规模。这一现象在1992开始的上一轮严重经济过热时期就曾经发生过。18年前的故事在今天重演，显示中国在过去十多年里努力推进的金融改革不仅取得的进展有限，而且已经明显倒退。在扩张冲动方面已经回到了18年前的状态。

在1995年之前，信托公司是导致历次金融秩序混乱的体制基础。一方面，信托公司可以从事的业务范围十分广泛，包括发放委托贷款（银行业务）、投资实业和房地产（房地产开发业务）、经营证券营业部（证券业务）等。另一方面，绝大多数信托公司是国有银行（包括人民银行）的附属机构，能够从国有银行得到数量充足、流量稳定的资金。

在1992年开始的经济过热当中，信托公司表现突出。当人民银行运用其杀手锏——贷款规模控制、限制专业银行的扩张冲动的时候，专业银行能够通过附属的信托公司，在银行资产负债表之外从事银行业务，从而绕过人民银行的规模控制。由于人民银行无法控制银行体系的货币创造功能，中国出现了改革开放以来最严重的通货膨胀。

据悉，银信合作的理财产品规模在2009年9月末还不足6 000亿元，到2010年4月末已经增长到1.88万亿元。5月，共有32家银行和36家信托公司参与发行银信合作产品413款，发行规模可能达到6 149亿元。

银信合作规模之所以增长迅速，其原因与1992年几乎相同。首先，某些国有银行扩张规模的冲动在2008年底开始的经济刺激过程中被重新点燃；其次，由于竞争性的金融市场存在羊群效应，个别银行的扩张冲动在银行业传递开来。

截至2009年四季度，人民银行和银监会实际上已经恢复了贷款规模控制。但是商业银行扩张规模的冲动就像潘多拉盒子里的精灵：一旦释放出来，就很难再收回去。当这种冲动受到规模控制的约束的时候，银信合作的

① 2010年7月12日发表于《明报》。

理财业务再次充当商业银行绕过人民银行规模控制的变通途径。

1990年代中期以来，金融改革确实取得过一些成绩。最重要的一个成绩，是从专业银行脱胎而来的商业银行强化了贷款责任追究制度，从而有效地约束了原来制度性的规模扩张冲动。从商业银行必须稳健经营的角度来看，这一变化是至关重要的。

然而这一转轨过程中的过渡状态并不稳定，必须依靠一系列的外力才得以维持。最主要的外力有二：其一是监管部门频繁而且强力地整顿金融秩序，把金融机构暴露出来的规模扩张冲动消灭在萌芽状态；其二是监管机构通过严把市场准入、维持较高存贷利差，让商业银行不必激烈竞争就可以获得较高的利润，从而降低银行的竞争冲动。

中国加入世界贸易组织（WTO）促使国有银行改制上市（IPO），但是国有银行依靠外力才能维持的不稳定状态没有得到改变。

为了应对国际金融危机、保持国内的经济增长，中国的经济刺激计划当中包含了扩张性的货币政策和放松监管。维持过渡状态的外力之一消失，潘多拉的盒子就此打开。笔者早在2009年初就曾经撰文提醒《谨防国有改革走回头路》[①]，指出“金融危机也有可能降低国有银行改革的动力”“国有银行有可能再次进入股份制改革之前的轮回”。现在看来，提醒没有受到重视，预言已经成为现实。

银监会6月1日对银信合作规模最大的12家信托公司进行了窗口指导，要求他们主动压缩业务规模，按月考核的银信合作产品规模不能超过5月末的水平。然而窗口指导没有取得明显效果。7月初，各地银监局电话通知辖区内的信托公司，全面叫停新增的银信合作理财产品。这样，中国银行业2008年底以来的变化可以概括为“一放就乱”，2010年7月以来的变化可以概括为“一抓就死”。这正是中国金融体系改革之前的特点。

---

① 2009年3月13日发表于《上海证券报》，参见本书辑六同名文章。

商业银行提高手续费应该听证[①]

据媒体报道，银行业协会相关负责人表示：依据国家相关法规规定，商业银行的服务价格分别实行政府指导价和市场调节价。ATM跨行取款收费属于市场调节价，该服务价格由商业银行总行依据成本自行制定和调整，近来“商业银行根据自身的成本情况调整ATM跨行取款收费标准，是合法合规的。建议客户根据自身情况选择交易”。在此之前，四大行在天津、广州等部分城市的同城跨行ATM机取款手续费从2元/笔上调到了4元/笔。交行、广发等部分股份制银行也跟风调价。

这位负责人评价这一事件“合规合法”的时候，大概只参照了银行业协会制订的法规。全国人大常委会三年前通过并生效的《反垄断法》被放在了一边。实际上，商业银行提高同城跨行ATM机取款手续费的行为，已经涉嫌违反《反垄断法》规定的原则。

首先，《反垄断法》第十三条规定：“禁止具有竞争关系的经营者达成下列垄断协议：(一)固定或者变更商品价格……”同城跨行ATM机取款手续费在代理行、发卡行和中国银联公司三家之间分配。因此，调价的决定必定是各家银行(至少是主要银行)和银联公司之间商议的结果。

其次，《反垄断法》第十七条规定：“禁止具有市场支配地位的经营者从事下列滥用市场支配地位的行为：(一)以不公平的高价销售商品……”也就是说，如果四大银行和银联公司一致决定降低同城跨行ATM机取款手续费，不必接受反垄断审查。反之则不然。

当然，基于目前公开的信息，公众没有充足的证据断定四大行和银联公司滥用了市场支配地位。由于大企业(包括大银行在内)和公众之间存在严重的信息不对称，所有市场经济国家都面临这个举证的难题。按照反垄断的国际惯例，当企业涉嫌违反《反垄断法》，侵犯普通消费者权利的时候，具有信息优势的企业一方需要自证清白。法治的市场经济不容忍具有市场支配地位的企业“悄悄”涨价。

---

① 2010年8月3日发表于《21世纪经济报道》。

那么，银行业协会是否可以作为裁判员，判断商业银行的调价行为是否“合规合法”呢？

行业协会是为会员企业服务的组织，往往在构建价格同盟的过程中发挥关键作用。有鉴于此，《反垄断法》第十六条特别规定：“行业协会不得组织本行业的经营者从事本章禁止的垄断行为”；第四十六条还规定了相关的罚则：除了罚款之外，“情节严重的，社会团体登记管理机关可以依法撤销登记”。因此，当消费者对商业银行收费提出“滥用垄断权力”的质疑的时候，银行业协会作为利益非中立的机构，不适合充当裁判员。

总之，作为具有市场支配地位的机构，商业银行和银联公司提供的服务是否可以涨价，至少要做到程序上的公正。要实现程序公正，就应该和其他具有市场支配地位的企业一样，在调价之前进行价格听证。商业银行和银联公司不仅需要证明自己（或者联合）没有操纵价格，而且需要提出涨价的理由，让公众来判断涨价是否合理、合法。

目前看到的涨价理由只有“成本”一个——根据《中国银联入网机构银行卡跨行交易收益分配办法》：“ATM 跨行交易收益分配采用固定代理行手续费和银联网络服务费方式。持卡人在他行 ATM 机上成功办理取款时，无论同城或异地，发卡银行均按每笔 3 元的标准向代理行支付代理手续费，同时按每笔 0.6 元的标准向银联支付网络服务费。”如果发卡行只收取 2 元手续费，那么每笔业务就亏损 1.6 元。

然而这只是局部的“财务成本”，根本经不起推敲。商业银行用存贷款业务的超额利润补贴中介业务的成本支出是再正常不过的事情，何况中国的利率管制为商业银行提供了世界一流的利差水平。招商、中信、光大、平安等股份制银行和花旗等外资银行正是这样做的。中国的存款人被迫接受着低利率，如果在中间业务中不获得一些低价甚至免费的服务，银行更要“脱媒”。如果中间业务收费一定要让市场来决定，那么存款利率也应该市场化。这才是公平。

“大得不能倒闭”的代价太大[①]

2008年8月，雷曼兄弟公司的倒闭颠覆了金融市场的信心，让次债市场上的局部危机迅速蔓延到整个金融市场，流动性瞬间消失。这个教训让美国政府再次认识到：有些金融机构，真的“大得不能倒闭”。一旦倒闭了，要引发整个金融体系、甚至经济体系的危机。

为了避免这些大型金融机构倒闭，美国的整个金融、经济体系都付出了代价。雷曼兄弟公司倒闭之后，美国财政部用政府的钱给其他大型金融机构补充资本金，美联储用量化宽松的货币政策向市场无限量地注入流动性，甚至直接向财政部融资。这种行为偏离了“强势美元政策”，已经伤害了美元的国际货币地位。为了应对短期的危机，美国政府一时顾不得长远利益。

另一个代价是异化大型金融机构的行为。对投资者来说，公司未来的盈亏存在不确定性，因此成为公司股东就如同参与一场赌局。对风险中性的投资者来说，“零和”赌局是不值得参与的。但是，当政府的救助义务成为“天经地义”的时候，公司盈利归己、亏损政府兜底，原本“零和”的赌局也就变得值得参与了。赋予一家追求利润最大化的公司“大得不能倒闭”的地位，等同于让它忽视风险、勇往直前。

更有一些异化行为严重到了让美国政府不能容忍的程度。一是“倒逼”政府。雷曼兄弟公司自恃“大得不能倒闭”的地位，在与美国政府谈判救助过程中要价太高。美国政府明知雷曼兄弟公司“大得不能倒闭”，但也不愿意开一个被金融机构讹诈的先例，因此最终决定放弃救助。（这个决定出乎市场预料，严重打击了市场信心。）二是滥发奖金。获得政府救助的金融机构大幅提升高管和员工的奖金，与美国社会失业率上升到两位数的背景形成鲜明对比。这一奇怪现象已经引发美国社会反思。

总之，“大得不能倒闭”是对市场机制的扭曲。幸好除了金融公司以外，“大得不能倒闭”的企业在美国并不多见。仅新世纪以来，美国政府就放任

---

① 2010年2月12日发表于《上海证券报》。

了安然、安达信和雷曼兄弟公司倒闭。与美国相比,“大得不能倒闭”的中国企业不断浮出水面,分布在多个行业,总数恐怕数倍于美国。中国经济为“大得不能倒闭”的企业付出的代价也比美国高出好几倍。

首先,中国效率不高的国有银行“大得不能倒闭”。为了保证它们不倒闭,政府不得不“暂时”放弃整个金融体系的效率,不得不维持甚至强化国有银行的市场垄断地位、让金融市场开放的进程慢于银行业改革的进程,不得不限制外资金融机构和国内民营金融机构的市场准入、限制境外人民币业务和跨境资金流动,甚至不得不限制国内的民间借贷。与美国政府危机期间的选择一样,为了避免大银行的倒闭,我们顾不得长远利益。

国有银行“大得不能倒闭”的状况看起来还会延续下去。既然“大得不能倒闭”,国有银行也就没有改革的动力。在加入 WTO 组织之初,关于银行业开放的条款曾经短暂促进过国有银行的股份制改革。除此之外的大多数时间里,不是开放促进改革,而是过于缓慢的改革“倒逼”银行业开放不能太快。在 2008 年底取消信贷规模控制之后,政府、企业和银行三位一体的扩张冲动再次释放出来,国有银行的行为回到了上世纪 90 年代初期。与之相应的货币政策操作也不得不回到十多年前,信贷规模控制必须恢复起来。

其次,在过去几年里,一些房地产开发商从银行和股票市场获得了大量资金,已经把自己的命运和银行、金融市场以及房地产市场紧密地联系在一起,因此已经“大得不能倒闭”。一旦某个大房地产商倒闭,将引起一系列连锁反应:银行提供的房屋开发贷款立即变成不良贷款,股价和房价也有可能快速下跌,快速下跌的房价可能导致持有抵押贷款的买房人策略性违约。这些连锁反应可能引发一场中国版的次债危机。

既然已经“大得不能倒闭”,这些房地产商同样获得了“倒逼”经济政策的实力。即使政府已经出台了抑制房价的政策、即使政府已经开始回收被囤积的土地,大房地产商还是敢于在招投标中把土地价格推高到房价之上。就像“劣币驱逐良币”一样,通过这种高风险的经营行为,“大得不能倒闭”的开发商将其他开发商挤出了市场。

再次,三聚氰胺事件及其以后的处理结果显示:中国众多的乳业企业也获得了“大得不能倒闭”的地位。出于保护当地奶业和奶农、维持当地 GDP 和税收的原因,负有责任的当地政府部门在事件发生之初没有及时采取行动,在事件暴露之后也没有让相关企业承担相应的责任,因而避免了企业倒闭。其代价是让乳品质量标准成为“软约束”,结果必然导致含三聚氰胺的产品卷土重来。

“大得不能倒闭”的行业和企业还可以继续历数下去。名单最终有多长，笔者尚且不知。这个名单短一些，中国经济会更好一些。如果所有企业都不能倒闭，最终的结局一定是所有企业一起倒闭。

国资管理需要克服大企业病①

日前，国资委发布了《国务院国资委 2009 年回顾》。这份年度成绩单展示了国资委管理的 129 家中央国有企业取得的累累硕果。首先，在经营业绩方面，2009 年中央企业累计实现营业收入 12.6 万亿元，同比增长 6.4%；累计实现利润 8 151.2 亿元，同比增长 17.1%；上交税金 1.15 万亿元，同比增长 10.1%。其次，在国有资产保值增值方面，中央企业资产总额达到 21 万亿元，同比增长 19.5%；所有者权益将近 8.4 万亿元，同比增长 14.6%；归属母公司的所有者权益接近 6.3 万亿元，同比增长 12.8%。净资产收益率达 7.6%，总资产报酬率 5.3%。

在 2002 年到 2009 年之间，中央企业的资产总额年均增长率达到 16.74%，所有者权益年均增长率为 14.80%。另外，在做大做强、培养世界级企业方面，中央企业也有令人瞩目的表现。在这 129 家中央企业当中，有 30 家入围了美国《财富》杂志评选的 2009 年度世界 500 强。与 2008 年相比增加了 6 家，与 2002 年相比则增加了 24 家。

在优化国有经济布局方面，国资委的努力也取得了一定的成果。这份报告提供的数据显示：尽管国有企业在工业领域的经营规模还在扩张，但所占的比重继续降低。在 2002 年到 2008 年间，国有及国有控股工业企业的资产总额、销售收入和实现利润虽然大幅上升，但是上升速度慢于其他经济成分，因此在全部工业企业各项指标中的比重持续下降。在这六年间，国有及国有控股工业企业的资产总额从 8.91 万亿元上升到 18.88 万亿元，销售收入从 4.78 万亿元增长到 14.75 万亿元，实现利润从 2 633 亿元增长到 9 063 亿元。但是，国有及国有控股工业企业的这三项指标在全部工业企业当中的比重却分别从 60.93%、43.7%和 45.52%下降到了 43.77%、29.5%和 29.65%。更加显著的是，国有及国有控股工业企业户数在这六年间从 41 125户降低到 21 313 户，在全部工业企业户数中的比重从 22.65%降低到 5%。

---

① 2010 年 8 月 7 日发表于《21 世纪经济报道》。

此外，在各地方政府企业和融资平台争4万亿元投资盘子的时候，国资委对中央企业投资工作的指导方针是“聚焦主业、突出重点、量入为出、有保有压”，以至于在2008年底以来的经济刺激计划当中，中央企业没有成为投资驱动的排头兵。中央企业在2009年完成固定资产投资2.32万亿元，同比增长仅14.8%。这个增速比上一年增幅降低13个百分点，还不及2009年全社会固定资产投资增长速度30.1%的一半。事实上，早在2008年4月，国资委主任李荣融就在中央企业负责人视频会议上要求各企业加强对国际国内形势的分析预盘，“捂紧钱袋子”“准备过冬”。

从投资领域来看，即使是在中央政府实施经济刺激计划的过程当中，国资委依然要求中央企业“优化投资结构、聚焦主营业务”，有效地约束了国有企业内生的扩张冲动，因此降低了投资风险。中央企业基本上没有参与中央和地方政府对基础设施的投资，而是把投资主要投向了“关系国家安全和国民经济命脉”的领域和行业。在全部中央企业完成的2.32万亿元固定资产投资中，国资委重点监控的34家中央企业完成了1.97万亿元，其中对主业的投资占98.6%，比2008年提高了0.9个百分点。2004年以来，中央企业固定资产投资中主业投资的比重一直高于96.6%。

在改革与发展方面，中央企业取得的最明显的成绩就是股份制改革。截至2009年底最后一个交易日，中央企业控股境内上市公司260家，占上市公司总数的14.64%；这260家上市公司的股本总额7 804亿股，占上市公司股本总额的29.43%，其市值占全部市值的34.57%。经过股权分置改革之后，国有上市公司也已经或者即将实现股权全流通。但是，国有股获得流通的权利并不意味着大股东会减持国有股，更不意味着上市公司“一股独大”的问题会自然而然地解决。到目前为止，国有资产非但没有通过上市流通实现从竞争性领域退出，反而通过发行上市和再融资控制了更多的资产。这与“十五”大制订的“国有资产战略性重组”目标是背道而驰的。

事实上，到目前为止，国有企业应该在哪些领域加强、从哪些领域退出的问题并没有彻底解决。因此，国有企业改革还没有十分清晰而具体的目标。国资委目前操作的依据是2006年12月国务院办公厅转发的《关于推进国有资本调整和国有企业重组的指导意见》。这份《指导意见》要求国有资本“向重要行业和关键领域集中”。这个表述原则性很强，但是如何确定“重要行业和关键领域”成为新的重要而关键的问题。按照这份《指导意见》，“重要行业和关键领域”包括：涉及国家安全的行业、重大基础设施和重要矿产资源、提供重要公共产品和服务的行业，以及支柱产业和高新技术产业中的重要骨干企业。

与“十五大”对相同问题的表述相比,《指导意见》对“重要行业和关键领域”的表述已经有所扩大。从国有企业从竞争性领域战略性收缩的角度来说,这不是令人欣慰的。此外,即使基于指导意见的表述,依然无法制定出一个“重要行业和关键领域目录”,因此国有企业可以涉足的领域边界,仍然是模糊的,无法约束国有企业的扩张。国资委在操作中要求中央企业“聚焦主营业务”已经是尽全力而为之了。

为了给国有企业划出一个“非国有莫属”的界限,也许应该回到一些讨论不彻底的基本问题:为什么要有国有企业?什么贡献是只有国有企业才能完成的?在国资委的《2009年回顾》中提到的中央企业的贡献,有三个涉及到具体行业:第一,为社会经济发展提供更安全更经济更清洁可持续的电力供应;第二,为全社会提供安全稳定的粮食供给;第三,为经济社会发展提供持续安全稳定的油品供应。

是的,在当前的体制下,中央企业为社会提供了上述产品和服务。这是毫无疑问的。但是,是否只有国有企业才能完成这个任务,答案就不一定了。政府即使有着稳定市场的职责,也不必通过建立国有企业、亲自生产产品来履行职责。举例来说:中储粮总公司承担着提供安全稳定的粮食供给的职责,但是中储粮总公司并不通过亲自种粮来履行这个职责。提供安全、经济、清洁和可持续的电力与油品供应也是一样,也不是必须要建立国有企业亲自从事发电和炼油才能实现。通常情况下,私营企业更有效率。

在粮食、石油、电力这样的传统产业中,国有企业虽然存在各种问题,但至少还能够维持。但在高新技术领域里,国有企业将注定面临更严峻挑战。到目前为止,在世界范围内,能够最有效地支持技术创新、支持高新技术产业发展的模式只有一种,那就是“硅谷模式”。当前的高新技术产业的竞争已经国际化,在这场竞争中“硅谷模式”还没有遇到对手。这种模式有两个不可或缺的基础:其一是模块化的产业结构,其二是以创业投资为代表的资本市场。

当然,作为转轨经济国家,中国必须面对的现实是大量既成事实的国有企业。在上一轮“抓大放小”的国有企业改革中,小型国有企业基本上全部完成了改制,如今已经退出了国有企业的行列。国有企业的行列中只剩下大中型企业。当前国有企业的良好业绩与各级政府(国资委)强化了监督和管理密不可分,而政府之所以能够加强对各家国有企业的管理,是因为国有企业的数量大幅减少、政府的监管可以集中精力。因此,为了保持国有企业的良好业绩，必须控制严格国有企业的数量和规模。

目前，一些地方政府和国资管理部门都学习新加坡经验、模仿淡马锡模式。但是新加坡模式中的一个前提是大多数中国的国有企业和“中国淡马锡”都不具备的：新加坡是一个人口和面积都十分有限的城市国家，国有企业的管理层级不多，淡马锡公司的资产规模也十分有限。因此，通过加强管理可以解决问题。但是对于中国这样一个大国，全国性的国有公司层级太多、委托—代理关系重叠，通过加强管理解决“大公司”病的难度很大。而国有企业的机制又限制了内部管理的制度创新，因此比私人公司更难解决问题。

事实上，国资委已经意识到管理数百个中央企业的难度，于是一再把它们合并。但是，合并的结果是中央企业规模变大，增加了中央企业内部管理的难度。除了减小中央企业的数量和经营性资产的规模之外，解决这个难题没有别的办法。“冰冻三尺非一日之寒”，大量国有企业和巨额经营性国有资产也不可能在短期内化解。因此，短期内需要国资委加强监管，但是不要忘了，国资管理的长期目标一定是要有效克服大企业病。

民营资本在金融领域仍然难有作为[①]

2010年5月13日，国务院发布了《关于鼓励和引导民间投资健康发展的若干意见》。《意见》细分为36条，被称为“新36条”。尽管重新启动市场化的改革完全符合市场预期，支持和鼓励民间投资的政策措施也已经公开酝酿了一段时间，这个突然推出的“新36条”的内容还是超出了市场预期，推动沪深两市指数当日大幅反弹2%以上。有经济学家认为这是改革开放以来的“第三次重大制度改革”，有可能让2010年成为“民间投资元年”并产生可观的“制度红利”。

与五年前公布的“36条”(国务院于2005年8月12日印发的《关于鼓励支持和引导个体私营等非公有制经济发展的若干意见》)相比，“新36条”要求向民间资本开放的领域有所扩充，开放的措施也更加具体，显示出“毫不动摇地鼓励、支持和引导非公有制经济发展”的决心。

以金融领域为例。五年前出台的“36条”就提出要“允许非公有资本进入金融服务业”。其中包括“允许非公有资本进入区域性股份制银行和合作性金融机构。符合条件的非公有制企业可以发起设立金融中介服务机构。允许符合条件的非公有制企业参与银行、证券、保险等金融机构的改组改制”。

遗憾的是，各地方、各部门的执行与中央政府的政策明显脱节，“36条”没有被落实。上文中提到的“条件”到现在也没有被解释清楚，金融领域的对内资开放在过去五年里没有取得什么进展，民间资本在金融领域仍然面对着看不见的玻璃门。

“新36条”再次提出要“允许民间资本兴办金融机构”，却没有提到“条件”一词。第十八条的核心内容包括：“支持民间资本以入股方式参与现有商业银行的增资扩股，参与农村信用社、城市信用社改制”“鼓励民间资本发起或参与设立村镇银行、贷款公司、农村资金互助社等金融机构”“支持民间资本发起设立信用担保公司”“鼓励民间资本发起设立金融中介服务机构，

---

① 2010年5月17日发表于FT中文网。

参与证券、保险等金融机构的改组改制”。

为了实现上述政策目标，第十八条还提到要放宽几个具体的限制，从而把几道看得见的门开得更大一点。包括“放宽对金融机构的股比限制”“放宽村镇银行或社区银行中法人银行最低出资比例的限制”“适当放宽小额贷款公司单一投资者持股比例限制”“落实中小企业贷款税前全额拨备损失准备金政策，简化中小金融机构呆账核销审核程序”。

那么，“新 36 条”的出台是否意味着金融业即将对民营资本敞开大门、直面“民间投资元年”呢？笔者认为这不会很快发生。

首先，民营资本在金融领域面对的既不是玻璃门，也不是弹簧门，而是“看得见的门”。“新 36 条”指出，国有资本要把投资重点放在不断加强和巩固“关系国民经济命脉的重要行业和关键领域”。至少到目前为止，国内还有不少官员和学者依然认为金融业关系到国民经济命脉。因此，民营资本在金融业里只能占据次要地位、发挥辅助作用，绝不可能把国有资本“挤出”。例如，商业银行在经历了 2009 年的快速规模扩张之后普遍面临资本金不足，有些国有银行的再融资存在难度，因此需要民营资本发挥提供资本金的作用。

其次，即使只发挥辅助作用，也需要满足一定“条件”。“新 36 条”没有提到民营资本进入金融业的“条件”，并不意味着在实际操作中不需要条件。第十八条提到了“加强有效监管、促进规范经营、防范金融风险的前提”，这就意味着当前的体制框架不变。在这个框架中，制定监管标准、考核民间资本、让符合标准的投资者进入金融业是习以为常的行为模式。而按照这个模式，民营资本即使能够进入金融领域，也需要按部就班地层层申报、考核、比较、审批，花费不少时间，近期不太可能看到进展。

实际上，中国当前的金融体系对中小企业发展和增长方式转变的支持力度不够，主要是因为管制过度，而不是所有制。而过度管制造成的低效率，不能简单地通过民营化来解决。这和美国银行业在上个世纪五六十年代发生的事情是类似的：管制约束着银行之间的竞争，保护了银行业的利润；既然有稳定的利润，银行也就放弃了创新方面的努力。在不减少对金融机构业务创新的管制的前提下，有限（好听一些的说法是“适度”）放宽市场准入对金融业的效率起不了多大促进作用。

放松金融管制需要监管者和被监管者双方转变观念、改变行为。国际经验表明，这需要相当漫长的时间。大萧条之后，美国政府对银行业实施了非常严格的监管。过度严格的监管导致银行业效率低下，在业内早就不是秘密。可是美国政府放松管制的速度非常缓慢，直到上个世纪 80 年代初期爆发严重危机，银行业效率低下的事实才暴露无遗。而美国国会直到 1999 年才通过提高效率的金融现代化法案。

综上所述，民营资本是否能够进入金融领域，还要看“新 36 条”是否能够很快落实。即使出现了这样的案例，也不意味着金融领域的效率能够快速提高。民营资本在金融领域发挥作用的时机还没有到来。

西部金融中心的未来版图[①]

任何地区的经济增长都离不开金融支持。真正的金融中心能够跨区域地支持多个地区的经济增长。真正的金融中心一定是在放松管制的条件下,自由竞争、优胜劣汰的结果,而且至少具备以下三个特点:第一,金融中心是广义金融机构的聚集地;第二,金融中心是大量金融交易的发生地;第三,在金融中心当地及其周边地区,资金短缺和资金盈余的企业和个人,都自愿地到金融中心寻求解决。用这三个特点联系当前各地政府建设金融中心的实践,不难发现认识和操作上的差距。

第一,金融中心应该是广义金融机构的聚集地,而不只是狭义金融机构的聚集地。狭义金融机构包括商业银行、证券期货交易所、证券公司、基金公司和保险公司等受"一行三会"(人民银行和银监会、证监会、保监会)全面监管的机构,以及"一行三会"自己。目前,狭义金融机构已经受到地方政府青睐。不少建设中的地方金融中心正在努力让狭义金融机构在当地的分支机构聚集在一起,以为这样做就可以构建出来一个金融中心。诚然,狭义金融机构的集体入住确实能够让所在区域现代化的高楼林立,创造出良好的视觉效果。这也是许多地方政府所追求的。但这并不是在建设金融中心。

实际上,狭义的金融机构能够单独完成的金融业务相当有限,分支机构之间也没有什么必要发生交易。因此,一个仅仅容纳狭义金融机构的街区不能发挥金融中心的作用,只是让市容市貌"看起来很美"而已。大多数金融业务的完成,有赖于其他机构的配合。这些机构包括担保公司、投资公司、公募和私募基金、各类交易所及其登记结算机构、咨询公司、会计师事务所、律师事务所、资产评估机构、信用评估机构、公证机构等。目前,建设金融中心的各地政府还没有把注意力放在这些机构上,甚至还没有一个合适的名字称呼这类机构。为行文便利,这里暂且将它们称为"广义金融机构"。没有这类机构入驻,金融中心将徒有虚名。

第二,作为金融中心,仅仅让金融机构聚集在一起也是不够的。一个街

---

① 2010年12月1日发表于FT中文网(节选);《西部论丛》2010年10月总第107期刊登全文。

区成为金融中心的必要条件是聚集在这个街区的金融机构之间、这些金融机构和非金融机构之间以及非金融机构之间，在这个街区里发生大量的金融交易。正是这些交易把这些机构和当地联系在一起。如果金融机构不和当地非金融企业发生金融交易，那么这家金融机构在不在这里没有意义；如果当地的金融机构之间不发生交易，那么它们也没有必要凑在一起。一般来说，只有在功能健全的金融中心内，非金融企业之间才能够直接进行金融交易。

用这第二个特点联系各地方政府的实践，可以得出一个具有指导意义的判断：吸引各大金融机构到当地建立远程呼叫中心、灾备中心或者其他后台业务中心，与建设当地金融中心没有什么实质性的关系。全球发展电话呼叫业务最成功的国家印度是一个典型案例。印度具有得天独厚的条件发展电话呼叫业务。这不仅是因为印度的劳动力成本低，还因为英语是很多印度人的第二母语。因此，早在这一轮全球金融危机发生之前，几大世界级的金融机构都在印度建立了全球呼叫中心。尽管如此，印度在任何意义上都不是全球金融中心。

话说到此，有一个问题需要解释一下。有在建金融中心的干部们找笔者就职的机构咨询：想知道他们的金融中心究竟应该引入什么样的产业。在我们建议的产业名录当中，就包含灾备、远程呼叫、教育培训等后台业务。如果说这些业务与金融中心没有直接关系，岂不是说我们提供了南辕北辙的建议？

原因在于政府操作层面：国内的地方金融中心建设，大多是先决策、后规划。决策建立在必要性之上，而不是具体方案之上。也许是因为地方政府特别愿意为建设金融中心投入资源，也许是为了争当世界第一，国内在建的金融中心当中面积最小的也有几个平方公里。这还只是一期，二期准备提供的面积更大。那么，一个真正的金融中心需要多大面积呢？这里仅举一例来说明：这一轮国际金融危机之后，伦敦再次成为排名第一的国际金融中心。这个历史悠久、举世闻名的金融中心只有一平方公里。

也就是说，在国内大多数金融中心的土地上，注定要摆放许多可有可无的项目。在这些可有可无的项目当中，金融后台业务中心至少是“退而求其次”的金融中心。考虑到中国经济不一定能容纳所有正在建设的金融中心，因而当前在建的金融中心当中有一些不会真正成功，那么对于需要报告政绩的建设者来说，“留一条退路”不是没有必要。

第三，在金融中心当地及其周边，无论资金短缺的企业和个人，还是资金有余的企业和个人,都愿意到金融中心来寻求解决。也就是说,金融中心一旦形成,一定具有向外辐射的作用——为周边地区提供金融服务。金融中心能够辐射(覆盖)的距离,决定着金融中心的地位:国际金融中心能够辐射全球,国家金融中心能够辐射全国,以此类推。按照这个特点,我们可以推理得出:中国国内金融中心是多层级的。

如果用上述第三个特点联系当前中国的金融体制,那么对于国内的金融中心建设,我们也可以做出三个基本判断。

第一,中国在境内建立国际金融中心的可行性尚不具备。境内的金融业务受到严格管制。这些管制包括:机构的市场准入;银行贷款和证券发行的规模控制;汇率、利率等领域的价格管制;新金融业务的审批制度等。严格的管制降低了金融服务的水平。一些金融业务在周边国家市场上可以合法经营,在国内却不能开展。这导致境内金融服务与境外金融服务存在较大差距。因此,在可以预见的将来,国内任何一个金融中心都无法挑战周边地区和国家的金融中心。这些地区和国家包括:中国香港特别行政区、新加坡城和日本东京。

第二,北京是无可争议的全国性金融中心。境外的金融服务虽然效率高,但按照中国的法律不能跨境经营。这一管制保护了国内的金融业。因此,中国虽然没有国际金融中心,但是全国性的金融中心还是有的。全国性的金融中心之一,就是首都北京。

占中国银行业大半壁江山的几大全国性商业银行总行选址北京。这些总行执掌着配置本行大部分资金的权力。此外,位于北京的"一行三会"在履行监管职责的时候,能够对金融机构的资金配置产生相当强大的影响力;中央各大部委也掌握着或直接、或间接的资金配置权利。因此,从资金配置决定权的分布来看,北京过去是、现在是、将来还会是中国的金融中心所在地。这是当前的金融体制决定的。国内任何城市建设金融中心的努力,都无法撼动北京不必争取就自然拥有的地位。

北京至今仍然是唯一的全国性金融中心。珠三角、长三角和渤海湾分别孕育着深圳、上海和天津三个金融中心。中国沿海一带已经形成了高度外向型的产业集群,与之相匹配的金融服务也具有外向的特点:能够得到海外金融机构的资金和服务、更频繁地按照国际惯例办事、违约率比较低,具有较好的金融生态环境。但是到目前为止,这三个城市还不是全国性的金融中心。在三个城市的所有金融机构当中,能够辐射全国的恐怕只有深沪证券交易所。然而有关证券业务的几乎所有重要决策甚至操作都在北京完成。上市公司高管也只在上市首日才有必要到交易所象征性地敲一下锣。

第三，与北京成为全国性的金融中心的原因相同，各级地方政府掌握着足够多的行政权力、同时也有足够高的热情，建立地方性的金融中心。中央政府及其部门直接控制的，仅仅是金融机构当中的央企。地方性的金融资源在各个省级行政区划之间大致均匀地分配(有几个特区除外)。在上世纪90年代，总行对分支机构的约束加强，地方政府对商业银行的影响力降低了。但是新千年以后，在处置地方金融机构不良债权、建设区域金融生态环境的过程中，中央政府日益要求地方政府担当更多的责任。地方政府在担此重任的同时，也重新获得了控制地方金融机构的权力。

如今，建立“金融工作办公室”(简称“金融办”)的做法已经在省(自治区和直辖市)级政府和省会城市基本普及，正在向地市及其以下政府蔓延。这既反映了各级地方对金融业的重视，也反映了各地发展金融业的竞争。竞争的结果，是在相邻、同级的地方行政区划之间，在产业结构趋同之外(这一特点经常被学者们提到)，又多了一层金融结构趋同。可以这么说：现行金融体制对金融资源的严格管制和行政化配置，导致的结果必然是区域性金融中心遍布全国、并按照行政区划分布。

如上文所述，在一个国家内部，金融中心的分布取决于经济和金融体制。中国的区域性金融中心建立在金融资源按照行政区划均匀分配的现行金融体制之上。按照这个分析框架，我们可以描述未来中西部(非沿海、非外向型)地区的金融中心的几个地域分布特点。

第一，在每一个省级行政区划都会有一个甚至更多个城市，充当该省的金融中心。一般来说，该省的省会城市会是其中一个(也许是唯一一个)。原因很简单：省内的金融资源首先在省会所在地分配，而省会是近水楼台。有些省和自治区有可能建设多个金融中心，是因为这些行政区划之内有多个经济中心。我国的行政区划和自然形成的经济区划并不重叠，因此有些省区内部存在多个经济中心。金融是为经济服务的。如果自然地演变，那么很多经济中心都会有服务自身的金融中心。政府也有可能会按照这样的思路去规划。

然而，这种规划偏离了市场化的路径。中国的版图上不可能每一省级行政区划都有真正的市场化的金融中心。京津两市相距一百多公里，成渝两市相距两百多公里。前文已经说过，真正的金融中心一定具有辐射周边的特点。如果这四个城市都成了金融中心，两两之间一定会发生最激烈的竞争。按照市场竞争的规则，两出“双城记”的结果一定是西南和华北各自只剩下一个金融中心。

第二，由于各省都有打造本地金融中心的能力和积极性，跨越省级行政区划的金融中心还看不到雏形。各个省区市的金融中心，其辐射作用基本上不超过省级行政区划的范围。一方面，在贷款有额度控制的情况下，省内各级政府官员还是更愿意本省的金融资源用于支持本省的经济增长。另一方面，本地的金融中心本身也是需要发展的产业。因此，最终的博弈结果会是各省的金融中心为本省的项目配套、服务于本省的经济增长。这和自成一体的诸侯经济是一脉相承的，是现有经济体制的地方性在金融领域的延续。

第三，上一级行政区划中的金融中心分布很可能会在下一级行政区划中复制。各个省级行政区划内部，也会有几个各自独立的地市级的金融中心，地级市政府所在地最有可能成为地市级的金融中心。地市内部的各区县之间也是一样，每个县都有自己的金融中心。这是体制上的上行下效。

长久以来，银座是东京最繁华的商业中心。因此在日语中，"银座"就成了"最繁华的商业中心"的代名词。其实，即使是在很偏僻的地方，都会有自己的商业中心。山村里的日本人为了招揽游客，常常挂上一块"××的银座"的招牌。目的是告诉旅客：这里是当地"最繁华的商业中心"。

同样的道理：再小的行政区划，都可以有自己的金融中心。这也没什么好奇怪的。但是，如果花费很大力气、投入很多资源，却建成一个没有什么辐射作用、仅仅服务于当地的"金融中心"，那就得不偿失了。因此，金融体制在行政体系当中逐级复制的做法应该有个限度。对大多数地、县一级政府来说，金融中心建设不是不可以搞，而是应该简化到挂一块写着"××的金融中心"的招牌而已。

综上所述，任何地区的经济增长都离不开金融支持。真正的金融中心能够跨区域地支持经济增长。但是，真正的金融中心一定是在放松管制的条件下，自由竞争、优胜劣汰的结果。在当前严格管制的条件下，各级政府通过复制上一级金融体制建立起来的金融中心，无法建立真正的金融中心，却把早已存在的区域产业结构趋同问题复制到金融领域。对于一些区域而言，与其往"金融中心"的概念当中投入过多的资源，却期待一个"退而求其次"的结果，还不如把这个得不偿失的任务简化为找一个最繁华的街区，挂上一块写着"金融中心"的招牌。

创业板开门红无法持久①

在市场流动性充足、大量资金正在寻找投资机会的情况下启动创业板，无疑最容易迎来投资者追捧。只是这样的开门红恐怕维持不了太久。

在全球各主要央行均采取扩张性货币政策的大背景中，在中国人民银行继续执行适度宽松货币政策的条件下，中国国内市场上的流动性依然充足。从资产价格走势可以看出：在经历了7、8月的短暂微调之后，目前的货币政策走向和资产市场预期正在经历一个短暂的再膨胀过程。

在这个再膨胀过程中，"地王"们的表现最为醒目。9月10日，中海地产以70.06亿元的价格拍下上海普陀区两幅地块，溢价129%，楼面价高达22 409元/平方米，刷新了2009年国内土地交易市场的纪录。之后，广州珠江新城和番禺的新"地王"也刷新了当地的土地价格纪录。

但是在股票市场上，由于新股频频发行上市，持续地将流动性分流到一级市场，降低了二级市场上的投机热情，因此股价指数并没有达到前期高点。投机资金正在寻找机会。

即将启动的创业板正是一个难得的机会。刚刚启动的创业板交易证券稀缺、市场容量有限，只需要动用较少的资金就能将价格大幅推高，非常适合短期炒作。再加上已经广为流传的各种题材的配合，普通投资者有可能会接受创业板上较高的定价水平，而这正是炒作之后顺利高价脱手的前提。况且创业板创立之初出现交投活跃、价格上扬的开门红场面也是制度设计者乐于看到的。因此这是大概率事件，也符合市场预期。

如果创业板的开门红行情如期来临，那么投资者(和监管者)也会关心它能维持多久。如果创业板的市场公司上市之后的业绩不能迅速提升(同样是大概率事件)，那么这场靠流动性推高的行情，还得靠更加充足的流动性才能支撑得住。这样，创业板的开门红能够持续多久，在很大程度上就取决于充足的流动性能够持续多久。

然而几乎可以肯定的是：尽管货币政策在未来一段时期内还会继续保

① 2009年9月28日发表于《中国经济时报》。

持适度宽松，但是不太可能（也不应该）比现在更加宽松；在适度宽松的货币政策出现真正意义的调整之前，不太可能会再次出现意外的流动性井喷。因此，当前市场上充足的流动性可以推高创业板的估值水平，但是并不足以长期支撑高估的价格。

还有一些潜在因素可能提前结束主板和创业板上的价格高估。未来最大的潜在风险就是持续升高的价格指数。当前大多数经济学家预期：消费者价格指数 CPI 可能在 11 月由负转正并继续上升。这必将考验决策者对通胀的容忍度。如果在社会安全网和再就业方面没有较大动作的政策出台的话，中国社会对通胀的容忍度是有限的。这样，"防通胀"甚至"反通胀"的措施有可能在通胀出现之前就被提前采用。

逐渐升高的价格指数即使没有改变货币政策走向，也有可能提高市场对货币政策转向的预期，从而动摇价格高估的市场信心基础，并导致价格上升趋势提前反转。

过剩的流动性必定会冲击金融市场的某个角落导致价格大起大落。上世纪 90 年代中期，国内过剩的流动性先冲击制度不完善的国债期货市场，之后又回流并冲击股票市场。在政府宣布关闭国债期货市场的当天，回流的投机资金推动股票指数上涨大约 30%。

创业板能够实现开门红当然是一件好事。但是也应该避免为了实现开门红而纵容甚至鼓励价格高估。政府能够做的事情，首先是加快创业板的 IPO 的速度从而增加供给、平衡供求；二是加强信息披露和投资者风险教育；三是要尽可能地稳定市场对宏观经济政策的预期。关键是事前应该避免考虑不周，事后应该避免轻易改变完善资本市场体制的初衷。

警惕房地产数量和价格双重泡沫[①]

国家统计局2010年8月初发布的数据显示，在过去半年时间里，房地产商手中库存的住宅面积不仅没有增加，反而略有减少。这和北京、上海这样的大城市里发生的情况很不一样。6月末全国房地产开发企业商品房待售面积为1.92亿平方米，其中待售住宅面积1.06亿平方米。这两个数字与2009年6月末的数据相比分别增长了6.4%和0.2%。但是和2009年底的数据相比，待售商品房面积减少了765万平方米，其中，待售住宅减少了848万平方米。此外，与2010年前六个月全国商品房销售面积3.94亿平方米相比，当前的待售数量也许只能供应三个月的销售。在大约200亿平方米的住房面积存量当中，占比也不到1%。因此从全国的情况来看，目前的待售商品房规模没什么问题。

不过，即使从全国情况来看，情况也很快会改变。2009年下半年大量的房地产项目开工。从2010年年中开始，这些项目将陆续竣工，并增加商品房供应。因此，预计待售商品房面积很快会加速增长。2009年上半年房地产开发投资完成1.43万亿元，其中住房投资仅略高于1万亿元。而在2009年下半年，这两个数字分别刷新为2.19万亿元和1.54万亿元。下半年比上半年增长了50%以上。2010年上半年的房地产投资回落到比较正常的水平：房地产开发企业完成投资总额1.97万亿元，其中住宅投资回落到1.37万亿元，但仍比2009年同期增长了38.1%和34.4%。

在住房市场上，与待售住宅性质接近，但比待售住宅规模更大的是空置房。空置房和待售房都是闲置的商品房。差别在于空置房已经完成了第一次交易，而待售房还在开发商手上。目前没有任何部门公布有关住宅空置规模的权威数据。一个来源不明、引起不少争议数据是“全国有6 540万套房屋空置”。如果这个数据可信，那么我国城镇空置的住宅面积接近60亿平方米，城镇住宅空置率接近30%。北京联合大学课题组通过抽样调查得到的结果是27%，二者比较接近。此外，中央电视台“经济半小时”栏目记者在

---

① 2010年8月6日发表于《21世纪经济报道》。

京津地区调查了一些“卫星城”，发现了数个住宅套数上万，但入住率低于30%甚至低于10%的居民区。这不仅证明了大量空置房的存在，而且直接展示在公众面前，有可能改变房地产市场预期和投资者行为。

如果上述调查结果接近真实情况，那么中国的住宅市场上已经形成了一个巨大的住房数量泡沫。在已经明显供大于求的市场上，当前的房价水平是无法维持的，因此还有一个脆弱的价格泡沫。一旦紧缩宏观经济政策，这一泡沫就可能瞬间被刺破。即使宏观经济政策没有紧缩，某些改变市场预期的偶然因素也可能导致泡沫破裂。在2010年的房地产业调整政策不变的前提下，下半年的新房竣工就有可能成为刺破这个泡沫的最后一根稻草。总之，房价下跌只是一个时间问题，而下跌的幅度超过此前的预期。

即将增加的待售商品房会对房地产市场形成多大的冲击，可能是2010年下半年中国经济存在的最大不确定性。受房地产业影响最大的银行部门可能已经意识到问题严重。据彭博社(Bloomberg)今天报道，银监会要求各家商业银行进行更加严格的压力测试，测试情景设计为个别房价涨幅过大的城市的房价下跌60%，某些房价稳定的城市的房价不再明显下跌。此前进行的压力测试是基于所有城市的房价都下跌30%。

实际上，有些楼盘的成交价格已经下降，房地产市场交易双方预期房价还将继续下降。由于不知道会降多长时间、降到什么水平，以至于买卖双方分别在一二级市场上观望，导致成交量下降。在二手房市场上，原本打算卖房的房主目前还不忍心降价，处于惜售、观望的状态，导致二手房市场成交量稀少。在新房市场上，有的买家因为得不到银行贷款而无法买房，有的买家因为预期房价下跌而暂时观望，这也导致成交量下降。国家统计局公布的数据显示，北京、上海两直辖市上半年的商品房销售面积同比下降了31.5%和35.8%，但是成交均价仍然比2009年同期高出60%和22%。

房价在2009年到底涨了多少?[①]

总是讨论高房价，但是房价到底上涨了多少？寻找这个答案的难度似乎可以和量子力学中的“测不准”原理相提并论。

国家发展改革委2010年初公布的“2009年12月份70个大中城市房屋销售价格指数”显示：70个大中城市12月房屋销售价格指数同比上涨7.8%。其中，北京、天津、上海和重庆四个直辖市的指数同比分别上涨9.2%、8.7%、7.4%和6.3%。70个城市普通商品住房销售价格同比上涨11.0%，新建住房销售价格同比上涨9.1%。其中，新建住房销售价格同比上涨较大的城市主要有：广州19.9%、深圳14.3%、海口13.4%和北京13.2%。

这些数字在变动方向上与城市居民的感受一致，幅度却有很大的差异。此外，如果把上述房价指数与股票指数作对比，可以看到悬殊的差异。2008年12月，上证指数在1 815点到2 100点之间波动；2009年12月，上证指数的波动区间是3 040点到3 334点。12个月之间上涨了58%～67%。深圳成指在同一时期里的上涨幅度更大。沪深两市2009年底的总市值比一年前翻了一番。这似乎是说，在房屋和股票这两大中国城市居民可以购买的投资品当中，房屋的价格在过去一年里的上涨幅度远低于股票。如果真是如此，只能说中国的投资者还不够理性。

然而，从统计局按月公布的“商品房销售面积和销售额增长情况”当中，则会看到不同的景象。2009年前11个月，全国累计销售商品房7.5亿平方米，实现销售额3.6万亿元。销售面积和销售额同比分别增长53%和86.8%——销售额增长比销售面积增长快了33.8个百分点。由此不难计算出：2009年前11个月全国商品房平均销售价格同比上涨了22%。运用同样的方法，可以计算出北京、天津、上海和重庆四个直辖市的销售价格同期分别上涨了11%、17%、50%和22%。

上述计算结果当中，2009年前11个月上海商品房价格同比上涨了50%，与居民感受到的价格变化比较接近，但是与发改委公布的12月上海房

---

① 2010年1月18日发表于《21世纪经济报道》。

屋销售价格指数环比涨幅 7.4%相差近七倍。如果这两组数字都可信的话,那么可能出现了以下两种情形之一:一是上海房价在 2009 年 12 月出现了显著下跌。这是不可能的。因为按照发改委公布的环比指数,上海 12 月房屋销售价格比 11 月上升了 1.3%。剩下的只有另一种可能:2008 年四季度,上海的房价出现了跳跃式上升。尽管台阶上下价格相差 50%,但是 2008 年的 12 月和 2009 年的 12 月同处于台阶之上,所以同比涨幅较小。

那么,北京、天津房价上涨的事实,又被统计数据湮没在了哪里?其奥妙在于下面两张报表。

把国家统计局公布的 2009 年前 10 个月和前 11 个月的两张"商品房销售面积和销售额增长情况"表格放在一起,把销售面积和销售额相减,可以得出 2009 年 11 月商品房销售面积和销售额。在全国层面,这两个数字是 8 834.4万平方米和 4 458 亿元。然后,再用表上提供的增长率数据反推并计算出 2008 年 11 月全国商品房销售面积和销售额,分别是 4 429.5 万平方米和 1 671 亿元。这样,我们可以计算出 2008 年 11 月和 2009 年 11 月全国商品房销售价格,分别是 3 772 元/平方米和 5 046 元/平方米,以及,2009 年 11 月全国商品房销售价格比 2008 年 11 月上涨了 33.8%。

按照同样方法计算出来的 2009 年 11 月的地区数字显示:东部地区商品房销售价格同比上涨 33.4%,涨幅与全国平均水平相当;中部地区单月同比涨幅为 44.7%,远高于全国平均水平;西部地区同比涨幅 23%,低于全国平均水平。这和区域经济增长率在过去一年里的差异是一致的。

此外,东部地区的北京、天津和上海三个直辖市 2009 年 11 月的商品房销售价格同比分别上涨了 64%、44.8%和 55%,涨幅十分显著。显示上海房价率先上涨,北京后来居上。与此结果相比,发改委公布的数据中北京、天津 12 月房屋销售价格指数仅上升 9.2%和 8.7%,两组数据之间的悬殊差异已经无法解释。

基于商品房销售面积和销售额的计算还发现其他几个房价增长迅速的地区:海南省 2009 年 11 月商品房销售价格同比涨幅居全国之首,达到 110.5%;显示房地产市场对建设"海南国际旅游岛"的强烈预期。同期,贵州和甘肃的商品房销售价格分别上涨了 58.8%和 51.5%。

总之,国家统计局公布的数字其实还是能够间接反映 2009 年国内各地区房价普遍而又有区别的快速上涨程度,与各区域经济增长的速度和居民日常感受比较一致,因此也能够指导商业银行控制区域信贷风险,也可以为宏观经济政策提供依据。

提高统计数据可信度需要制度保障[①]

3月31日，国土资源部下属的中国土地勘测规划院全国城市地价检测组发布了《2009年全国主要城市地价状况分析报告》。报告中提到2009年全国住宅平均价格为4 474元/平方米，同比上涨了25.1%。

对于业内人士来说，这个数字完全在意料之内。本栏目1月18日刊登过笔者的一篇文章，《房价在2009到底涨了多少》，其中介绍了一种计算月度房价变化的方法。运用这种方法计算国家统计局1月19日发布的《2009年1～12月的商品房销售面积和销售额增长情况》上公布的数字，2009年全国商品房平均销售价格为4 695元/平方米，与2008年的数据相比，上涨了23.5%。

对上述两组数字的差异需要作两点解释：第一点是统计含义解释。商品房包括住房和写字楼。写字楼的价格总的来说高于住房，因此商品房单价高于住房单价。第二点是经济学解释。充裕的流动性推动了这一轮商品房价格上涨。但是，在经济不景气的时候，写字楼的需求是下降的。住房价格上涨速度超过写字楼价格上涨速度的现象支持这一判断。

挑战上述两组数字、并且需要解释与澄清的是国家统计局2月25日公布的一组数字。《2009年国民经济和社会发展统计公报》显示，2009年70个大中城市房屋销售价格上涨1.5%，其中新建住宅价格上涨1.3%，二手住宅价格上涨2.4%；房屋租赁价格下降0.6%。这组数字不仅与人们的感觉相去甚远，而且与国家统计局每个月公布的商品房销售数据自相矛盾。据报道，国家统计局局长也为此感到事态严峻，十多天里寝食难安。

类似的冲突早已有过。例如国家统计局公布的2006年一季度北京市商品住宅价格指数上涨7.6%；而北京市建委公布同期北京商品住宅期房预售平均价格上涨14.8%。冲突的结果是以后不再公布建设部门的数字。再如，在国家统计局内部，投资司计算的平均房价涨幅数据与城市司的数据也曾经发生过冲突。经过内部协调，自2006年起不再对外公布商品住宅平均

---

① 2010年4月2日发表于《21世纪经济报道》。

销售价格。如果这回也以类似方法解决冲突的话，我们以后是不是就只能看到那个已经失去可信度的1.5%了呢?

国家统计局拥有统计领域的顶级专家，因此在统计技术上不需要旁人指手画脚。但是，当采用不同但都是合理的方法得出不同结果的时候，选择哪一个结果公布，却不是统计专家能够解决的问题。为了让公众得到更加接近真实的数据，笔者认为在制度安排上有三个原则需要遵循:

第一，如果赋予统计局有选择地公布数据的权力的话，那么为了让统计局公布接近真实的数据，必须避免统计局自身存在利益冲突，追求单一目标。尽可能准确地披露信息是统计部门唯一应该追求的目标。除此之外，如果统计部门希望通过数据发布达到任何其他目的，例如增加国内外公众对中国经济增长的信心，或者引导公众对通货膨胀的预期，都将破坏统计部门的公正性，最终也必然会破坏统计部门的公信度。

第二，作为政府组成部门，统计局其实很难完全避免自身利益上的冲突，很可能追求着多重目标。在这种情况下，让统计局保持中立与公正的次优的选择是让统计局公布相互之间存在冲突的所有数字，并且说明数据来源和统计方法，让公众自己决定选择其中的哪一个数据。统计局的工作是按照事先公布的既定方法统计和公布数据，并不对方法的正确性负责。如果有大量统计数据以这样的方式公布，相信对统计数据的解释将成为一个方兴未艾而又竞争激烈的新兴行业。

第三，竞争性的数据统计对于提高统计质量与效率也是非常重要的。没有比较，就不知道好坏。举例来说，如果没有商品房销售均价作参考，我们会以为房价上涨了多少？对大多数人来说，除了接受统计局公布的1.5%之外，别无其他选择。无论怎么选择，公众都无辜。

房租上涨是抑制购房需求的必然结果[①]

抑制住房需求的调控政策减少了住房投资客的增长速度，也抑制了交易市场上的需求和租赁市场上的供给，因而导致了房价下跌、房租上涨。调控大中城市房价的关键在于增加住房供给，而不是抑制市场机制。

在开发商和最终消费者之间，有两个市场：一个是交易市场，另一个是租赁市场。在市场化程度较高的大中城市，目前都有了比较发达的房屋租赁市场。这个市场让房屋的所有权和使用权分离。对于需要在大中城市居住的人来说，居住需求既可以通过购买房屋实现，也可以通过租住房屋实现。对选择租房的消费者来说，在交易市场上购买、在租赁市场上出租的投资客(俗称“包租公”“包租婆”)是不可或缺的。而这些投资客的行为与理性的消费者非常类似，他们游移在交易市场和租赁市场之间，其需求是有弹性的。

房屋市场上的理性行为取决于租金和房价的比值(租售比)和借贷利率的关系。当租售比高于存款利率的时候，居民们把存款取出来买房，再把买来的房屋出租或者自住(减少租房)，都是有利可图的。当租售比更高，高过了贷款利率的时候，居民们使用银行按揭贷款买房，既用来满足了自己的居住需求，又在租房市场上出租，也是有利可图的。当租售比降低，从高于按揭贷款利率的水平降低到按揭贷款利率以下的时候，背负按揭贷款的“房奴”们“卖房返租”，提前归还银行贷款不仅可以降低每个月的按揭还款压力，而且还是有利可图的。

2009年，一些大城市房价大涨，房租却没什么变化，因此租售比大降，导致一些房奴“卖房返租”。那么，既然租售比已经很低，为什么还有人愿意买房出租呢？原因有二：第一，中国银行业的息差(存贷款利率之间的差额)很大，租售比低于按揭利率，却并不低于存款利率。因此，资金富裕的家庭买房出租还是比持有银行存款划算。第二，对于未来的房价走势，人们的看法不尽相同。有一部分投资者预期房价还会继续上涨，相信及时购房可以从

---

① 2010年7月15日发表于《21世纪经济报道》。

未来房价上涨中获得收益，为此甚至愿意接受比较低的租金。当房价上涨预期很高的时候，投资人甚至愿意让房屋空置。

2010 年推出的房地产调控政策既约束住房需求，又增加房屋供给。但是，增加的供给需要经历一个建房周期才能够上市，而降低住房需求的政策可以立竿见影地显现出来。住房按揭规则的调整区分了第一套房（通常自住）和第二、第三套房（通常出租）。买房自住被认为是消费性的，买房出租被认为是投资性的。新出台的按揭政策调整保护消费性的住房需求，抑制投资性的住房需求。因此，包租公、包租婆的行为受到了抑制，一级（交易）市场上的需求和二级（租赁）市场上的供给同时受到降低，其结果必然是交易价格降低、租赁价格上涨。

既然居民的居住需求既可以通过买房满足，也可以通过租房满足，那么对于政府来说，要实现“居者有其屋”的目标，就不必强求“让居民现在就买得起房”。“让居民长期租得起房”可以取得等价的效果。要实现后一个目标，那就需要建立一个低交易费用的住房租赁市场。这个市场必须动员尽可能多的闲置住房成为有效供给。

其实，住房租赁市场有可能比住房交易市场更加重要。一方面，有些居民的居住需求只能通过租赁市场才能得到满足。例如外来的打工者、新近毕业的大学生等低收入者，他们得不到银行按揭支持，大多无法买房。另一方面，对于流动性很高的劳动者来说，租房比买房更加有效率。一个低交易费用的租赁市场有利于劳动力自由流动、提高人力资本的配置效率。

总之，要实现调控房价的政策目标，关键在于增加住房的供给，而不是抑制市场机制。住房市场上的投资客就像是消费品市场上的分销商，又像是股票市场上的做市商，其存在提高了住房资源配置的效率。不仅不应该抑制，还应该受到保护甚至鼓励。

既“扬汤”又“抽薪”，住房价格调控迈出第一步①

4月14日，国务院总理温家宝在国务院常务会议上指出，近期部分城市房价、地价又出现过快上涨势头，与一些地方认识不到位、落实调控措施不力，投机性购房大量增加有关。必须采取更为严格、更为有力的措施，坚决遏制部分城市房价过快上涨。会议确定的政策措施既抑制需求又增加供给，可谓既“扬汤”又“抽薪”。

一方面，作为抑制住房需求的措施，国务院规定：对购买首套自住房且套型建筑面积在90平方米以上的家庭，贷款首付款比例不得低于30%；对贷款购买第二套住房的家庭，贷款首付款比例不得低于50%，贷款利率不得低于基准利率的1.1倍；对贷款购买第三套及以上住房的，大幅度提高首付款比例和利率水平。

另一方面，作为增加供给的措施，国务院增加住房有效供给。房价上涨过快的城市，要增加居住用地供应总量，大幅度增加公共租赁住房、经济适用住房和限价商品住房供应。确保完成2010年建设保障性住房300万套、改造各类棚户区280万套的工作任务。次日，国土资源部在新闻发布会上宣布，2010年全国准备供应的住房用地总量为18万公顷，同比增长130%。

其实，国务院一直关注住房价格。温总理早在2009年年底就说：“只要政府有决心解决这个问题，不是头痛医头、脚痛医脚，而是经过深入调查研究，统筹考虑各方面的情况，制定长远的规划和政策，使我国的房地产有一个稳定发展的局面，是可以做到的。”2010年1月初，国务院办公厅《关于促进房地产市场平稳健康发展的通知》下发后，房地产价格也一度出现了积极变化。但“两会”以后，部分城市房价、地价又出现过快上涨势头，迫使国务院采取新的措施。

抑制房价过快上涨的政策措施从控制房地产金融做起，无疑是正确的选择。个人按揭贷款的发放成本和违约率都比较低，给商业银行带来持续而稳定的利润，因此各家银行趋之若鹜，竞争性地降低了首付比例和贷款利

---

① 2010年4月21日发表于《21世纪经济报道》。

率。同时，商业银行的资金支持也放大了居民的住房需求，在房价上涨过程中起到了推波助澜的作用。在房价存在较大下跌空间的情况下，发放低首付比例个人按揭贷款的商业银行实际上承担着较大的违约风险。加大个人按揭贷款的首付比例可以在房价处于较高水平的时候有效控制商业银行承担的违约风险。

不过，在商业银行的房地产贷款中，还有比个人按揭贷款规模更加庞大的另外一类贷款：房地产开发企业的贷款。在房地产开发企业2010年一季度的16 250亿元资金来源当中，开发商贷款3 674亿元，高于个人按揭贷款2 193亿元。在充足的流动性支持下，"不差钱"的国有房地产开发商勇于高价拿地，导致"地王"一再刷新纪录，一些"地王"地块的期房楼面价格已经高过周边现房价格(所谓的"面粉比面包贵")。拍得这些地块的开发商承担了巨大的市场价格风险。如果房价上涨幅度不足以覆盖这些开发商高价拿地的成本，那么开发商的损失有可能牵连到给他们发放贷款的银行。银监会已经提出要收紧对土地开发贷款、房地产开发商贷款的审慎性监管。但是到目前为止，还没有看到具体措施出台。

收紧住房按揭贷款、抑制购房需求毕竟是房价过高时期维护银行业健康的短期政策。从长期来说，中国需要城市化，而城市化进程必然伴随城市住房的稳定增长。高房价阻碍着城市化。抑制住房需求的政策同样抑制城市化。因此，与收紧住房按揭贷款的政策相比，增加住房用地供给更加符合中国经济的长期目标，也更加具有可持续性，能够在中长期抑制房价上涨。提高商业银行住房按揭贷款门槛的政策犹如"扬汤止沸"，能够立竿见影地抑制住房需求；而增加住房用地规模的政策犹如"釜底抽薪"，能够持续地发挥效果。

尽管上周出台的这两条政策短期"扬汤"、长期"抽薪"，在抑制房价进一步上涨方面是很好的搭配，但是能否实现政策目标还存在不确定性。

首先，国土资源部制订的2010年度住房供地计划是否能够如期完成，还要看各地方政府住宅用地的征用和供应进度。如果土地出让价格大幅下跌而土地征用费用高企，地方政府的土地开发热情必然降温。

其次，即使年度住房供地计划如期完成，但是如果新增加的住房用地大量变成房地产企业的土地储备，也不能真正增加住房市场上的有效供给。据某机构对上市房地产企业报表的分析，某些上市房地产开发企业的土地储备可供这些企业开发几十年。地方政府应该严格执法，无偿收回所有闲置两年以上的土地，不允许开发商靠炒地盈利。

最后，需要解决政策与体制的冲突。增加土地供给必然降低地方政府未来的土地出让收入，导致地方利益与中央政府抑制房价的政策目标相冲突。如何做到“不是头痛医头、脚痛医脚”，还需要很大的决心和智慧。

商业银行应该严格控制房地产企业贷款风险[①]

房地产业与商业银行联系紧密。在当前利率偏低、流动性宽松的情况下，房地产企业乐于增加负债，商业银行也愿意向开发商贷款。当前一些城市出现了土地楼面价格比已经建成的新房还贵的现象，显示土地价格已经透支了开发商的利益。开发商的预期利润建立在房价继续上涨之上。然而，房价不可能只涨不跌，更不可能持续以较高的速度上涨。因此，对冒险经营的房地产商提供贷款的风险是相当大的。一旦房价的上涨速度或幅度低于预期，开发商就不能获得盈利。如果这种情况发生，银行提供给开发商的贷款一定会形成逾期，甚至呆坏账。

2008 年底，面对国际金融危机对中国经济的严重冲击，党中央和国务院审时度势，及时出台了经济刺激计划，维护了经济持续增长和社会稳定。但是，经济刺激计划当中包含了非常宽松的货币政策，全年人民币贷款增长高达 9.59 万亿元，同比多增 4.69 万亿元。推动广义货币 M2 增长了 27.7%。其不可避免的副作用是推高资产价格。而住房价格是资产价格当中与居民基本生活需求密切相关的一个，因此也受到政策制定者的重视。

据国家统计局提供的数据，2009 年全年全国商品房销售面积为 9.37 亿平方米，销售额 4.4 万亿元，同比分别增长了 42.1%和 75.5%。平均销售价格上涨了 23.5%。其中，东部地区的销售面积和销售额分别略高于全国总数的 1/2 和 2/3，平均销售价格涨幅比全国平均高出 1 个百分点。上海市的房价上涨最为明显，平均成交价格全年同比上涨 57%。从单月数字来看，房价波动更大。2009 年 12 月上海的商品房平均成交价格比 2008 年 12 月高出一倍以上。

基于以上数据和其他信息，中央领导判断：房价在一些地区和城市上涨过快。温家宝总理在 2009 年底和 2010 年两会期间两次强调了政府为了调控房价应该做的四件事情。其中第二件是加大安居工程的建设力度，加快棚户区改造，第四件是维护房地产市场秩序，打击捂盘惜售、占地不用、哄抬

---

① 2010 年 3 月 31 日发表于《中国城乡金融报》。

房价等违法犯罪行为。

然而就在两会刚刚结束之后，北京重新启动土地拍卖。结果 3 月 15 日一天，土地价格就连创新高，土地成交价格合计 143.5 亿元。两天之后的又一块地再成交 50.4 亿元。“面粉比面包贵”的情况再次出现。例如，3 月 15 日成交的大望京村一号地的楼面价格即高达每平方米 27 529 元，而目前望京在售新房均价也就在 25 000 元左右，二手房均价不过 20 000 元。据开发商潘石屹测算，销售单价达到 45 000 元，这个项目才能有 10%的利润。中标企业的一位负责人解释说，项目要经过几年的开发，房价会稳步递增。

值得注意的是，中央国有企业（以下简称“央企”）在推高土地成交价格方面的作用十分明显。北京土地拍卖市场上诞生的四个新“地王”全部是央企。在 2009 年全国各地产生的总共 90 多个“地王”企业中，有大约 60 个是央企。2009 年成交总价和楼面地价的前十名排行榜中，国企分别占据八席。事实上，在土地拍卖市场上，央企凭借大胆冒进的“高价拿地”行为正在把非国有企业，甚至地方国有企业挤出市场。任志强在几场拍卖会上坐看央企举牌之后，发现自己只能到二三线城市发展。潘石屹索性不再参与土地拍卖。

央企在过去几年里取得了明显的改革成果，已经成为商业银行首选的优质客户。因此，商业银行发放房地产开发贷款的时候，央企的资金需求不可能受到商业银行歧视，只会优先得到满足。例如，中国中铁 3 月 10 日与中国农业银行签署战略合作协议，农行承诺在未来三年内向中国中铁提供总额为 1 100 亿元的意向性融资额度，用于支持中国中铁在建筑工程总承包、资源开发、装备制造及房地产开发等业务板块的发展。

商业银行在发放房地产贷款的时候应该加强风险防范。具体来说应该注意以下三种风险：第一，房价风险。主要是在房价已经经历了较快增长的城市中。从长期来看，这些城市里的房价也许还可以继续上涨，但是短期内的风险也需要控制，否则贷款容易形成大比例的逾期；第二，地价风险。特别是在房价已经快速上涨的城市中、创造土地价格新高的“地王”。一旦高位套牢，贷款不仅会长期逾期，如果发生不可控的项目易手或者其他改变，还有可能形成大笔的呆坏账；第三，道德风险。主要是企业用银行的钱去冒险。当银行的流动性充裕、利率相对较低的时候，银行为了做大市场份额、获得主要业务，有时候会对主要客户有所妥协。商业银行一定要掌握好让步的尺度，不仅要有优质客户，也要作出优质项目。

在经济刺激计划出台之初，央企是执行扩张经济政策的排头兵。但是，当一些城市的房价已经出现了过快上涨之后，一些央企还在继续“高价拿地”、推高房价上涨预期，与国务院领导提出的抑制房价政策背道而驰。有鉴于此，国资委 3 月 18 日出台措施，重申“78 家不以房地产为主业的央企要退出房地产业务”。

尽管如此，央企在房地产市场上仍然会占有举足轻重的地位。一方面，78 家央企退出房地产业的影响十分有限。16 家以房地产为主业的央企 2009 年资产总额为 5 616 亿元，占全部中央企业房地产板块资产总额的 85%；销售收入为 1 899 亿元，占全部中央企业房地产业务销售收入的 86%；净利润为 188 亿元，占全部中央企业房地产业务净利润的 94%。另一方面，78 家央企也不会完全退出房地产领域。据国资委官员的最新解释，78 家不以房地产为主业的央企仍然可以从事房地产开发，只是比 16 家以房地产为主业的央企多一道向国资委报批的程序而已。

短期的不确定性在房价和出口[①]

年初所做的宏观经济预测正在得到验证。房地产市场和出口的变化是下半年最大的不确定性。

首先，经济增长速度前高后低，二季度比一季度降低了1.6个百分点，幅度略大于预期。就6月的规模以上工业增加值和固定资产投资等情况来看，三季度可能还会有一个比较大的下滑。但值得注意的是，最近摩根士丹利驻大中华区的首席经济学家王庆计算出，在2009年年中以来的四个季度当中，GDP环比折年率增速分别为：12.7%、11.1%、9.2%和8.3%。与统计局按季度公布的同比数据相比，这组数据反映中国经济更早就脱离了过热。

根据上半年的经济数据，宏观经济政策小幅度放松也许是有必要的，至少不能进一步延续2月以来的微调。本周有消息称：四大行7月新增信贷2 430亿元，比6月多增加了780亿元；全部商业银行贷款增量可能回到7 000亿元。此外，进入7月以来，票据贴现利率从6月高点迅速回落到接近5月初的水平，也说明市场流动性缓解。如果货币政策果真已经调整，说明决策的时滞正在减小、灵活性确实得到加强。只是由于物价的原因，货币政策放松的空间不大。

其次，虽然物价指数在6月意外降低，但不改短期上升的趋势。7月的居民消费价格指数CPI可能会达到3%或者以上。即使CPI在三季度达到峰值，到四季度也不会很快滑落。因此，货币政策没有条件在短期内再次大幅度放松。换言之，中国特色的滞胀正在压缩宏观经济政策空间。下半年的宏观经济决策将颇具难度。

从主要产业来看，房地产业上半年投资增速从2009年的25%左右加速到38%左右，有力地支撑了经济增长。这是由于两个因素造成的。其一是政府要求开发商加速土地开发、减少土地闲置，否则有可能无偿收回闲置两年以上的土地；其二是上半年的调控政策改变了开发商对房价的预期。在房价稳定的情况下，延长开发周期、变相囤积土地是无法扩大盈利的。

---

① 2010年8月5日发表于《中国经济时报》。

然而，当前的房地产投资增长是不可持续的。上半年房地产市场发生的变化还只是需求受到抑制，从下半年开始会看到加速投资造成的供给快速增加。随着住房存量增长，加之某些城市的局部区域已经有住房闲置，既卖不掉又租不出，所以个别地区房价较大幅度的下跌是可以期待的。不确定的是开发商能坚持多久，是否能挺到这一轮调控结束。如果挺不到那一天，那么房价注定会下跌，剩下的问题是下跌多少幅度。在资产价格变化方面，预测方向并不困难，困难的是预测跌幅。

另一个不可持续的经济增长因素是在二季度出现的出口高达40%以上的增长。这一轮出口的增长先行反映在中国从周边国家的进口，并促进了全亚洲的增长。日本经济增长3%，新加坡更是出现了自从该国建立统计体系以来最高速度的增长，一季度的年化增长率为32%。然而这种依靠下游产业再库存化带动的经济增长也是不可持续的，反倒会让经济增长随库存变化而波动。如果出口增速在四季度下跌到20%以下，一点也不必奇怪。

总的来说，中国的宏观经济形势虽有近忧，但是不必夸大。真正值得花大力气改变的是当前的增长方式。不忍割舍出口导向型的经济增长方式，就像小孩子怕痛而下不定决心打针一样，既治不好病，又拖延了治病的时机。自人民币汇改再次启动以来，人民币兑美元升值大约1%。如果欧元汇率不变，人民币汇率可能已经接近短期的均衡汇率。可是欧元对人民币升值了将近10%，导致人民币有效汇率回到5月水平。中国因欧元升值而得到的“大礼包”，如今正在哪里来的又回到哪里。

中国泡沫属于危险类型[①]

2009年11月，当今货币银行学科的国际领军人物、美国哥伦比亚大学教授弗雷德里克·米什金(Frederic Mishkin)为英国《金融时报》撰写了一篇重磅文章——《并非一切泡沫都会危及经济》。文章结论具有明确的政策含义：当前美欧经济是否出现了资产价格泡沫尚存争议，但是即使出现了泡沫，这个泡沫也显然不属于危险的类型。因此，美联储可以放下顾虑、继续维持量化宽松的货币政策。

米什金将资产泡沫分为两类。第一类是危险的"信贷繁荣泡沫"(credit boom bubble)。形成这种泡沫的关键是在资产价格上涨和信贷繁荣之间形成一个"正反馈回路"，推动杠杆倍率水涨船高。等到泡沫破裂的时候，这个"正反馈回路"逆向运转，资产价格下跌和信贷收缩相互促进，去杠杆化进程自我延续，甚至还通过信贷损失侵蚀金融机构的资产负债表，将危害蔓延到整个金融市场。米什金指出，最近这一次金融危机就是这样发生的。

另一类没有形成信贷繁荣的资产价格泡沫，在泡沫破裂的时候不会造成金融体系失灵，因此其危害比第一类泡沫小得多。米什金将这一类泡沫称为"纯粹的非理性繁荣泡沫"(pure irrational exuberance bubble)。他认为，上世纪90年代末的科技股泡沫以及1987年股灾之前的资产价格泡沫，就属于这一类。这两个泡沫破裂并没有使金融体系承受巨大压力，也没有影响经济的良好运行。

米什金认为美欧不必现在就担心下一轮泡沫的威胁。当前美欧经济的去杠杆化进程还没有完全结束，信贷市场仍然处于紧缩状态(而不是信贷繁荣)，严重拖累着经济增长。在这样的情况下，即使美欧市场上的资产价格存在泡沫(这一点尚存争议)，也不属于危险的第一类。相反，考虑到美欧经济复苏尚不稳固、大量产能闲置、通胀处于低位以及通胀预期稳定，米什金认为：把联邦基金利率维持在"异常低"水平的时间延长一段，是美联储明智的决定。

---

① 2009年11月24日发表于《上海证券报》；11月30日发表于《明报》。

米什金教授只说美欧的事情，没有提到中国。中国的情况与美欧大不相同。如果运用米什金的框架分析中国情形，将得到与美欧全然不同的结论：中国经济中正在形成的资产价格泡沫属于中央银行不应该容忍的危险类型，继续采取与美联储相同的扩张性货币政策将严重危害中国经济。

首先，在从2008年底开始的12个月里，中国银行业一再爆发信贷"井喷"，正是米什金所说的"信贷繁荣"。2009年1～10月，境内金融机构人民币各项贷款增加8.92万亿元，与前一年同期相比多增加5.26万亿元。预计全年信贷余额增幅将超过31%，远高于前一年的增长幅度17.8%。

其次，虽然无法从机制上证明"正反馈回路"已经形成，但是在过去12个月里，中国内地资产价格几次快速上涨的时间与信贷井喷的时间是高度一致的。以信息容易获得的股票市场为例。2008年11月取消银行信贷规模管理，深沪股票价格立即开始上涨。之后每一次银行信贷井喷，都伴随着股票价格快速上涨。正因为如此，越来越多的机构投资者把银行信贷阅读数据当成是判断下一阶段股票价格走势的先行指标。对2010年初信贷再次井喷的预期也能够推动股价上涨。

第三，改革尚未完成的银行体系仍然具有过高的风险偏好，无法坚守审慎性原则。这一特点在过去12个月里有充分表现。在受到国际金融危机与世界经济萧条冲击的情况下，国有银行的经营行为主要受到两个因素的影响：其一是扩张市场份额的内在动力，其二是来自中央银行、监管机构等外部上级的干预。当这两个因素方向一致的时候，其合力足以让国有银行偏离（如果不是放弃的话）利润最大化目标和审慎性原则。

股份制银行的表现也不比国有银行好多少。由于受到的外部干预较少，股份制银行在前几个月里还能坚持原则。但是最终没有逃过"羊群效应"的影响，在后几个月里的表现和国有银行一模一样。这样的银行注定不能在泡沫破裂的市场环境中独善其身。

综上所述，在运用极度扩张性的货币政策应对金融危机（泡沫破裂）的时候，吹大新的泡沫是在所难免的。按照米什金的分类，美欧资产市场上隐约出现的资产价格泡沫至少到目前为止还不属于危险类型。这样的泡沫即使再吹大一些，也没什么关系。因此美联储和欧洲央行可以继续采取量化宽松货币政策。但是，已经有明显的迹象表明，中国内地市场上正在形成的资产价格泡沫属于危险类型。如果继续吹大，中国经济必定要付出不菲的代价。这个代价可能是一场新中国60年来未曾遭遇过的本地金融危机。有鉴于此，中国不应该在货币政策上与美欧等国继续保持一致。

辑三

滞胀离我们越来越近

展望中国经济的 VVV 型复苏[①]

经济增长方式转变不可能在短期内实现，中国经济增长仍然高度依赖于外部需求，因此基本面的真实复苏不可能早于美欧。中国经济的真实复苏会比其他主要经济体更有力度。在此之前，第二轮经济刺激计划必不可少。因此中国经济很可能会经历一个 VVV 型的"衰退—刺激—复苏"过程。

即使政府大力推动，经济增长方式转变也需要相当长的时间。因此，在当前条件下，消费不会成为经济复苏的主要动力。在中国经济增长的三驾马车之中，居民消费增长历来比较稳定。从家计调查中的人均消费性支出来看，居民消费从 2008 年上半年起已开始放缓。这一轮过度扩张的货币政策推动了资产价格快速上涨，增加了居民的财产性收入，但是居民的工资性收入增长预期在经济衰退中下降，抵消了股市的财富效应。

由于经济增长方式转变不可能在短期内实现，中国经济增长的出口导向特征还将维持一段相当长的时间。在这段时间里，持续稳定增长的外部需求仍然是中国经济增长必不可少的外部条件。正是由于中国经济增长高度依赖于外部需求，国际金融危机和世界经济衰退才严重打击了中国的经济增长。基于同样的国际经济关系，当前中国经济基本面的真实复苏不可能早于世界经济复苏，特别是美国和欧洲这两个中国产品主要出口地的需求复苏。

即使以比较乐观的眼光来看，美国经济的复苏也要等到 12 个月之后，而欧洲经济的复苏会在美国经济复苏之后。在 U 型复苏来临之前，美欧实体经济还会继续衰退至少两个季度，之后还会在底部徘徊两三个季度。比较中性和偏悲观的预测则认为美欧经济会经历更长的衰退和徘徊，U 型的底部更长。基于这样的外部经济环境，中国经济的基本面也会经历至少 12 个月的衰退与徘徊，真实的复苏也会呈现出 U 型。

中国政府的第一轮财政刺激计划并没有改变 U 型复苏的经济基本面，只是在 U 型曲线的底部增加了一个 A 型经济增长。在这个 A 形山峰的左

① 2009 年 5 月 25 日发表于《中国经济时报》，6 月 1 日发表于《明报》。

侧,经济刺激计划通过增加投资取得立竿见影的“保增长”效果。然而据测算,政府投资拉动民间投资的作用十分有限,乘数效应在 1.1 到 1.2 之间。因此 A 型增长是短暂的:来得快,去得也快。

中国经济在 2009 年年底可能会面临又一次增长困难:第一轮经济刺激的效果已经消退殆尽,货币政策也会在第四季度被迫作出调整,而经济基本面距离真实复苏还有至少半年时间。所以,第二轮经济刺激计划是必不可少的。它应该出现在 2009 年下半年。

两轮经济刺激导致的两个短暂的 A 型增长叠加在 U 型复苏之内,抬高了 U 型的底部,形成一个完整的 VVV 型“衰退—刺激—复苏”过程。这是比较乐观的预期。如果世界经济 U 型复苏的底部延长,中国政府可能会启动第三轮经济刺激,添加第三个 A 型增长。

如果世界性的衰退如期结束,中国经济的复苏会比其他主要经济体更有力度。原因主要有两个:一是大规模的基础设施投资一旦发挥作用,能够降低中国制造业的综合成本,提高中国制造业的产出能力;二是发达国家对中国的制造业转移即使在危机和衰退中也没有停止。危机和衰退正好成为一些跨国公司关闭本国工厂的理由。这两个因素将提高中国制成品的国际竞争力。

在全球性的金融危机和经济衰退当中,中国经济衰退相对缓和而复苏相对强劲,因此在东亚和全球经济总量中的份额必然提高。但是,这样的进步并不值得我们骄傲,“东方制造,西方消费”式的世界经济失衡是不可以持续的。如果失衡机制得不到改变,经济危机过不了几年就会卷土重来。那时候中国融入世界的程度更深,受到危机和衰退的打击也会更严重。

即将开始的第四个价格周期[①]

1997年以来，中国经济经历了三次完整的价格周期。从中总结出来的某些规律，有助于预测即将开始的第四个价格周期。本文关注的价格是历来波动最小的居民消费价格指数(CPI)。

从1992年以来的数据看，在每一轮价格周期之中，产业链上游的价格波动都比产业链下游的价格波动更加剧烈。生产资料价格指数位于产业链最前端，波动也最大；位于产业链中间的工业品出厂价格指数波幅稍小；波幅最小的是位于产业链末端的居民消费价格指数。1999年1月开始统计的原材料、燃料和动力购进价格指数的波动仅小于生产资料价格指数，大于其他两个价格指数，波幅与它在产业链上的位置相符。

在1998年到2008年的十年间，M1的月度同比指标经历过三次完整的周期性变化，波动范围在109%到124%之间，出现了三个谷底和三个峰顶。三个谷底清晰地出现在1998年6月、2002年1月和2005年3月；三个峰值出现在2000年6月、2004年4月和2007年2月。其中第二个峰顶比较平坦。

同期，居民消费价格指数也出现了三个谷底和三个峰值。三个谷底都比较平坦，大致出现在1999年4月、2002年11月和2006年3月；三个峰值比较清晰，出现在2001年5月、2004年7月和2008年2月。

经过简单计算发现：三个谷底之间的时滞分别为10个月、10个月和12个月；三个峰值之间的时滞大约为11个月、10个月和12个月。也就是说，在过去十年中，CPI的波动比M1的波动滞后10到12个月。

如果这个时滞没有发生变化的话，可以帮助我们预测第四次价格波动。首先，由于M1增速2008年11月见底，我们有理由预期CPI将在2009年9月到11月之间见底回升。

其次，由于谷底与峰值的时滞一样长，因此，M1加速增长的时间有多长，CPI回升的过程就有多长。如果货币政策2009年四季度转向、M2增速

---

① 2009年7月20日发表于《中国经济时报》。

2010年一季度转向、M1增速2010年下半年转向，那么M1从谷底到峰顶大约用了两年时间，与前三个周期相当。如果这样，CPI上涨也将持续两年左右，峰值将出现在2011年四季度。

此外，CPI的下一个峰值可能达到两位数。在前三个周期中，狭义货币同比增幅的三个谷底和峰值均基本持平，因此波幅没有什么趋势性变化。但是，CPI的三个谷底却依次抬高2到3个百分点，三个峰值依次抬高3到4个百分点，因此波幅有增大的趋势。因此，第四个周期的峰值恐怕会高于上一个峰值108.7%，有可能达到两位数。这个预测并没有考虑到经济刺激政策中包含的制度变化和已经发生的信贷超高速增长。

历史数据显示：货币政策工具似乎直接作用于M2，再经过M1传导到CPI上。在每一轮波动的前期，当M2步入上升轨道的时候，M1很快紧随其后。而当M2增速开始下降以后，M1往往还会继续加速增长一年甚至以上。也就是说，M1波动滞后于M2，但滞后的程度不同：扩张期的滞后短暂、收缩期的滞后明显。因此M1的增长期比M2长。

由此看来，作用于M2的货币政策传导到CPI有时滞。扩张性的货币政策传导到CPI需要11个月，紧缩性的货币政策传导到CPI需要两年或者更长。因此，即使稳定CPI是货币政策的终极目标，如果中央银行盯住CPI的涨跌来决定货币政策方向的话，政策将有严重时滞，会导致CPI宽幅波动。所以中央银行需要盯住时滞较小的中间目标，例如M1和M2。从这两个指标来看，当前货币政策已经到了应该考虑选择合适的时机和方式，实现平稳转向的时候。

表1 货币供应量与物价之间的时滞

		狭义货币M1	**消费物价指数CPI**	**时滞/月**
第一波	谷底	1998年6月	1999年4月	10
	峰顶	2000年6月	2001年5月	11
第二波	谷底	2002年1月	2002年11月	10
	峰顶	2004年4月	2004年7月	10
第三波	谷底	2005年3月	2006年3月	12
	峰顶	2007年2月	2008年2月	12
第四波	谷底	2009年1月	2009年10月E	10～12E
	峰顶	2010年底E	2011年四季度E	10～12E

图注：E为预测值。

通胀传导路径已经改变[①]

过度宽松的货币政策早就引发了通胀预期，但到目前为止，通胀预期似乎并没有成为“自我实现的预言”，4 月和 5 月的物价指数（CPI 和 PPI）继续“双降”，让某些人以为宽松货币政策的力度还不够大、时间还不够长。然而货币已经超额的投放，必定导致通胀，只是通胀的传导路径发生了变化，以至于从消费端观察到的通胀时滞更长、形式更隐蔽。

需求拉动型通胀是转轨初期的典型特征。从改革开放初期到上世纪 90 年代中期，流动性过剩总是引发需求拉动型的通胀。改革开放初期的工资水平过低，早期的企业改革又过多强调加强企业自主权和奖金激励。因此，当实际货币投放量超过了真实货币需求（包括实物经济的货币化进程），企业的资金宽裕立刻转化为职工收入增加。加之计划经济时期的短缺特性在中国一直维持到上世纪 90 年代后期，职工收入的增加立即转化为消费增加，加重供给小于需求（短缺）的状况，因此容易引发消费端的价格上涨，并逐级向上传递到初级产品部门。需求拉动型的通胀是经济体制转轨初期的典型特征。

两个变化导致需求拉动型的通胀不再容易发生。一个变化是职工收入的市场化，随着非国有经济规模和比重的增长并最终成为就业主渠道，职工收入的增长日益市场化。而市场化的工资由长期合同约定，因此具有黏性，不能迅速对流动性过剩作出反应。另一个变化是短缺经济时代的结束，在基本需求得到基本满足之后，短期边际消费倾向递减，家庭收入增长并不立即转化为消费增长。同时国内主要消费品的生产能力已经过剩，市场供给相当具有弹性，也抑制着价格上涨。

流动性过剩将首先导致资产和资源类商品价格上涨。由于工资黏性、短期边际消费倾向递减和主要消费品生产能力过剩，因此过剩的流动性并不会直接涌入消费品市场，推动消费者物价指数（CPI）上涨。但如同泛滥的河水，过剩的流动性总要自动寻找有利可图的去处。当前可供选择的去处

---

① 2009 年 6 月 29 日发表于《中国经济时报》。

有两个：

一个是资产市场。当前世界性的流动性过剩，推动着世界主要金融市场上的价格上涨。从 2009 年 3 月初到 6 月下旬的三个多月时间里，纽约道琼斯工业平均指数从 6 500 点上涨到 8 700 点；伦敦金融时报指数从 3 500 点上涨到 4 500 点；东京日经指数从 7 000 点上涨到 10 000 点。香港由于坚守固定汇率制度，深受廉价美元冲击，恒生指数从 11 000 点上涨到 18 600 点。中国内地的流动性冲击来得最早，因此上证 A 股从 2008 年 11 月开始，从 1 700 点以下上涨到了将近 3 000 点。国内各地房地产市场价格也开始上涨。

另一个流向是资源类商品市场。流动性过剩推动了金融危机中大幅下跌的大宗商品价格大幅反弹。例如北海布伦特原油价格从 2009 年 2 月底的每桶 40 美元上涨到 6 月的 70 美元以上，反映干散货运输的波罗的海航运指数(BDI)从 2009 年 4 月 1 日的 1 574 点起步，一度摸高至 4 291 点，6 月 26 日收报 3 703 点，涨幅高达 135%。持续的流动性过剩将导致这些价格维持在高位。

资产和资源类商品价格上涨终将导致成本推动型通胀。维持高位的资源类商品价格首先增加初级生产部门的生产成本，并逐级向产业链下游传递，直到提高最终消费价格。当传递至垄断的子产业链时，传递的速度取决于垄断企业的定价策略和政府的价格管制；当传递到竞争性的子产业链时，价格的调整必定伴随着产量的变化，因此价格具有黏性。

综上所述，正在进行的通胀是成本推动型的。如果要维持物价稳定的目标，过度宽松的货币政策应该在初级产品价格上涨时就开始调整。等到消费端的价格开始上涨时，一轮完整的通胀已经完成，通胀螺旋很可能已形成，不仅调整的难度加大，稳定物价也不可能了。

农产品价格上涨背后的垄断房租[①]

当前这一轮消费价格上涨主要是由食品价格，特别是蔬菜价格推动的。这多少是个意外。从统计局发布的数据来看，7 月鲜菜价格上涨 22.3%，粮食价格上涨 11.8%，猪肉价格也大幅上涨。食品价格同比上涨 6.8%，对新涨价因素的贡献超过 75%。发布数据的统计局官员认为，上述价格变化是由于天气多变和洪涝灾害造成的，具有偶然性。言下之意，这个变化与货币政策无关，也很快会过去。不少分析师也附和说 7 月的居民消费价格指数(CPI)指数是峰值，8 月会有所回落。

但是上述预期的基础其实非常薄弱。据来自东莞某农产品批发市场的消息称，“蒜你狠”和“姜你军”一齐发力，价格分别达到每斤 10 元和 8 元，“豆你玩”与上月持平。由于这类农产品的销售半径已经跨越数省，因此这个价格变化很可能具有代表性。这样看来，各城市蔬菜价格的进一步上涨有可能继续推高 8 月的居民消费价格指数(CPI)。不仅环比将继续上升，如果 CPI 环比超过 0.5%，那么同比会超过 2010 年 7 月的 3.3%。

其实，除了偶然出现的恶劣天气和洪涝灾害导致农产品价格短期波动之外，还有其他不可逆转的因素推动城市蔬菜价格上涨。先看看农产品供应链的变化。在城市化过程中，城市规模不断扩张，当地蔬菜的供给缺口越来越大。一方面，城市人口增加带来农产品需求的同步增长。如果人均收入有所提高，人均农产品消费还会有所增长，导致农产品需求更加快速地增长；另一方面，城市的扩张持续挤占周边农田，减少当地的农产品供给。据报道，曾经主要为北京市民供应蔬菜的石景山、朝阳、丰台等周边城区，原有菜地 17 万亩以上，现在已缩减到 1 万亩以下。

大城市的农产品市场上日益扩大的供给缺口必须通过远距离运输解决。在过去 30 年里，大城市的“菜篮子”问题已经多次暴露出来。只有小城市可以依靠周边地区解决问题。在各大城市的“菜篮子工程”当中，运输农产品的“绿色通道”已经成为不可或缺的一环。在缺少农产品期货和远期交

---

① 2010 年 8 月 25 日发表于《21 世纪经济报道》。

易的情况下，交通条件较好、接近人口分布中心的山东寿光形成了农产品交易中心。该市场的农产品还跨海远销到韩国首尔和日本东京。

于是从长期来看，有几个成本会持续推动着城市农产品价格上涨。其一是运输成本，与运输距离和汽油价格成正比。其二是生产成本，主要是农业劳动力价格。农村剩余劳动力持续转移到服务业和制造业，目前已经所"剩"无几。在中国经济穿越刘易斯拐点之后，劳动报酬将会加速上涨。务农收入也会跟随打工收入的上涨而增加，否则劳动力就会从农业转移到非农产业。于是农产品的生产成本将上升。在不出现严重衰退的正常情况下，这两个成本的变化都是不可逆的。因此大城市的农产品价格上涨也是不可逆的。

除了上述市场力量(看不见的手)之外，在个别城市还有一只"看得见的手"推动农产品价格上涨。以前，流动摊贩可以在露天、流动的摊点上销售农产品(尤其是蔬菜水果)，甚至可以沿街叫卖。这样的营销方式成本低，但是增加了难以管理的城市垃圾。为了美化市容，一些城市强制性地要求原本流动的摊贩进入有管理的市场。市场管理部门负责处理垃圾，摊贩们向管理部门付费。

收取租金、卫生费甚至管理费无可厚非，但是有些城市的收费高得离谱。中央电视台某节目曾经连续报道：在北京市的几个有管理的农贸市场里，一个长度大约在 1.5 米左右，使用面积大约 2 平方米的摊位，一个月的租金高达 900 元，外加卫生费 100 元。这个价格让北京的写字楼相形见绌。据不动产顾问公司第一太平(00142.HK)的统计，2010 年二季度北京写字楼的平均月租金为 166.5 元每平方米，是菜摊租金的三分之一。即将投入使用的国贸三期写字楼的租金号称京城最贵，报价也才每平方米每天 10 元。

为什么普通菜摊的租金远高于最高档的写字楼？答案很简单：写字楼市场充分竞争，而菜摊被垄断。

表 2　北京写字楼 2007 年 6 月有效净租金

区域	成交租金(人民币/平方米/月)	变动百分比(%)			
		上月	3 个月前	6 个月前	1 年前
顶级写字楼	309	−0.81	−1.2	0.4	11.6
CBD	241	−0.7	−1.6	1.4	1.8
亮马河	259	2.1	3.3	7.0	14.3
东二环	197	3.1	3.1	5.3	7.6
金融街	237	2.7	2.9	3.6	12.5
中关村	181	2.9	4.0	11.0	10.3

数据来源：第一太平不动产顾问公司。

通胀预期渐成共识，调控时机稍纵即逝①

通胀预期演变为通胀共识，意味着"通胀即将来临"这一判断从某些人的私人信息扩散为尽人皆知的公共信息。一旦市场参与者达成了通胀共识，通胀就成为"自我实现的预言"。如果没有及时、强力的政策干预，资产与资源类产品市场将泡沫高企，通胀将伴随着衰退（滞胀）从产业链上游向下游传递。如果政策反应足够迟缓，泡沫将"大得不能捅破"，通胀将形成恶性螺旋。

"通胀共识"包括两层含义：第一，所有市场参与者都知道通胀即将来临；第二，所有市场参与者都知道其他的市场参与者也知道通胀即将来临。从近期的市场表现来看，通胀预期正在演变为通胀共识。

首先，从A股市场表现来看，反映资产价格的金融板块、房地产板块，反映资源价格的有色板块、钢铁板块、煤炭板块构成了领涨排行榜，被命名为"通胀之花"。资产与资源类产品价格上涨和笔者在上一篇评论中指出的本轮通胀的传导路径完全一致。本轮通胀将从产业链上游传导到下游，表现出成本推动的特征。

其次，土地市场一反数月的萧条，2009年6月"地王"频出。特别是某些新出让地块上的商品房楼面地价（分摊到房价中的土地价格）已经高于周边现有房产的价格。显示房地产开发商对2010年的房价已经看高一线。"地王"开发商的通胀预期立刻传递到周边房地产业主，导致房屋惜售（二手房成交量下降）和房价明显上涨。

这一轮通胀对经济增长的正面影响仅仅停留在资产（股票、房产等）和资源（煤炭、金属等）类商品市场。只有在资产和资源类商品这两个上游产品市场上，价格上涨才是需求拉动型的。这发生在这一轮通胀的早期。

而在中后期，在通胀从产业链上游向下游传递的过程中，价格上涨是成本推动型的。因此，通胀传递到哪一个产业链，哪一个产业就出现产品价格上涨和市场规模收缩。这是滞胀的典型特征。

---

① 本文写于2009年7月初，是一篇博客文章，贴在天涯博客"乐育园"。

即将来临的滞胀来自货币政策过度扩张。下游产业的停滞必将导致对上游产品的需求萎缩,因此必然不能支撑上游产业的繁荣。例如在某些有代表性的城市,就在房价上涨的同时,房租却是下降的。下降的房租哪里能够支撑上涨的房价?完全是充足而廉价的贷款起着支撑作用。如果继续依靠金融支撑资产和资源市场的繁荣与泡沫,2010 年必将是中国经济防止滞胀最困难的一年。

货币政策是短期政策(政策取向在短期内就可能转向),但不是短视政策(只顾短期利益而不顾长期)。所谓"扩张性的货币政策弊大于利"一说,是建立在短视、而不是短期的基础之上。

如同有的银行"大得不能倒闭",泡沫也有大到"不能捅破"的时候。这是诺贝尔经济学奖得主密尔顿·弗里德曼与安娜·施瓦茨从 80 年前的大萧条中总结出的教训。当时,成立不久的美联储先纵容股市泡沫高企,然后又毫不留情地捅破泡沫,导致了历史上最严重的经济危机。

美联储吸取了教训,在最近 20 多年里再也没有主动刺破任何泡沫。阿兰·格林斯潘主持的美联储面对互联网泡沫破裂和"9·11"事件的时候,采取过度宽松的货币政策,放任一个更大的次级债务泡沫来挽救前一个泡沫。当找不到更大的泡沫来挽救次级债务泡沫的时候,百年一遇的经济危机就再次发生了。这不是天灾而是人祸。

如果当前过度宽松的货币政策不及时调整、资产和资源泡沫涨到了足够大的程度,未来的经济政策将进退维谷:既不能刺破(甚至要防止)泡沫破裂,又不能继续吹大新的泡沫。从长期来讲,这是不可能做到的。所以,唯有立即采取行动,将危机消灭在萌芽状态,才能够真正避免危机。

不要错怪通胀预期[①]

1839年,托马斯·凯利把马尔萨斯经济学称为“令人沮丧(dismal,也译为“沉闷”“枯燥”)的科学”。凯利先生这么说的原因有两个：其一是马尔萨斯非常悲观的预言：世界人口过剩的未来不可改变,只有靠战争和瘟疫才能解决。其二是经济学家围绕经济问题的讨论经常无果而终。一个流传至今的笑话是“五个经济学家对同一个问题有六种观点”。

当今中国经济学家讨论通货膨胀问题时仍然显示出令人沮丧的一面。无论在理论上还是在实践中,通货膨胀在当今中国已经不是什么新鲜事物。可是每当讨论通货膨胀的时候,总是要从通货膨胀的定义说起、在基本原理上争论。判断中国经济是否已经出现了通货膨胀,完全取决于通货膨胀如何定义。某经济学家不久前判断：按照狭义的定义,中国无严重通胀;按照广义的定义,中国已存在高通胀。狭义通胀与广义通胀的差别在于是否把住房价格考虑进去。

这一轮关于通货膨胀的讨论有一个创新,那就是关注通货膨胀预期。关注通胀预期的理由在于通货膨胀是“能够自我实现的预言”：只要足够多的公众相信通货膨胀即将来临,那么他们的理性选择就是提前消费、投资和投机(表现为抢购商品),把预期中的通货膨胀变为现实。

然而,通胀预期的坏处已经被严重夸大了,以至于混淆了有关通胀的两个基本问题。借用化学术语,笔者暂且把这两个问题命名为“热力学”(dynamics)问题和“动力学”(kinetics)问题。前者研究通货膨胀是否会发生,后者研究通货膨胀是如何发生的。两种理论泾渭分明,无法相互替代。通胀预期的自我实现是一个动力学过程,可以预言通胀的发生过程,但不能预言通胀会不会发生。判断通胀会不会发生,需要热力学理论,例如货币主义。

在货币主义者眼里,通胀预期并不是导致通胀的罪魁祸首。通胀只有一个起因：货币供应量增长太快。如果货币增长得太快,通胀迟早会来临。这个道理简单到了不可能错误的地步。至于通胀到底早来还是迟到,取决

---

① 2010年5月11日发表于《21世纪经济报道》。

于通胀预期等动力学因素，已经不是货币主义研究的问题。

对公众来说，判断未来是否将发生通货膨胀比判断当前是否发生了通货膨胀还要容易。一方面，度量当前的通胀需要构造商品篮子、计算价格指数，这些操作不可避免地引入主观因素，包括统计部门的可信度。正如前面提到的那位经济学家所说，判断是否发生了通胀，取决于通胀如何定义。另一方面，判断未来是否会发生通胀只需关注货币供应量。而人民银行保持着良好的传统：比较及时地公布准确的货币供应量数据。因此，中国公众有条件形成正确的通胀预期。中国公众在过去30年里经历了大大小小几次通胀的洗礼，积累的市场经验有助于合理预期通胀。在转轨的大背景中，这不是坏事情。在这样的情况下，管理通胀预期的关键是管理好货币、控制好通胀。

如果说通胀预期有什么坏处的话，那就是有可能增加政府宏观调控的难度。扩张性货币政策达到刺激经济效果，必须制造一次不为公众预知的通胀为前提。由于劳动者不知道价格即将上涨，因此在“货币幻觉”当中心甘情愿地接受原封不动的名义工资。但是其实际工资已经降低，这有助于

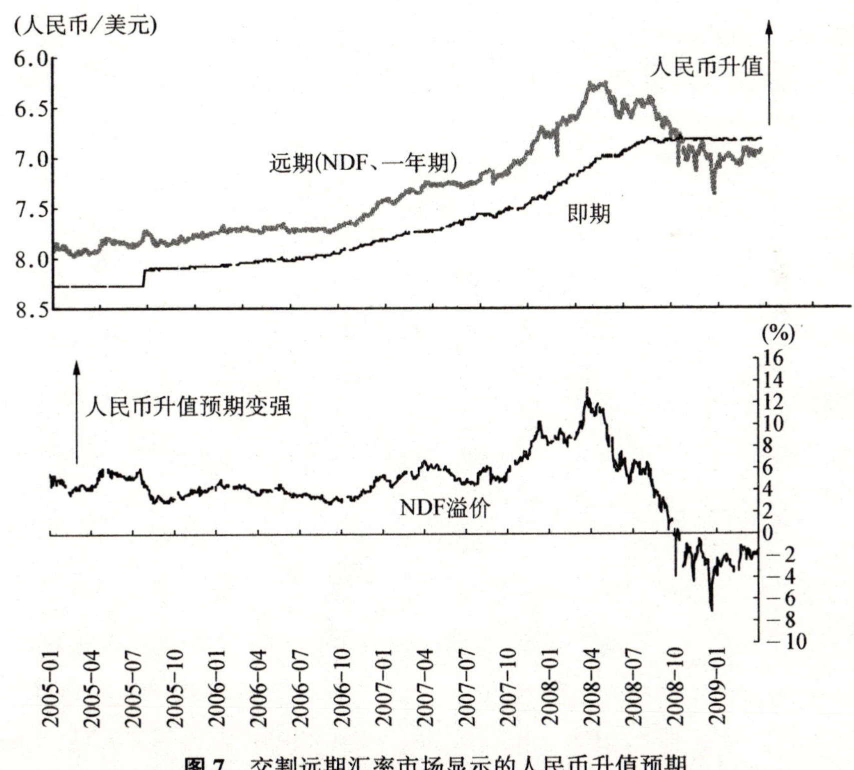

图7 交割远期汇率市场显示的人民币升值预期

数据来源：彭博社和国家外汇管理局；关志雄(2009)制图。

增加就业。“聪明”的公众不容易被蒙蔽，公众对通胀的理性预期让扩张性的货币政策失效。

最后但也是最重要的，通胀预期的好处被宏观调控部门忽略了。扩张性货币政策的一个副作用是资产价格脱离基本面而单边上涨。为了挽救危机，政府一时顾不得那么多。在这个过程中，抑制资产价格疯涨的主要因素只剩下通胀预期。公众知道：单边上扬市场上的最大风险，是通胀来临，迫使宏观经济部门反通胀。反通胀措施将推动资产价格掉头单边向下。因此，正是由于通胀预期，股价没有成为脱缰野马。

总之，在已经变“聪明”的公众面前，货币当局不要企图制造出乎公众意料之外的通货膨胀。若如此，也就没有理由怪罪通胀预期了。

通胀是如何导致两极分化的？[①]

许多学者认为，在穷人的全部资产当中，现金和银行存款占的比例比较高，因此在通胀中受到的损失比例也比较大；富人持有各种类型的资产，分布在现金和银行存款上的比例比较低，因此在通胀当中受到的损失比例较小。

上述分析有两个缺陷。其一是只考虑了居民的财产和财产性收入的变化，没有考虑居民的工资性收入变化。对于中低收入者而言，劳动报酬在收入中占大头。忽略了工资变化，就无法准确判断中低收入阶层经济状况的变化。

其二是上述分析没有联系通胀发生的过程，因而自相矛盾。如果把通胀发生的过程忽略不计，只对比通胀发生之前和通胀完成之后的两个状态，那么经济学家认为：货币超发造成的结果是让所有以“元”计价的价格上涨相同的比例，任何两个价格之间的比率（真实价格）并不变化。

本文分析通胀对社会各阶层的影响，建立在以下基础之上：

首先，让我们关注社会上三个阶层的经济状况变化。我们暂且称最下层为“农民工”：他们家里有一块农地，到城里来打工，大多从事非技术性工种。有些农民工随时准备回家务农，因此城市中的农民工供给具有弹性；中间是“白领阶层”：他们文化程度较高，在城市从事技术性工种。白领们即使来自农村，也不可能重新务农，因此这个阶层的劳动力供给是刚性的；最上层是“富裕阶层”，主要依靠财产和企业家精神获得收入。

其次，让我们把通胀的过程分为前中后三个阶段。第一个阶段是货币超发导致通胀预期形成；第二阶段是通胀预期推动资源品和资产价格上涨；第三阶段是价格上涨以成本推动的方式沿着产业链从上游向下游逐渐传递，直到100％地传递到消费价格。这是这一轮通胀的真实状况。

通胀对各阶层经济状况的影响如下：

首先，富裕阶层的经济状况从第二个阶段开始发生变化。在第二个阶

---

① 2011年1月10日发表于《21世纪经济报道》。

段，资源品和资产价格的上涨导致富裕阶层的财产升值、财产性收入增加，导致富裕阶层的经济状况改善；在第三阶段，消费价格上涨导致富裕阶层的经济状况恶化。尽管“改善”和“恶化”的程度一样，但是由于“改善”比“恶化”来得更早。因此在第三阶段结束之前，“改善”的程度比“恶化”的程度更大。这样，富裕阶层的经济状况暂时改善了。

其次，农民工的经济状况在第三个阶段、消费物价开始上涨的时候开始恶化。由于农民工的工资收入接近维持城市最低生活标准的水平，因此，有些农民工不愿意接受经济状况的恶化，选择回家务农。他们的选择减少了城市里的农民工供给，推动了农民工工资上涨。在过去几年里，市场力量推动农民工工资加速上涨。

但是，一旦农民工的真实工资有所提高，一定会吸引新的农民工进入城市。因此，农民工工资水平还会在城市最低生活标准附近波动。换言之，农民工的真实工资以及他们的经济状况已经低得不能再低。最近几年农民工的名义工资之所以上涨较快，是因为价格上涨导致城市最低生活成本上升较快。

最后，白领阶层的经济状况也是从第三个阶段开始“恶化”。与农民工不同的是，白领阶层的劳动力供给没有显示出足够高的弹性。不仅如此，1998 年金融危机之后开始实施的高校扩招政策暂时推迟了就业压力的释放，但也导致了越来越严重的“文凭通胀”。更糟糕的是，这些得到文凭的高校毕业生即使来自农村，毕业之后也失去了农民的身份、土地和务农的机会，别无选择地成为城市里的“产业白领”。由于这个阶层的劳动力供给快速增加而且缺乏弹性，从业者不得不接受越来越低的工资水平。据报道，目前大学毕业生的工资已经接近农民工的工资水平。

综上所述，在这一轮通胀中，富裕阶层的经济状况暂时改善；城市农民工的经济状况基本维持，但这个维持以一部分农民工回家务农为代价；城市白领的经济状况还在恶化。通胀以压缩中间阶层的方式造成两极分化。

短期政策空间变小，资产价格正在上升[①]

2010年10月公布的经济数据正在验证年初的预期：中国经济趋于滞胀、宏观经济政策空间正在变小。由于全球性的货币扩张再次发生，资产价格上升正在发生，而中国会走在前列。

与早前的市场预期相比，前三季度的数据显示中国经济的表现具有"两高"的特点。

一个"高"是指经济增长速度高于市场预期。正如统计局新闻发言人盛来运所说：季度国内生产总值(GDP)增幅和月度工业生产的增速在三季度继续下滑，但是下滑的幅度已经收窄。与此同时，三季度固定资产投资7.8万亿元，与二季度的7.9万亿元基本持平。

另一个"高"是指9月的居民消费价格指数(CPI)再创新高，达到3.6%，高于市场预期。就在不久以前，数家投行的经济学家都还继续预言物价指数将在7、8月见顶。仅有个别学者预言物价指数会在高位持续较长时间，甚至有可能达到4%。近日有国内著名经济学家提出中国可以放宽CPI目标到4.5%甚至10%，市场的通胀预期随之提高。

三季度经济数据的"两高"特点显示早前关于中国经济的预期正在变成现实。这个预期就是：中国经济正在向滞胀靠近。尽管经济增长速度的下降速度在三季度有所减缓，消费物价指数上涨的速度似乎也在减慢，但是经济减速、物价再创新高的趋势并没有改变。在公布三季度经济数据之前出乎市场意料的加息，显示宏观经济决策对物价的担心。

央行加息显示了关注物价的态度，但是产生不了什么实际效果。因为加息导致两个相反的结果：其一是抑制国内某些对利率敏感的资金需求，从而减少国内的流动性。然而对利率敏感的资金需求在国内资金总需求当中只占很小比例，国有企业和地方政府不会在乎，因此轻微的加息起不了什么作用；其二是吸引那些从事利差交易的国际游资流向中国，从而增加中央银行的外汇储备和国内的流动性。这两个结果相互抵消，因此加息对国内金

---

① 2010年10月25日发表于《中国经济时报》。

融市场流动性的影响模棱两可。

实际上，在当前中国经济对外依存度很高、人民币窄幅盯住美元的体制下，中国根本没有独立的货币政策。由于美联储已经明确宣示了未来货币政策取向：对内进一步实施量化宽松的货币政策，对外促进美元贬值。因此，除非宏观经济政策取向发生比较大的转变，否则中国国内的流动性必定非常充裕，资产价格还将继续攀升，甚至抵消掉房地产调控政策的效果。全球性的流动性充裕必定推动世界经济表面上“复苏”，中国经济也会分享这短暂的好处。

遥望具有中国特色的滞胀[①]

中国经济正在继续向“低增长、高通胀”局面靠近。2010年三四季度将出现较严重的通胀，但持续多长时间尚待进一步观察。如果不采取新的刺激措施的话，2011年一二季度经济增长率有可能降低到8%以下，政府有可能再次“保8”。

在评论4月的经济数据时，笔者指出：中国经济正处于一个短暂的“高增长、低通胀”时期，正在向“低增长、高通胀”的局面靠近。上周公布的5月经济数据符合这一判断。

首先，从规模以上工业增加值和城镇固定资产投资数据来看，经济增长速度可能继续逐月降低。规模以上工业增加值5月增长16.5%，比4月降低1.3个百分点。之前4月增长率低于3月增长率，3月增长率又低于1、2月合计增长率。同时，前五个月累积的城镇固定资产投资同比增长25.9%，也比前四个月的累计增幅低了0.2个百分点。

其次，消费物价指数(CPI)在5月达到3.1%，比4月提高0.3个百分点，创19个月以来的新高。如果不是因为鲜菜价格环比下降9.8%，从而推动食品价格环比下降0.5%、CPI环比下降了0.1%的话，这个新高还会更高。

从5月的工业品出厂价格指数及其构成中可以看出：产业链上游的价格上涨幅度远高于下游的价格上涨幅度：采掘工业上涨了31.1%，原料工业上涨了13.8%，生产资料出厂价格上涨8.8%，加工工业出厂价格仅上涨3.6%。这个现象显示通货膨胀正沿着产业链从上游向下游传递、从PPI向CPI传递。只是这一轮CPI上涨的峰值是多少、何时达到，目前经济学家们分歧较大，还有待进一步观察。

针对4月进出口同比增长39.4%，特别是进口同比增长49.7%的现象，笔者在一个月前的评论中预测：由于中国的外贸具有很强的出口加工性质，因此加高的进口往往意味着一个生产周期之后出口的大幅增加。这一预言从5月的进出口数据得到验证：5月出口同比增长48.5%，比上月加快18.1

---

① 2010年6月14日发表于《明报》及2010年6月17日发表于搜狐财经。

个百分点。同时，进口增速仍然维持在48.3%的高位，预示出口的复苏有可能继续维持一段时间。

很多人担心欧元下跌对中国出口的打击。欧盟是中国第一大贸易伙伴。在半年时间里，欧元对人民币汇率从2009年11月的高点10.35下跌到当前的8.21，跌幅超过20%。尽管如此，欧洲主要经济体在制造劳动密集型产品方面仍然不具备竞争力，而且欧元对人民币之外的其他货币贬值了几乎同样的幅度，因此中国对欧洲的出口可能不会受到太大冲击。

有可能冲击出口的一个新增因素是国内工资快速上升。在过去几年里，一些劳动力密集型企业集中的地区出现了劳动力短缺，已经导致了局部、小幅的工资上升。2010年已经有14个省市上调了最低工资标准，平均涨幅近20%。还有十多个省市也计划调整。中国的最低工资水平已经超过周边的印度、越南、孟加拉等国。

由于中国工人的劳动生产率在过去十多年里已经大幅提高，国内企业维持较高工资水平是有可能的。一些出口企业，例如深陷“跳楼门”之中的富士康公司、受罢工困扰的广州本田公司等，已经作出了大幅提高工人薪酬的决定。类似事件具有示范效应，有可能导致工人工资的普遍上升。无力提高工资的企业将被市场淘汰。这有利于中国经济发展方式的转变。

国际货币基金组织(IMF)4月调高了对中国经济增长的预测到10%。然而，中国经济增长速度前高后低，呈现下降的趋势。2010年一季度是11.9%，四季度可能会降低到接近8%。如果不采取新的刺激措施的话，2011年一二季度将有可能降低到8%以下。

以其他国家的眼光来看，中国经济2011年一二季度的增长速度即使低于8%也令人羡慕，但是中国政府已经习惯了8%以上的经济增长速度。自从上一届政府在1998年亚洲金融危机中确定“保8”目标之后，“8%”一直被视为经济增长的底线。能否保住这一底线成为评价政府工作绩效的一个重要指标。如果这一现状维持不变，年底之前就需要启动“保8”程序。

总之，中国经济在2010年三四季度将遇到比较严重的“胀”的困难，年度之交又会遇到“滞”的困难。如果这两个困难在出现的时间上有所重叠，那将是具有中国“保8”特色的滞胀。

2010年的经济增长为什么会“前高后低”[①]

2010年初，美国经济经历了一个好于预期的复苏过程。但是复苏的过程不会一帆风顺，年底之前很可能出现二次探底。只是这次探底超过第一轮衰退的可能性不大。与此同时，欧洲经济的复苏比美国缓慢，欧盟的体制还在经受前所未有的国家债务危机考验。美欧经济基本面的差异将导致美元在未来一段时期内继续保持坚挺，也将在一定程度上缓解人民币升值的压力。但是，贸易保护主义一定会愈演愈烈，中国的出口部门将受到日益严重的打击，人民币升值在年底之前很可能会成为谈判筹码。

在这样的世界经济背景当中，如果联系中国经济当前的状况、预测中国经济在2010年的增长趋势的话，我们可以画出一条大致的基线：

首先，2010年的经济增长将呈现前高后低的趋势。2009年四个季度的GDP增长率逐季提高，分别为6.2%、7.9%、9.1%和10.7%。这一趋势会延续到2010年一季度。上周末，有25家机构参与了《证券市场周刊》组织的“远见杯”宏观经济预测。他们对2010年一季度GDP同比增长率的预测平均值为11.24%。但是，同样25家机构对全年GDP增长率的预测平均值为9.9%。预示上下两个半年的GDP增长率可能会相差2.5～3个百分点。

其次，受国际国内因素的影响，中国经济有可能在一季度见顶、在四季度见底，从而在2010年完成一次完整的探底过程，画出第二个V型。尽管经济增长速度逐级降低，四季度的GDP增长速度很可能还是高于8%，不值得特别担忧。值得担忧的是中国经济到2010年年底还没有找到增加出口之外的新的增长点，经济增长速度继续下滑。有鉴于此，2010年经济工作的关键任务应该放在尽快找到新的增长点之上。

从胡锦涛同志2010年2月在省部级干部“落实科学发展观研讨班”上的讲话来看，中央已经对2010年的形势与任务作出了正确的判断。总书记指出：“国际金融危机使我国转变经济发展方式问题更加突显出来，国际金融危机对我国经济的冲击表面上是对经济增长速度的冲击，实质上是对经济发展

---

① 2010年3月17日发表于《上海证券报》。

方式的冲击。综合判断国际国内经济形势,转变经济发展方式已刻不容缓。”

如笔者在2009年6月所预期的那样,为了实现经济发展方式转变,改革再次被提到了议事日程之上。胡锦涛同志强调:“加快经济发展方式转变,既是一场攻坚战,也是一场持久战,必须通过坚定不移深化改革来推动。以坚持社会主义市场经济的改革方向……深化经济体制、政治体制、文化体制、社会体制以及其他各方面体制改革……形成有利于加快经济发展方式转变的制度安排。”如此实用主义的动机,比理想主义的动机更能取得实效。

时间是关键变量。无论体制改革还是发展方式转变,这些结构方面的变化即使能够完成,在正常情况下也需要相当长的时间。在现实当中,由于涉及到既得利益,一些领域的改革更是纸上谈兵了很多年,某些部委建立新体制的改革工作已经和维护旧体制的日常工作混为一谈;经济增长方式转变也已经在中央和国务院文件中呼吁了十多年,实际上没有什么进展。如果这种情况不改变,不仅中国经济的中长期问题得不到解决,而且这些问题马上就会在今明两年的经济增长中暴露出来。因此,胡锦涛同志高瞻远瞩地指出,转变经济发展方式,关键是要在“加快”上下功夫、见实效。据统计,他在讲话里总共用了多达50个“加快”。

在找到新的增长点之前,中国经济的增长速度只能依靠短期的宏观经济政策维持。长期执行这些短期政策(包括积极的财政政策和宽松的货币政策)的结果,必然导致资产泡沫和通货膨胀。就目前的国际经验来看,货币政策可以较长时间置资产泡沫于不顾,但是必须对通货膨胀作出及时反应。就中国而言,通胀比失业更加有害于稳定,而和谐与稳定是中国经济政策的首要目标。因此,无论怎样控制通胀预期,一旦通胀来临,经济政策对通胀的反应一定比对失业的反应还要灵敏。

这样,当前的经济工作实际上成为一场比赛:中国经济是先找到新的增长点,还是先遇到通货膨胀。如果中国经济在通货膨胀来临之前先找到新的增长点,那么短期刺激政策可以顺利退出而不导致经济衰退。但是如果中国经济在找到新的增长点之前先出现通货膨胀,那么决策者摆脱不掉短期菲利普斯曲线,不得不在高通胀和低就业之间作出艰难选择。

所幸的是,在中国的经济体制当中,用改革促进经济增长的潜力仍然很大。某些市场化的改革甚至可以立竿见影地促进经济增长。例如取消各个垄断行业的市场准入,拓宽民间投资领域;完善市场基本制度(主要是约束每一只“看得见的手”),充分发挥市场经济的潜力。及时采取这些措施,中国经济仍然有机会实现比较平滑的过渡。

2010年“保8”早就成定局[①]

国家统计局公布的国民经济数据显示中国经济在一季度实现了预料中的高增长、低通胀。一季度国内生产总值(GDP)增长11.9%，消费者物价指数(CPI)上升2.2%。这一数字基本符合此前的预期。按照预期，中国经济2010年的增长速度将前高后低，但降低的速度比较缓和，全年“保8”没有难度。

在一季度的其他经济数据当中，首先值得注意的是中国经济的高增长是在货币政策趋于收缩的情况下出现的。与2009年一季度商业银行贷款一再“井喷”相比，2010年一季度的货币政策已经趋于收缩。一季度末，广义货币量(M2)余额65.0万亿元，同比增长22.5%。狭义货币量(M1)余额22.9万亿元，同比增长29.9%。尽管两个层面上的货币供应量增长幅度仍然处于高位，但相比上季度末，已经分别回落了5.2个百分点和2.4个百分点。

银行监管部门的贷款进度控制取得了良好的效果。由于监管机构要求商业银行均匀放贷，2010年一季度金融机构新增人民币贷款2.6万亿元，仅略高于全年计划7.5万亿元的1/3。与之相比，2009年一季度新增人民币贷款4.58万亿元，接近全年人民币贷款增量9.59万亿元的一半。如果商业银行的年度放款总量目标不变，下半年将相对增加放款速度，因此下半年的流动性不会趋紧。这样的贷款进度安排有利于避免资产价格上半年大起、下半年大落。

保持适度的流动性对于防止中国版的次债危机十分必要。从统计局公布的房地产市场运行情况来看，房地产开发商高度负债经营。在其总额为16 250亿元资金来源当中，来自商业银行的开发商贷款3 674亿元、个人按揭贷款2 193亿元，还有3 749亿元定金和预收款。仅此三项合计，占开发商全部资金来源的60%。考虑到开发商还会有其他类型的负债，其真实负债率还要更高。一旦市场上的流动性趋紧，个别开发商资金链断裂，房地产行业就有可能发生与美国次债危机类似的事情。

---

① 2010年4月19日发表于《明报》;2010年4月22日发表于《上海证券报》。

第二个值得注意的情况是进出口的快速恢复和3月出现的经常项目逆差。一季度进出口总额同比增长44.1%，涨幅比2009年四季度提高34.9个百分点，恢复速度略好于预期。特别是3月上旬经常项目出现了80多亿美元的逆差。但是，经常项目的逆差在3月中下旬没有扩大，以至于3月全月逆差72.4亿美元。因此，短暂的贸易逆差并不意味随着国际收支失衡状况已经改变，人民币升值的国际收支压力只是暂时缓解。

3月的贸易逆差是在进出口迅速恢复的背景中出现的，是进口增长快于出口增长的结果。进口的快速增长不可能是消费习惯迅速改变、消费品进口跳跃式增长造成的。逆差只可能来源于进口价格上涨和加工贸易部门存货增加。进口价格上涨将推动国内物价上涨，加工贸易部门存货增加意味着未来几个月的出口交货将会有一个迅速的增长，中国的经常项目收支经历一个完整的生产周期就有可能恢复到一个高额的顺差。这样，人民币升值压力将很快恢复，中美之间的贸易摩擦还是会愈演愈烈。

第三个值得注意的特点是固定资产投资对经济增长的贡献很大。一季度全社会固定资产投资35 320亿元，同比增长25.6%，对一季度中国经济实现高增长贡献了高达10个百分点。显示政府4万亿元经济刺激计划的效果还在延续。实际上，中国经济当前的高增长严重依赖于固定资产投资。从宏观层面上讲，高度依赖高投资增长的高经济增长是不可持续的。当经济刺激计划终止的时候，中国经济增长速度会有一个显著的下降。

在社会保障的安全网建立之前，保持较快的经济增长是维护社会稳定的重要前提。然而中国在出口导向型增长道路上已经走到了尽头。在中国经济成功实现发展模式转变、走上新的增长道路之前，政府的经济刺激计划是保增长的唯一手段。预计在4万亿元经济刺激计划完成之后，中国政府还会继续延续积极的财政政策和扩张的货币政策。而这正是日本在上世纪80年代后期走过的道路。这条道路上危机四伏。如果中国在这条道路上走得太远，即使不发生严重的通货膨胀，最终也会像当年的日本一样，走到政府债台高筑、资产泡沫膨胀的地步。

宏观经济政策应当从长计议。如果只看中国经济2010年的走势的话，前景一片光明。然而宏观经济政策是短期政策，不是短视政策。“人无远虑，必有近忧。”如果微观层面上不发生变化，宏观经济政策的选择空间将越来越狭窄，直到成为不可完成的任务。因此，下更大的决心加大改革力度、加速经济发展方式转变、尽快走上新的增长道路，是中国保持长治久安的唯一道路，千万不要坐失良机。

2010年的增长速度如期下滑[①]

国家统计局今天上午公布的上半年国民经济数据显示：中国经济的增长速度正如年初所预期的下滑，而下滑的速度还略微超过了预期。二季度国民生产总值(GDP)同比增长10.3%，比一季度的同比增速11.9%下降了1.6个百分点。照此速度推算，后两个季度的经济增速有可能分别下滑到8.7%和7.1%。果真如此的话，那么年度GDP增长约为9.5%左右。这个年度增长率处于各研究机构预测值的下限。

由于GDP数据每季度才公布一次，因此反映的情况比较滞后。从月度数据来看，经济增长速度下滑的趋势可能在6月起突然加快了。全国规模以上工业增加值一季度同比增长19.6%，二季度回落了3.7个百分点到15.9%。其中3～5月的月度数字分别为18.1%、17.8%和16.5%。根据已公布的数据推算，6月全国规模以上工业增加值(尚未正式公布)为13.1%左右，单月下降了3.4个百分点。目前，第二产业增加值仍占GDP总量的一半，因此工业增长速度的变化对总量的变化影响很大。

经济下滑速度正在加快的判断与用电量的变化一致。国家能源局公布的数据显示，6月全社会用电量3 520亿千瓦时，同比增长14.14%，增速比5月下降6.66个百分点，环比增长1.1%，是上半年以来单月用电量增速最慢的一个月。中国电力企业联合会发布的1～6月全国电力工业生产简况也是一致的。

中国经济增速的快速回落与世界经济复苏缓慢密切相关。阿里巴巴出口订单指数提前大约两个季度见顶并快速回落。该公司据此预测三季度中国出口同比增速为22%，大大低于上半年的35.2%和6月的43.9%。同时参考工业增加值和用电量的变化，笔者推测出口部门2010年上半年增加库存的过程可能已经结束，现在已经开始消化库存。这将导致中国进口减少，并令周边国家经济减速。据报道，新加坡5月对中国出口同比增长64%，6月回落到39%。该国经济增长速度在二季度达到了前所未有的19.3%。预

① 2010年7月15日发表于搜狐财经。

计将跟随中国经济减速而回落。

当前迫切需要讨论的问题是：中国经济增长的理想速度是多少，可以容忍的最低增速又是多少。这直接关系到下半年的经济决策。笔者认为：第一，政府保增长的底线应该从8%降低到7%或者6%。较低的增长速度对就业和社会稳定的负面影响应该通过政府提供均等化的社会保障与服务来消除。

第二，即使把经济增长的底线降低到7%或者6%，2010年年底前后还是会遇到保增长的任务。为了实现长期保增长的政策效果，经济刺激政策不能再仅仅依靠短期的宏观经济政策。扩张性的财政和货币政策应当与结构改革相结合，才有可能启动新的经济增长点，真正实现经济发展方式转变。

滞胀离我们越来越近[①]

过去两天里，人民银行先发布了一季度货币政策报告，随后国家统计局公布了4月的国民经济数据。这些数据显示：这一轮经济增长的高峰可能已经过去，而通胀预期正在如期变为现实。中国经济正处于一个短暂的“高增长、低通胀”时期，正在向“低增长、高通胀”的局面靠近，宏观经济政策的选择空间将越来越狭窄。以下逐一解读增长、通胀和进出口这三个宏观经济指标，从而详细解释笔者的观点。

第一个指标是经济增长。经济增长的速度正在逐月降低。4月，规模以上工业增加值同比增长17.8%，低于3月的18.1%，更低于1、2月的20.7%。这符合2009年底以来的预期：2010年的经济增长率将逐季度降低。上半年的经济增长率可能会接近12%，而最后一季度的经济增长可能会降低到9%以下。

从增长的构成来看，当前的增长也是不可持续的。

一方面，当前的增长主要是靠政府、国内资本市场和外资推动的。分经济类型来看，股份制企业增长了19.1%，国有及国有控股企业、外商及港澳台投资企业也增长了17.6%和16.8%。集体企业只增长了12.0%。

另一方面，投资特别是房地产投资是当前经济增长的主要动力，但当前的房地产投资不可持续。1～4月，城镇固定资产投资46 743亿元，同比增长26.1%。其中房地产开发投资9 932亿元，增长36.2%。4月17日国务院关于严格控制部分城市房地产价格上涨的通知下发之后，房地产投资的高水平能够延续多久成为一个问题。

第二个指标是通货膨胀。目前通胀预期正在实现。早在2009年7月笔者就在《即将开始的第四个价格周期》里指出，CPI将在9月到11月之间见底回升，随后持续一年以上的上涨。尽管物价上涨将持续多久目前尚存争议，前几个月的经济数据还是符合这一预期：2010年前四个月的居民消费价格(CPI)同比分别为1.5%、2.7%、2.4%和2.8%。四月环比上涨0.2%。

---

① 2010年5月12日发表于搜狐财经；2010年5月17日发表于《明报》。

统计局发言人称：把价格 CPI 涨幅控制在 3%以内仍然是可能的。CPI 全年平均控制在 3%，意味着 CPI 在 2010 年年底会在 4.5%左右。

另外一个得到验证的预测是通货膨胀的类型。同样在 2009 年 6 月笔者就指出《通胀传导的路径已经改变》，从需求端开始的通货膨胀已经不再容易发生，这一轮通胀会从资产和资源类商品价格开始，沿着产业链向下传导。目前公布的数据也符合这一预期。工业品出厂价格 4 月同比上涨6.8%（上年同月为下降 6.6%），显著高于居民消费价格指数。生产资料出厂价格 4 月同比上涨 8.5%，又高于工业品出厂价格。特别是其中采掘工业上涨 30.9%，原料工业上涨 13.6%。与之相比，加工工业只上涨 3.3%；生活资料出厂价格同比上涨 1.4%。

第三个指标是进出口，也是前四个月的经济数据中的最大亮点之所在。波罗的海运费指数 2 月以来强劲反弹，显示国际贸易强劲恢复。在这个大背景中，中国的进出口迅速恢复。4 月中国进出口总额增长 39.4%，其中出口增长 30.5%，进口 4 月 49.7%。由于中国的外贸具有很强的出口加工性质，因此加高的进口往往意味着一个生产周期之后出口的大幅增加。

然而，出口的恢复也不是支持中国经济复苏的持续动力。一方面，进口

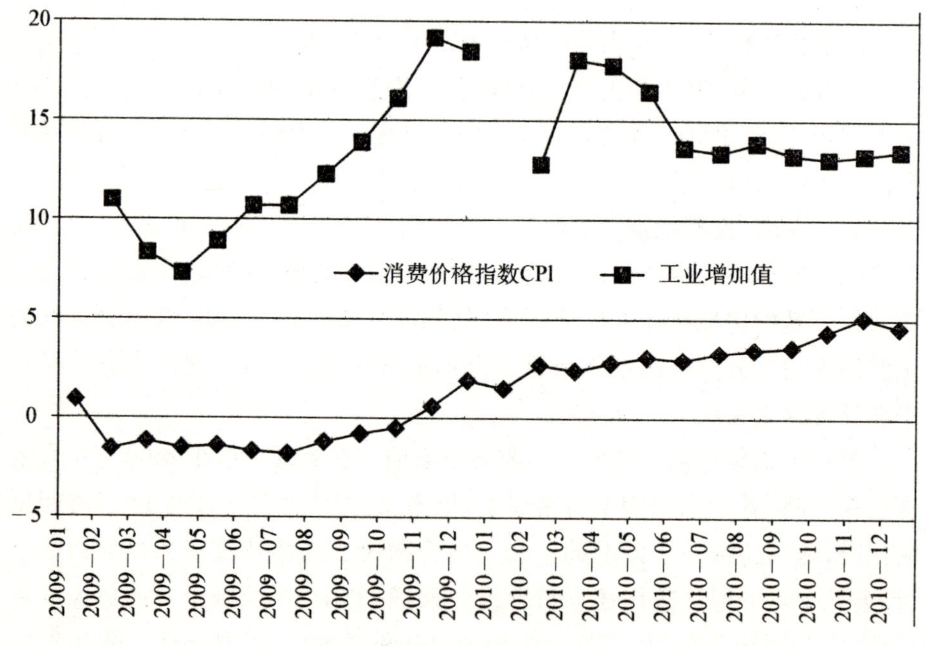

图 8 滞胀离我们越来越近

数据来源：CEIC。

增长的速度从4月开始回落，显示增长（以及3月上旬出现的逆差）不可持续；另一方面，当前的进出口增长伴随着中国贸易条件的降低。一季度货币政策报告引用的数据显示，一季度进口价格大幅上涨15.6%，出口价格下降3.1%。初级进口产品价格上涨更大。4月能源的价格当月同比增长46.4%，金属品、矿石价格增长44.2%。

综上所述，虽然正在"高增长、低通胀"之中的中国经济没有近忧，但是"低增长、高通胀"的局面正在形成。当前财政政策和货币政策趋于收缩有利于减消通胀的危害，但是，收缩性的短期经济政策也会降低经济增长预期。"滞胀"将把宏观经济政策的选择空间压缩得越来越狭窄。对付"滞胀"只能依靠长期政策。为了保2011年的经济增长，现在就应该大力推动经济体制改革，尽快促进经济发展方式转变，从而及时启动新的增长引擎，中国经济才有可能顺利渡过"滞胀"关。

调控避免了过热，不宜再增加力度①

国际统计局公布的上半年国民经济数据显示：中国经济的增长速度正如年初所预期的下滑，而下滑的速度还略微超过了预期。二季度国内生产总值(GDP)同比增长10.3%，比一季度的同比增速11.9%下降了1.6个百分点。温家宝总理与到访的德国总理默克尔共同会见中外记者时透露：除了基数的因素，这主要是主动调控的结果。

经济刺激政策力度从2月开始明显减弱。前六个月的固定资产投资、银行贷款和货币供应数据支持温总理的判断。首先，全社会固定资产投资月度同比增速在2009年6～11月一直高达32%～34%，从2010年2月开始降低到了25%～27%。其次，从2010年2月开始，银行贷款规模也按月受到了控制，降低到了6 000～8 000亿元的范围内。特别是在前两个季度的末尾(3、6两月)，新增贷款规模不仅没有“冲刺”，反而压低到6 000亿元左右。显示货币政策的方向性变化。

上述政策主动调整很有必要。早在2010年1月评论2009年经济数据的时候，笔者就以《早减油门优于猛踩刹车》(参见本书辑六同名文章)为标题，指出：中国经济已经呈现出V型复苏态势；无论当前的V型复苏基础是否稳固，都到了退出这场赌局的时候。即使复苏只是表面现象，继续赌下去也不会让它变得真实。如果经济刺激计划力度不减，那么2010年一二季度一定会看到过热的苗头。之后如果“急刹车”，下半年中国经济有可能来一次“硬着陆”。与其年中猛踩刹车，还不如当时就减一减油门。

从6月的数据来看，经济增长速度下滑的趋势突然加快了。全国规模以上工业增加值一季度同比增长19.6%，二季度回落了3.7个百分点到15.9%。其中3～5月的月度数字分别为18.1%、17.8%和16.5%。根据已公布的数据推算，6月全国规模以上工业增加值(尚未正式公布)为13.1%左右，单月下降了3.4个百分点。此外，出口部门的再库存化过程可能已经结束，三季度出口同比增速可能大幅降低到22%左右。

---

① 2010年7月18日发表于《中国经济时报》。

如果任由经济增长继续惯性下挫的话，后两个季度的增长率有可能会下滑到8.7%和7.1%左右。果真如此的话，虽然年度增长率高达9.5%左右，但季度增长率会考验政府的容忍度。因此，以避免过热和急刹车为目标的调控不宜再增加力度。全年贷款增长规模控制在9万亿元以内就可以了。这个结果虽然超过了政府工作报告提出的新增贷款目标(7.5万亿元)，但是可以让广义货币M2增长目标(17%左右)刚好达到。这就是货币政策的灵活性与稳定性的结合。

资产价格和通胀在2011年仍有上行风险①

据悉，2010年GDP增幅预计不会低于10%，居民消费价格指数CPI将超过3%。中央提出2011年经济预期目标为：经济增长8%左右，CPI涨幅4%左右，城镇新增就业900万人以上，城镇登记失业率控制在4.6%以内。还有权威人士向记者透露，2011年广义货币供应量(M2)增速目标将在16%左右，金融机构新增贷款目标规模可能为7.5万亿左右，但这一目标规模目前尚未最终确定。

在获知上述数据之前，笔者根据央行最近进行的货币政策操作推测：即将开始的"稳健"货币政策可能只是轻微紧缩。如果这次获知的数据最终全部确定的话，那么2011年的货币政策紧缩的力度轻微得几乎可以忽略。引用国家发改委张平主任12月17日的话说，"稳健的货币政策不意味着紧缩"。这样看来，2011年的宏观经济政策取向仍然是增长优先、通胀其次。基于这样的政策面预测2011年的经济形势，2011年的GDP增幅有可能显著高于8%，CPI指数也有可能显著高于4%，资产价格也有大幅上涨的流动性基础。

改革开放以来，人民币货币供应量长期高于经济增长速度，却仅仅发生了有限次数和幅度的通货膨胀。这一颇具中国特色的现象被一些学者称为"中国货币之谜"。这个现象刚刚出现的时候激起过国内外学者和官员对中国通胀的警觉。但是在过去十多年的实践当中，货币供应量增速比经济增长速度高出几个百分点已经成为中国经济的惯例，预期中的通胀却迟迟没有来临。政策制定者对此习以为常，逐渐放松了对通胀的警觉。正是在决策者对通胀放松警惕的时候，通胀的破坏力才有可能出乎意料的大。

在学者们对"中国货币之谜"的解释当中，笔者认为"市场化说"最具竞争力。这个解释的大意是说：可以配置经济资源有两种力量，一种是市场力量，另一种是非市场力量。非市场力量配置经济资源的时候，不需要货币；市场力量配置的时候，离不开货币。在过去十多年里，中国经济快速增长的动力之一是：离不开货币的市场力量逐渐取代了不需要货币的非市场力量，

① 2010年12月31日发表于《上海证券报》。

成为配置经济资源主角。这个转变导致中国经济对货币的需求快速增长。

如果这一解释接近中国经济的真实情形，那么货币政策决策就必须关注中国经济的货币化进程。如果中国经济的市场化程度不是太高而仍然处于快速市场化的进程当中，那么中央银行就应该为实体经济提供足够多的货币供给。如果中国的市场化程度已经较高，已经没有快速市场化的潜力，那么中央银行就应该适当降低货币供应量的增长速度，避免通胀。

在笔者看来，中国经济的市场化进程在最近几年里已经降低。一方面，十多年前开始的一轮市场化进程即使没有结束也已经接近尾声，因此市场化的速度自然会减慢。另一方面，下一轮市场化进程还没有启动，甚至还看不到启动的迹象。每一轮快速的市场化都是需要体制转变来启动的，但是中国的体制转变不仅遇到了阻力，而且失去了动力。中国经济走上市场化道路不是因为决策者向往市场经济体制，而是因为当时旧的体制已经难以为继，不得不尝试一下新的模式。而今增长(在短期)似乎不成问题，市场化自然缺少动力，当前的市场化速度短期内不可能加快。因此，货币供应量仍然维持高增长就成为一个问题。

新千年以来，资产价格的上涨就是显示货币超发的信号，一个被忽略的信号。诚然，资产价格的上涨总是能够找到基本面的解释。例如房价上涨可以被解释为住房分配体制改革的结果、快速城市化的结果、土地稀缺的结果，股价的快速上涨可以被解释为股权分置改革的结果、国有企业改革成功的结果、中国经济起飞的结果。在解释资产价格重估的时候，具有特殊性的原因受到重视，货币超发的大背景却总是被忽略。

根据笔者早先的观察，紧缩性的货币政策从降低广义货币供应量传递到降低 CPI 指数，在中国有将近两年的时滞。因此，即使现在就接连动用三大货币政策工具，也不能撼动 2011 年的通胀水平。但是在整个 2011 年甚至更远，如果“稳健的货币政策不意味着紧缩”，那就意味着通胀在 2011 年之后还会持续。国内外的经验均表明，通胀长期化恐怕是一个严重的问题。

有人在通胀中受损，也有人在通胀中获益。毕竟，能够从通胀中获益的群体是少数，在通胀中受损的群体是大多数。让通胀把人群分成受益和受损两组已经有失公平，如果为了维护少数人的利益而置多数人的利益于不顾，更是增大社会风险的举动。其实，早在 2009 年二季度就可以预测到这一轮通胀，只是多数人直到 2010 年 10 月才恍然看到。这样，出乎意料的通胀达到了刺激经济的效果。不过通胀不可能反复地“出人意料”。公众预期到的通胀不仅达不到刺激经济的效果，还有可能导致通胀失控。

辑四

货币政策比美国更宽松

美元的国际货币地位：来之不易去之也难[①]

观察美元在国际货币体系当中的地位，能够看到界限分明的三个阶段。

第一个阶段是在1944年布雷顿森林体系(Bretton Woods system)建立之前。早在19世纪末期，美国就已经成为全世界最大的经济体，其经济规模远远超过其他任何一个资本主义国家。特别是在第一次世界大战之后，美国的经济地位进一步巩固，国际政治势力也如日中天。但是，此时的美元没有具备与美国经济地位相称的国际货币地位，英镑仍然是最重要的国际货币。

第二个阶段从1944年到20世纪70年代末期，也就是布雷顿森林体系建立并暴露出问题，遇到危机、解体，尝试重建，直到最后彻底放弃的过程。在布雷顿森林体系中，美元与黄金等价，是最重要的国际货币。与前一阶段相比，美国的经济地位并无特别提高。在这一阶段的后期，美国经济实力衰落还让美元的国际货币地位受到怀疑。

第三个阶段是布雷顿森林体系解体之后。此时美国的经济地位逐渐衰落，美元不再与黄金挂钩，美国不再承担维护美元价值的国际责任，各国货币也逐渐趋向自由浮动。有鉴于此，美元国际地位的衰退似乎是情理之中的事情。事实却正好相反，美元至今仍是最重要的国际计价、清算和储备货币。在世界许多国家和地区，美元甚至继续充当着本位货币的作用。

下文分别回顾这三段历史，提出三个问题并提供寻找答案的线索。第一，在“前布雷顿森林时代”，在看起来“万事俱备”的情况下，美元为什么没有获得与其经济和政治地位相对应的国际货币地位？笔者把这个问题简记为“为什么不是美元”。第二，在“布雷顿森林时代”，美国的国际经济和政治地位仅仅略有提高，但美元成为了最重要的国际货币。是什么因素导致美元迈出了关键一步？笔者把这个问题简记为“为什么是美元”。第三，在“后布雷顿森林时代”，美国违背了对世界的承诺，但是出乎意外的是，美元的国际货币地位反而延续下来。笔者把这个问题简记为“为什么还是美元”。

---

① 2010年12月发表于《西部论丛》总第109期。

“前布雷顿森林时代”：为什么不是美元？

早在上一个世纪之交，美国在国际经济体系之中的地位就足以支撑美元成为国际货币。据《新美国经济史》记载，直到 1810 年甚至 1860 年，美国的工业产值仍然落后于英国、法国，很可能也落后于德国。但是，同期美国国内大规模修建铁路让美国经济起飞进入自我持续增长的阶段。到了 1894 年，美国的工业产值已经成为世界第一。第一次世界大战(1914 年 8 月～1918 年 11 月)前夕，美国的工业产值已经相当于英、法、德这三个最大竞争对手的总和。

第一次世界大战使美国相对于其他国家的地位发生了永久性改变，从根本上改变了“中立的”美国在世界经济中的角色。海外对美国的食品、原料、制成品以及远洋运输的需求创出历史新高。有数据显示，美国战时工业委员会实施的命令经济使 1917 年和 1918 年的产出增长了 18%。为了从美国采购，英国、法国和其他协约国变卖了大部分在美投资。英国变卖了股票和债券的 70%左右。即使在战后，美国的产品和服务贸易在 1919 年和 1920 年分别有 49 亿和 35 亿美元的盈余。

连续的盈余使美国从 1914 年的一个欠债 37 亿美元的债务国，一跃成为 1920 年的一个外贷 126 亿美元的债权国。战前，美国的经常项目盈余与资本项目赤字相平衡，战后美国的经常项目和资本项目出现双盈余。1919 年底，美国政府已经持有净政府间债券 96 亿美元，相当于当年 GNP 的 1/6。英国按照战前 1 英镑兑换 4.86 美元的汇率恢复金本位制的努力让英镑高估了 10%，加重了不平衡。之后的十年间，美国官方黄金储备增长了 11.49 亿美元，增长超过 50 个百分点。“欧洲的经济稳定还是取决于美国的举动。”

不过，此时的美国还不习惯来得太快的“大国”身份，是一个“世界经济的不情愿的领导者”。在很长一段时间里，美国并不愿意承认国际地位的变化，也不愿意承担随之而来的责任。这在签订停战协议中就有所表现。这一协议是在美国总统威尔逊的 14 点计划的基础上撰写的，把协约国的军事伤亡和战争的机会成本排除在外。但是，德国人刚刚放下武器，其他协约国就修改了“和平条款”，要求最完全的赔偿。美国能做的只是在外交上让自己跟这些要求脱离瓜葛。

在货币制度方面，美国很晚才接受资本主义世界的惯例——金本位制度。美国从 1791 年开始实施跛行本位制(limping standard)，1834 年修改铸币比率之后，市场上的银价高于铸币厂的银价，因此美国停止了铸造银币，银元实际上退出了流通。直到 1974 年,越来越多的欧洲国家改用金本位制,并卖出多余的白银,而且美国西部发现了大银矿,导致市场银价大跌,美国又开始铸造足值的银元法币,直到 1900 年国会通过《金本位法案》才正式取消。即便如此,也没有导致一种更为简单和一直的通货出现。

美国在南北战争期间(1861～1865)有 1 600 家州立银行,在大萧条发生之前达到 25 000 家,大萧条中银行倒闭了 40%。每家银行都可以发行自己的银行券,因此美国的银行券品种曾经上万,伪造的也有好几千。"这种混乱的货币和银行体系增加了交易成本。"直到 1913 年建立联邦储备系统(Fed),美国才开始从国民银行收回发行银行券的权利。但是刚刚成立的 Fed 经验不足。一些金融史学家认为,J·P·摩根的果敢行动挽救了 1907 年的金融危机,1917 年和 1929 年的 Fed 却没有发挥这样的作用。

在货币与金融方面,美国国内的制度还很不健全,因此在国际货币和国际金融问题中发言权更少。马寅初先生在 1944 年出版的《货币新论》当中就指出:"英国银行制度向采集中制,以英格兰银行为其首,其下有五大银行,其分支机构分布全国,复有数百年之经验,卓著信用。美国采国民银行制,各自独立,力量薄弱,一有风潮,相率倒闭,久为国内外人士所诟病……美国银行制度尚在逐渐演进中,对于英国实望尘莫及。"马寅初先生还举中美贸易为例。中美贸易本来与英国无关。但是,因为英国银行信用卓著,中美两国银行都无法望其项背,中美贸易中使用的汇票需要英国银行家承兑才可以在金融市场上贴现。

综上所述,美国在 20 世纪初的经济规模已经达到了世界第一,也因为第一次世界大战而成为最大的债权国,但是就其货币制度和银行体制而言,既非资本主义主流,也非世界领先。因此,美元不是最重要的国际货币,也就不再奇怪。

"布雷顿森林时代":为什么是美元?

要理解美元是如何获得了国际货币体系中的核心地位,不能不从第二次世界大战以后的世界局势说起。"二战"是有史以来对资本主义世界最大的破坏。战争结束的时候,许多参战国家都面对通胀、外债、贸易逆差、财政赤字和黄金美元供应的枯竭。1948 年,奥地利的批发价格上涨 200%,法国 1 820%,日本 10 100%。这些国家的货币都是靠不住、不能持有的。英国从世界最大的债权国变成了世界最大的债务国。因此英镑的国际货币地位也岌岌可危。

1947年的美国，已经坐拥全世界黄金储备的70%，达到209亿美元。与美国相比，其他国家的黄金储备就显得微不足道了。例如，中立国瑞士的黄金储备略超14亿美元，法国有将近7亿美元，比利时6.4亿美元，阿根廷4亿美元，印度4亿美元，英国更是仅剩下价值100万美元的黄金储备。也就是说，在金本位制度下，唯有美国货币美元的含金量是有足够的黄金储备为后盾的。在布雷顿森林体制达成之前，整个世界仍然处于战争之后的经济危机状态。国际贸易当中最受欢迎的货币是黄金，其次是美元。其他国家的货币都免谈。

参加布雷顿森林会议的国家总共有44个(一说45个)，但竞争性的方案只有两个：一个来自英国，著名英国经济学家约翰·梅纳德·凯恩斯(John Maynard Keynes)提出的方案；另一个来自美国，财政部的首席国际经济学家哈里·德克斯特·怀特(Harry Dexter White)提出的方案。凯恩斯的方案是建立一个全球性的中央银行，提供一种名为"班科"(banker)的国际信用货币。怀特的方案是回归金本位制。凯恩斯的方案强调全球复苏，怀特的方案强调币值稳定。最后的方案融入了两人的建议，但以怀特的方案为主。凯恩斯对布雷顿森林会议的评价是：说了算的国家们想怎么样就怎么样，最终会如愿以偿。

在布雷顿森林会议上被放弃的凯恩斯的方案比被采纳的怀特方案更加先进。凯恩斯当年提出的"班科"与后来国际货币基金组织(IMF)使用的特别提款权(SDR)异曲同工。之所以怀特方案被采纳而凯恩斯方案被放弃，主要是因为美国的利益。如果建立一个全新的全球央行创造"班科"，意味着黄金将迅速地"非货币化"，黄金的价值将大打折扣。拥有美元越多的国家，损失越大。这是美国不能接受的。有资料说：美国财政部根本没有认真考虑过凯恩斯的方案。

美国财政部维护美国利益是可以理解的。可是参加会议的一共有40多个国家。这些国家并不天然就是听美国话的举手机器。如果得不到其他国家的支持，美国财政部的主张也很难体现在最后的决议中。那么，其他国家为什么站在了美国财政部一边，支持了怀特方案呢？有资料说，无论军事上、经济上还是政治上，当时的美国都是世界上最强大的霸权国家。因此多数国家都不得不接受美国的方案。这个解释符合"给霸权抹黑"的主流意识形态，但没有触及到真正的原因。

真正的原因是：尽管讨论是在怀特方案和凯恩斯方案之间进行，但是所有参加最后投票的国家都知道，由于美国不会接受凯恩斯方案，因此各个国家面对的真实选择是在怀特方案和会议无果而终之间进行。对所有国家来说，如果会议无果而终，那么世界仍将面对国际货币不足的困难。其他国家可以选择接受美元，但持有美元不可避免地承担美元贬值的风险。这比接受怀特方案更糟糕。

对除了美国之外的世界各国来说，怀特方案（基本等同于布雷顿森林体系）是一个改善。当然，这些改善涉及多个方面，构成一个"篮子"。在这个"篮子"当中，与货币制度相关的一个就是：美国承诺让美元和黄金挂钩（35美元兑换1盎司黄金）。在这个前提下，各国政府、企业和个人才把美元当成黄金的良好替代品。美元因此才成为最主要的国际货币，美国才有能力拿着本身并不值钱的"绿背纸钞"去拯救满目疮痍的世界。

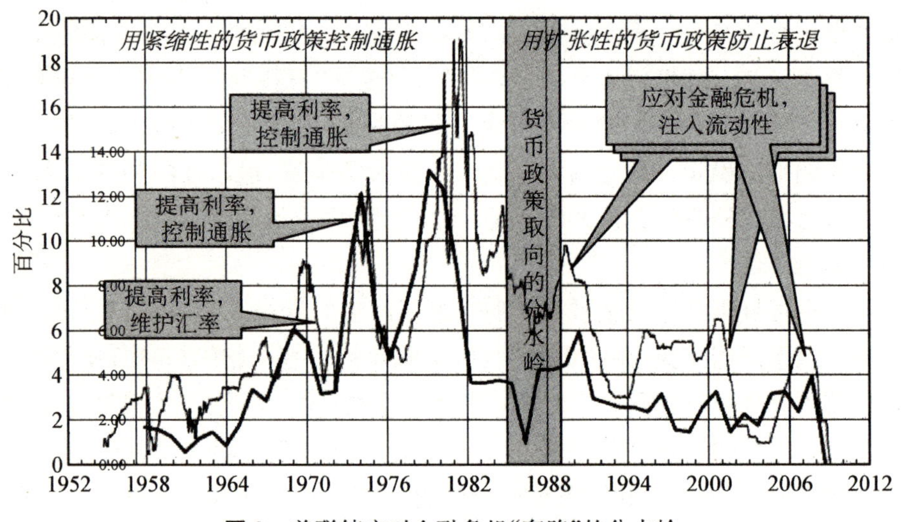

图 9 美联储应对金融危机"套路"的分水岭

"后布雷顿森林时代"：为什么还是美元？

为不断增长而不时波动的世界经济提供数量合适的国际货币不是一件容易的事情，况且还要保持黄金窗口开放并且维持"35美元兑换1盎司黄金"的承诺。比利时裔美国经济学家罗伯特·特里芬在上世纪60年代指出，提供国际储备货币的国家必须维持巨大的贸易赤字，才能满足世界对储备货币的需求。于是，用一国货币充当国际货币将导致国内货币政策目标和全球货币政策目标不能两全的状况。这就是"特里芬难题"（Triffin Dilemma）。就在特里芬难题提出来之后不久，伦敦市场上的金价就涨到了40美元，显示投资者知道美元高估、而且相信高估的美元汇率维持不了多久。

为了维护美元与黄金的固定汇率，美国曾经努力不偏离强势美元政策，并且付出了巨大代价。这个代价有多大？恐怕谁也没有办法全面统计出来。这里仅举一例：在20世纪80年代初期以前，金融危机也时有发生。仅70年代就发生了三次大的危机（包括两次石油危机）。但是美联储从来没有像今天这样一次次地使用越来越宽松的货币政策拯救金融危机。相反，美联储总是迅速提高利率、控制通胀，维护美元与黄金的固定汇率。直到80年代中后期，布雷顿森林体系寿终正寝了十多年以后，美联储才彻底放弃了恢复金本位的希望，拯救危机的办法才走到另一个极端，直到今天。

1971年8月15日，"承诺"终于压垮美国，尼克松总统宣布关闭黄金窗口。当年12月，G10会议达成史密森协议(Smithsonian Agreement)，允许美元贬值到38美元兑换1盎司黄金。即便如此，市场仍然认为美元高估。市场汇率在1971年曾达到44.2美元兑1盎司黄金，1972年达到70.3！1973年2月不得不再次关闭黄金窗口。3月重新打开黄金窗口时，美元与黄金已经采取浮动汇率制度。到1976年，所有主要货币之间都变成了浮动汇率。布雷顿森林体系崩溃之后，美国摆脱了固定汇率的束缚，终于有了独立于世界的本国货币政策，多了一些工具解决国内的经济问题。

把布雷顿森林时代的美元称为"国际货币"，多少有些恭维的成分。世界各国之所以接受美元，一则因为黄金短缺，不得不退而求其次；二来因为美国财政部开放黄金窗口，承诺让任何国家都可以在需要的时候用"35美元兑换1盎司黄金"。因此，黄金才是真正的本位货币，美元只是狐假虎威地充当黄金替代品。布雷顿森林体系又被称为"黄金美元本位制"。

出乎经济学家们意料的是：布雷顿森林体系崩溃之后，与黄金脱钩的美元非但没有"非国际货币化"，反而来了一次"凤凰涅槃"，变成了真正的国际货币。麦金农和大野研一指出：尽管并没有明确制定规则，但是到目前为止，东亚地区仍然维持着事实上的美元本位制。这表现在：第一，各国在制定汇率政策的时候，均以美元为锚货币。从某种意义上说，共同的锚货币意味着区域内的货币协调；第二，各国的外汇储备均以美元资产为主。东亚地区实际上是一个美元区。

对于这个匪夷所思的变化，东京大学教授伊藤隆敏的解释是：东亚国家采用什么货币制度，取决于周边国家的选择。如果周边国家选择美元本位制，那么这个国家的最优选择就是美元本位制。因此，要改变东亚国家普遍采用美元本位制的状况，各国的货币制度转变必须同步。不幸的是，东亚国家之间协调失败(cooperation failure),导致货币制度锁定在美元本位制。

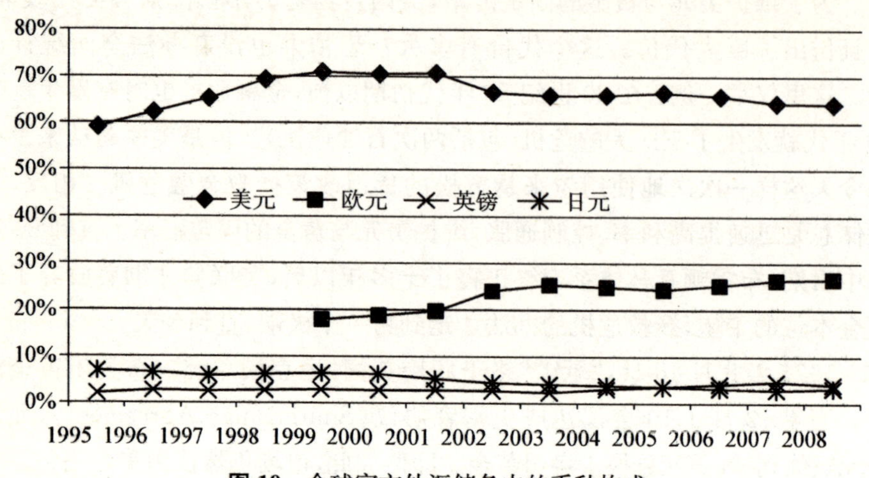

图 10 全球官方外汇储备中的币种构成

国际货币体系渐进改革比“百日维新”更可行[1]

问题出在货币体系，矛头却对准金融监管。在二战即将结束之际，美国依仗其强大的政治、军事和经济实力强加给盟友们布雷顿森林体系。这个由美国财政部的经济学家怀特提出的方案从一开始就遭到英国经济学家凯恩斯的极力反对。美国经济学家特里芬也在1960年指出这个体系中存在不可能解决的难题。但是，这个体系能够最高程度地维护美国利益。而且货币体系一旦建立，改变它不是单个国家力所能及的事情，而多个国家又很容易出现“协调失败”。所以，尽管多次经历危机洗礼，布雷顿森林体系却没有发生太大变化，有的弊病依然维持至今。

布雷顿森林体系让美国拥有了不受约束的权力。美联储为世界提供基本的国际货币美元，却只对美国负责。一旦出现美国利益与世界利益相悖的情况，美联储会毫不犹豫地以世界利益为代价来维护美国利益。这一轮从华尔街蔓延到全球的金融危机再次提醒世人：在以美元为中心的国际货币体系中，美国可以轻而易举地把自己的金融危机嫁祸于其他国家。这正是国际货币体系当中亟需改革的弊病。

如果说这场百年一遇的危机还有什么积极意义的话，那就是带来了一个百年一遇的变革机遇。这正是法国总统萨科奇和英国首相布朗提出的“布雷顿森林体系II”构想中最能打动世人之处。然而这个以“布雷顿森林体系II”为目标的G20峰会竟然以加强监管和国际合作草草收场，有关改革“布雷顿森林体系”的内容仅限于调整各国在IMF和世界银行中的权重。《华盛顿宣言》丝毫没有提到美联储不受约束的权力，也没有提到可以替代美元的其他货币。

欧洲鼓足了勇气但力不从心，亚洲已经被拴在了美元的战车上。对于布雷顿森林体系的弊病，欧洲主要政治家们其实了然于心。这正是欧元历尽艰难最终能够出炉的重要原因。欧洲在欧元问题上不顾美国反对，已经显示出对抗美国的决心。只是国际货币体系的转换既需要时间，又需要其

---

① 2008年11月26日发表于《上海证券报》。

他国家的协同行动，还需要抵抗日益严重的来自美国的压力。加利福尼亚圣塔巴巴拉大学的政治学教授科恩在日前提供给东京研讨会的文章中说，欧元不可能有所作为，除非欧洲货币当局刻意推进。但是，如果欧洲当局的刻意推进，美国一定会作出反应。因此围绕货币领导权的争夺可能成为欧美关系持续紧张的源泉。这篇文章当场引起英美两国学者之间的激烈争论。

萨科奇和布朗当然明白，改革布雷顿森林体系意味着挑战美元的地位，必将直面美国的反对。因此他们不仅寻求欧洲国家的一致声音，而且到G7之外去寻求支持，为此不惜主动提出有限转让欧洲在IMF中的表决权。他们看中了经济持续增长的发展中国家，特别是“金砖四国”。

但是“金砖四国”（日本也一样）大多拥有快速增长的外汇储备，持有过多的美元资产，因而被拴在了美国的战车上。因此，这些国家为了减少自身的损失不得不维护美元的地位。萨科奇打算拉拢的正是美元的短期但铁杆的支持者。因此在这一轮G20峰会上，欧元对美元的挑战根本没有开始，因此也说不上失败，只是留下失望而已。

渐进的演变比“金融百日维新”更加可行。由于各国的利益不一致，各国政府之间在改革国际货币体系决策上的政策协调在短期内注定是无法实现的，所以“金融百日维新”不可能包括改革国际货币体系。但是，只要世界各国充分认识到现有体系的弊病，各国政府可以逐渐调整外汇储备结构，把自己从美国的战车上“脱钩”下来，不再充当“承担责任的打工仔”。所以，国际货币体系的渐进改革比百日维新更加可行。

世行投票权调整缓慢 美国一票否决权应取消[①]

在国际货币基金组织(IMF)和世界银行春季会议上,世界银行集团186个成员国批准了世行增资862亿美元,并赋予发展中国家更多影响力。发展中国家和转轨国家(DTCs)投票权提高了3.13个百分点,达到47.19%。这一举动履行了发展委员会2009年10月在伊斯坦布尔会议上作出的承诺:将发展中国家和转轨国家投票权提高至少3个百分点。2008年以来,发达国家共向发展中国家和转轨国家转让了4.59个百分点的投票权。中国的投票权增幅最大,从2.77%提高到4.42%,从世界银行第六大股东国一跃成为第三大股东国。

发展中国家和转轨国家增加的投票权主要来自除美国以外的发达国家。其中,英国、法国的投票权同步降低了0.42个百分点,从世界银行并列第四大股东变为并列第五大股东;德国的投票权降低了0.35个百分点,从第三大股东变为第四大股东。日本的投票权更是大幅降低了0.78个百分点,但日本依然拥有6.84%的投票权,仍是第二大股东。美国的投票权降到15.85%,仍然遥遥领先于其他国家。美国不仅是第一大股东,由于世界银行的重大政策提案必须得到85%的股份总额的支持才能通过,因此美国依然拥有世界银行重大决策的一票否决权。笔者对世界银行投票权的调整有以下三点评论:

第一,这一变化顺应了国际经济重心的变化。在过去几年里,发达国家和发展中国家之间的经济规模发生了此消彼长的变化。一方面,中国、印度、巴西和俄罗斯等所谓"金砖四国"的经济增长迅速,成为世界经济新的发动机。另一方面,发端于华尔街的金融危机严重打击了全球经济增长。欧洲一些国家的债务危机和跨国金融机构的欺诈有可能把世界经济推入更深的泥潭。

第二,世界银行投票权的调整是滞后而缓慢的,并没有完全反映世界经济格局的变化。因此发达国家的投票权仍然过大,发展中国家和转轨国家

---

① 2010年4月27日发表于中国网。

的投票权份额仍然不足。例如，如果以国民生产总值计算，中国的经济规模正在超过日本。但是中国在世界银行的投票权还不到日本的三分之二。世界银行行长佐利克也指出，发展中国家的投票权超过47%是“具有重要意义的一步”，他还希望未来发展中国家的投票权能与发达国家持平。

第三，在世界银行涉及到的重大问题上，是不是应该继续让美国拥有一票否决的权力，值得在世界银行以后的会议中讨论。笔者个人认为，在多元化的世界中，大国也应该更多地以理服人，而不是一票否决。美国拥有的一票否决权力，是单极世界遗留下来的一根阑尾。

还应该看到的是，投票权分配比例的调整是世界银行以“更快、更灵活、更负责任”为目标的全面改革计划的一部分。在改革计划的四个部分当中，笔者认为“后危机战略”和“业务改革”比“增加金融资源”和“调整投票权”更加重要。把世界银行这一国际性的基础设施搞得更好，对整个世界的未来发展都是有利的。

周小川方案如同与虎谋皮[①]

2009年3月23日，中国人民银行行长周小川通过官方网站发表了一篇重要文章：《关于改革国际货币体系的思考》。文章指出：美联储经常无法同时满足国内货币政策目标和世界各国对美元的要求，特里芬难题依然存在，因此创造一种与主权国家脱钩、币值长期稳定的国际储备货币是国际货币体系改革的理想目标。该文重温凯恩斯的"Banker"设想，主张充分发挥已有40年历史的特别提款权（SDR）的计价和清算作用，并让国际货币基金组织（IMF）集中管理成员国的部分储备，维护国际货币体系稳定。

与之呼应，在同一天召开的中外记者吹风会上，中国人民银行副行长兼外汇管理局局长胡晓练表明了中国的近期操作：第一，今后外管局还会继续根据需要购买美国国债；第二，如果IMF采取发债的方式筹集资金，中方将会积极考虑购买。

用不断增长的外汇储备购买美国国债是人民银行的惯常做法。由于中国的大规模购买，美国国债价格持续走高而收益率持续走低，导致中国长期向美国发放低息贷款。更有甚者，为了拯救危机、刺激经济，美国政府债台高筑，使中国持有的债券面临巨大风险，而中国还不得不继续购买。一旦中国停止购买，美国新发行国债必定提高收益率而降低价格，中国持有的国债立即贬值。所以说中国已经被捆绑在美国经济战车的保险杠上：美国横冲直撞，中国首当其冲地承担损失。由于中国对美国国债的需求是刚性的，因此无法对美国施加任何约束。在今年两会期间，温总理通过媒体要求美国"信守承诺，保证中国资产安全"，无助之情溢于言表。

如果中国能够通过IMF向美国融资，则或多或少是一个进步。作为维护国际货币体系稳定的国际组织，IMF有责任对美国施加一些约束。如果世界各国都通过IMF向美国融资而不再直接增持美国国债，有可能提高国债收益率而有利于债权人，也更加有利于在美国国债利率中加入通货膨胀因子，让债权人摆脱美元的购买力风险。日本在2008年就主动提出向IMF

---

① 2009年3月30日发表于《明报》。

融资，不久前又将融资额度提高到 1 000 亿美元。如果能够如周行长思考的那样，让 IMF 的债权债务均以 SDR 计价，那么中日等美国的债权国将摆脱美元贬值的风险。

首先，美国绝对不会心甘情愿地接受债权国或者 IMF 的约束。就在周小川讲话的次日，奥巴马总统本人、美财长盖纳特和美联储主席伯南克均公开表示不认同周的观点。他们的表态，完全在意料之内，因为他们曾经反对建立欧元区、反对建立亚洲货币基金、反对欧元和日元的国际化，他们一贯地反对任何威胁美元国际货币地位的挑战者。

其次，IMF 仍然被美国掌控着，美国对 IMF 的重大决策具有否决权。所以，除非先改革 IMF 的治理结构，否则 IMF 不可能对美国实施有意义的约束。当前 IMF 的确在努力扩大资金实力，但不是为了救助美国，而是为了预防东欧和发展中国家的货币金融风险。

第三，作为国际货币的发行国，美国并不是必须从其他国家融资。只要美联储释放足够多的流动性，美国政府就不怕借不到美元。万不得已的时候，美联储还可以增持美国国债，充当美国政府的最后贷款人（lender of last resort）。因此，即使 IMF 有心约束美国，也很难通过融资对美国附加特殊条件。

周行长不看美国脸色，敢于直抒己见地提出有利于世界的长远目标，勇气令人钦佩。但是构思理想的货币体系并不容易。与其他国家积累多年的研究相比，周行长的思考多少有些稚气。SDR 并不是与主权国家脱钩的货币，而是与一群主权国家挂钩的篮子货币。数学上容易证明：篮子货币的币值并不注定比主权国家货币稳定。

跨境贸易人民币结算能走多远?[①]

2009年7月正式启动的跨境贸易人民币结算试点即将扩大试点地域。在当前参加试点的上海市和广东省内的广州、深圳、珠海、东莞四城市之外,增加第二批15个城市。在人民币尚未完全实现可兑换的条件下,增加试点城市不太可能大步推进人民币结算的比例,更不可能大步推进人民币区域化。反倒会增加新政策与旧体制的矛盾,增加资本管制的难度。本文要说明的是:从促进人民币区域化的角度来看,与其用税收优惠促进人民币结算,还不如尽快实现浮动汇率制度和人民币可兑换,能够取得事半功倍的效果。

人民币结算并不能降低汇率风险

目前,中国和周边国家的跨境贸易主要采用美元计价和结算。如果改用人民币结算,跨境贸易的双方能够获得什么样的好处呢?

在试点启动之初,人民银行答记者问的时候是这样回答的:“当前,受国际金融危机影响,美元、欧元等主要国际结算货币汇率大幅波动,我国及周边国家和地区的企业在使用第三国货币进行贸易结算时面临较大的汇率波动风险。”也就是说,改用人民币计价和结算,能够降低贸易双方承担的汇率波动风险。

然而这个“降低汇率风险”的好处现在并不存在,原因是人民币汇率紧紧钉住了美元。在人民币钉住美元的汇率体制中,以美元计价和以人民币计价的结果是等价的。跨境贸易的双方无论用美元结算还是用人民币结算,承担的汇率风险都是一样的。从降低汇率风险的角度来说,改用人民币结算没有实质意义。由此进一步推论:只有当人民币对美元的汇率波动起来的时候,国内企业与东盟国家的贸易改用人民币结算才可能会有降低汇率风险的作用。

既然采用人民币结算并不能降低交易双方的汇率风险,那么为什么有

---

① 发表于《融资中国》杂志2010年第四期。

一些企业还是选择了人民币结算呢？从短短半年多的人民币结算试点来看，截至 2009 年底，上海共进行人民币进出口结算业务 118 笔，总金额21.35 亿元。截至今年 2 月中旬，广东全省累计办理跨境贸易人民币结算业务 567 笔，金额 56.55 亿元。

促进人民币结算靠节省交易费用

当前，跨境贸易改用人民币结算能够带给贸易双方的实实在在的好处是降低交易费用。采用美元结算的时候，进口方以当地货币支付的货款必须先兑换成美元，再兑换成出口国货币。而改用人民币结算以后，货款只需要兑换一次。但是这个好处即使存在，也不会十分显著。由于美元是交易量巨大的国际货币，其兑换成本远低于兑换仍然受到严格管制、市场化程度较低的人民币。

在 2009 年以来的跨境贸易人民币结算试点当中，推动中外贸易双方选择人民币结算的动力是中国国内的一些外贸企业可以减少购汇、结汇以及开办信用证的成本。银行开信用证需要支付 1.5 个百分点，结汇又需要支出 1 个百分点。据估算，出口企业改用人民币结算可以节约的成本大致为交易额的 3%～5%。对于众多处于微利状态的出口企业来说，以前被银行拿走的这几个百分点的利润相当可观。

回顾去年以来的试点，我们可以观察到这样的现象：人民币结算的试点虽然从去年 7 月初正式开始，但是在 2009 年 9 月之前，人民币结算业务一度遭受冷遇。究其原因，是由于人民币结算与出口退税的具体措施尚未接轨。而绝大多数出口企业不愿为了人民币结算而放弃出口退税。在出口退税政策落实之后，人民币结算从 9 月开始进展迅速。

没有人民币离岸市场成为跨境结算的瓶颈

如果国内进出口企业的交易对手不接受人民币结算，国内进出口企业一厢情愿地采用人民币结算是不够的。这正是人民币跨境结算试点很快会遇到的瓶颈。从国内进出口企业的交易对手的角度来观察，可以清楚地看到这一瓶颈。人民币在周边国家内部或者周边国家之间的交易中并不被普遍接受，同时，周边地区也并没有形成一个成本较低、规模较大的境外人民币兑换市场。这样，人民币的跨境流通还无法形成一个完整的回路。

在与中国做跨国贸易的境外企业中，只有既从中国进口，又向中国出口，而且进口和出口的金额相当的境外企业，才有可能接受完全用人民币结算其全部与中国的贸易，不再使用其他货币。但是这样的企业毕竟是少数。其他与中国企业发生贸易关系的境外企业，在选择人民币结算的时候，将面临下面两种困难之一：

a. 只从中国进口而不对中国出口(或者进口大于出口)的企业因为缺乏人民币来源而无法用人民币支付；

b. 只向中国出口而不从中国进口(或者出口大于进口)的企业因为人民币的国际化程度不高而花不掉。

在这两种情形中，人民币都不能充分履行其结算功能。有的境外企业不得不交替甚至混合使用两种货币做交易。仅对中国出口或者仅从中国进口的境外企业甚至没有机会用人民币结算。因此，在现有的制度框架内，人民币在跨境贸易结算中发挥不了太大的功能，在贸易总量中能够占有的比重将十分有限。实际情况与上述预期十分吻合：与这两个省市的进出口总额相比，人民币结算的总额实在不高。例如，上海市 2009 年全年仅对东盟进出口就达到 287 亿美元，而用人民币结算的进出口业务总额仅 21.35 亿元。

发展离岸市场将挑战现行人民币管理体制

要进一步发挥人民币的区域结算货币功能，必须在境外形成人民币可兑换的市场，允许当地的金融机构为境外企业提供人民币兑换服务。让持有人民币贸易盈余的境外对中国出口企业能够通过市场出售人民币，需要填补人民币赤字的境外从中国进口企业可以通过市场购买到人民币。只有在境外建立一个离岸人民币市场，并且把离岸市场上人民币的交易费用降得足够低，人民币跨境结算业务才会有广阔的前景。

诚然，培育人民币离岸市场有一定难度。但是更严重的问题是：这样一个离岸市场与当前实施的人民币管理体制并不相容，离岸市场会对国内市场造成巨大冲击。

中国经济的对外依存度(进出口总额占国民生产总值的比例)已经很高，以至于外汇管理部门已经不可能真正“管住”跨国资金流动。当人民币离岸市场形成之后，离岸市场上会形成一个市场供求关系决定的自由浮动的人民币汇率。当这个自由浮动的汇率偏离央行制订的固定汇率的时候，就出现套利机会，推动对冲资金跨境流动。为了维护固定汇率，央行此时必须干预外汇市场。离岸市场越发达，套利行为规模就越大，也就迫使央行采取的干预力度越大。

就国际经验来看，央行干预市场的力度越大，付出的成本和承担的风险也越大。假定央行成功地维护了固定汇率。那么,国际收支失衡的调整过程通过国内物价变化而实现:当央行通过购买外汇抑制人民币升值的时候,增加的外汇占款导致流动性过剩,推动国内物价上涨快于海外,国内较快的物价上涨提高人民币的真实汇率,从而推动国际收支平衡。反之,当央行出售外汇抑制人民币贬值的时候,国内将发生通货紧缩。

如果要继续崛起,直至成为经济大国的话,中国不能长期不开放资本项目,也不能没有独立的货币政策。而保持资本自由流动和独立货币政策的代价,必定是汇率自由浮动。这样的大方向还没有明确,就急于推动与周边国家贸易的人民币结算,很容易像无头苍蝇一样四处碰壁。这是货币当局必须避免的。

本次金融危机不会导致大萧条重演[①]

早在100多年以前，人们就开始用人性中“恐惧与贪婪”的交替来解释金融市场上的大起大落以及由此导致的各种危机。这个解释有一个很自然的推论：只要人类“恐惧与贪婪”的本性不改变，金融危机就必然会反复出现。

人性不是经济学家研究的领域。经济学家更愿意用市场参与者的“乐观预期与悲观预期”交替来解释金融市场的风云突变。经济学家认为：即使人类“贪婪与恐惧”的本性没有什么改进，金融市场的状况还是有可能改善的，只要人们掌握的信息更加充分，对未来的预期更加接近理性，而不是在悲观与乐观之间摆动。

可是至少到目前为止，“乐观与悲观”的情绪交替仍然在金融市场上继续。不仅普通人如此，“主流”的媒体也经常无意甚至有意地引领人们偏离理性。

大约半年以前，在央视大楼里的某个演播室里，史蒂芬·罗奇先生反复纠正主持人的用词：“这不是‘次债危机’，而且也没有过去，你所说的只是整个金融危机的一部分，甚至一小部分。”可是他的纠正并不见效果，因为主持人并不在意他说什么。罗奇不过是这期节目的配角。主角是一位来自加利福尼亚的某个无名公司的华裔雇员。“剧本”要求主持人煽情而不是讲道理，于是他努力用过去时态挖掘主角在“次债危机”中遭遇的“不幸”。

半年后的今天，“全球金融危机”取代了“次债危机”，现在时态和将来时态取代了过去时态。情绪的钟摆也随之从乐观的一侧摆回来，可惜它并没有停留在理性的位置，却向悲观的一侧摆过去，从一个极端走向了另一个极端。美联储前任主席阿兰·格林斯潘先生说这次危机“百年一遇”(once-in-a-century)，公众立即以为美国经济要回到1929年到1934年的大萧条。

其实我们没有机会回到80年前，因为相对于80年前，今天美国的金融制度已大有改进。从金融危机的角度来看，差别有两个：一是危机的严重程度已经大大降低。今天的“百年不遇”已经不再是一百年前的“百年不遇”。

---

① 2008年10月21日发表于中国经济网。

二是发生危机的频率也已经降低。如果说大萧条(1929～1933)在上世纪初是百年一遇,那么在这个世纪已经变成了千年一遇甚至万年一遇。

至少有四个方面的区别可以让我们相信：80年前的大萧条不会在今天重演。

第一,商业银行的稳健性。金融危机对实体经济最严重的破坏是通过摧毁支付体系完成的。1929年的华尔街不受限制地混业经营,以至于金融市场的崩盘会立即波及商业银行,导致某些商业银行倒闭。一旦出现商业银行倒闭,其他商业银行也会受到损失;存款人就开始恐慌、挤兑,以至于健康的银行也会因受到挤兑而倒闭。而商业银行的倒闭必然破坏支付体系。

美国的银行业虽然在刚刚过去的世纪之交又回到了混业经营的轨道上,但是现在的混业已经和大危机之前的混业大不一样：混业经营的金融机构内部的不同业务部门之间构建了防火墙,各个部门也都受到比大危机之前严厉很多倍的外部监管。

第二,对商业银行体系的审慎(prudential)监管。在经历了上世纪80年代的银行业和储蓄贷款业(S&L)危机之后,美国的商业银行监管开始接受并运用审慎监管的理念。审慎监管的重点是资本充足率,强调银行股东承担银行的经营风险,有利于改进银行的公司治理结构。对于资本充足率达标的银行,允许放松业务门槛,于是又促进了银行业竞争。在这次危机当中,虽然投资银行损失惨重,排名前五的投资银行有四家陷入危机,但是直到目前为止,美国的商业银行没有出现大的问题。之所以有此反差,原因在于美联储等机构对商业银行体系实施了严格的审慎监管,而证券及交易委员会没有对投资银行实施同样的监管。有理由相信：这次危机注定会导致的一个结果是美国对投资银行也要实施审慎监管。这个教训中国也应该吸取。

第三,中央银行和财政部的应急反应。根据弗里德曼和施瓦茨以及其他学者的研究,1929年的大危机之所以比那个时代其他周期性危机更加严重,是因为成立不久的美联储犯下的错误：危机之前长时间实施宽松的货币政策,导致了泡沫;之后突然紧缩,不顾后果地刺破泡沫。在危机发生后,也没有及时、大力地出手营救。

在这一次危机之前,美联储再一次用宽松的货币政策吹胀了泡沫。但是在危机爆发之后,美联储汲取了大危机教训,迅速出手。一是对必须施救的金融机构立即伸出援救之手,不耽误时间：不仅美联储充当最后贷款人,财政部还充当最后出资人;二是对于不该营救的机构立即让它破产,坚决不让它苟延残喘。苟延残喘的金融机构具有最高的道德风险，有极高的动力去冒险：如果冒险成功，收益归自己；如果冒险失败，自己不会多亏一分钱。

第四，美元霸权。与大危机时代相比，今天的美元在国际货币体系中占据的位置举足轻重。借助美联储“准全球中央银行”的地位，美国可以把扩张性的货币政策强加给许多国家，实现国际范围内的货币政策协调。这种做法一般来说会给别的国家带来不利，但有助于拯救美国的危机。

总之，在经验积累、基本制度安排、政府应急反应和美元特殊地位四个方面，今天的美国都非80年前的美国可比。因此笔者认为这次华尔街危机不会导致大萧条重现。

国际金融危机打断了中国经济增长方式转变进程[①]

在这一轮全球金融危机发生之前，市场力量已经开始推动中国经济增长方式转变，地方政府的经济政策也基本顺应了这一趋势；危机后的世界经济衰退打断了这一过程，贸易保护主义进一步推迟其恢复。

从1994年开始，中国经济沿着以劳动力密集型产业为龙头的出口导向型经济增长道路高速增长。在这条道路上，日本、四小龙（中国香港、中国台湾、韩国和新加坡）和四小虎（泰国、菲律宾、马来西亚和印度尼西亚）成功实现了经济起飞。

但是，劳动密集型产品出口带动的经济增长迟早会走到尽头。因为这种经济增长方式的基础是廉价且充足的劳动力。随着经济起飞，就业岗位必然增长，劳动力终将变得稀缺，从而推动工资上涨。当劳动力不再廉价的时候，这条道路就走到了尽头。

在这一次华尔街危机席卷全球之前，在中国东部制造业城市持续、广泛地出现的“民工荒”现象是一个明白无误的标志，显示中国经济沿着出口导向型道路已经走到了“刘易斯拐点”，预示着中国东部地区的工资水平即将上升，国内的劳动力密集产业的国际竞争力也将随之降低。也就是说，市场力量已经开始、并且还将继续推动东部地区的经济增长方式逐渐升级：从劳动密集型产业向资本、技术密集型产业升级。

推动东部地区经济转型的另一个市场力量来自土地市场。随着东部地区的土地资源逐渐被开发利用，剩余的可开发土地变得日益稀缺。反映土地稀缺程度的土地价格也水涨船高，推动制造业生产成本上升。一些低附加值产业的利润被压缩得所剩无几，被迫转移到土地价格较低的地区。

产业转移受到企业文化、习惯、语言和法律环境等多方面的限制。从东部地区转移出来的企业在选择目的地的时候，首选是同样位于东部、但是尚不发达的地区，其次是中西部的不发达地区，最后才是境外。在过去一段时间里，大部分中部省份和个别东部省份（江苏、天津）的经济增长率明显高于

---

① 2009年10月14日发表于《上海证券报》。

其他省份，显示低附加值产业的转移主要在中国境内发生。

由于在产业转移中“肉烂在锅里”，“产业空心化”只是东部地区的问题，而不是全国性的问题。因此，即使要实施政策干预，那么地方性的政策比全国性的政策更加可取。危机发生之前，“腾笼换鸟”是地方性经济政策的代表。仅就政策目标而言，它顺应经济增长方式转变的大势所趋，有助于提高长期经济增长率。

然而，一些应对危机的政策不仅与市场的力量对着干，而且与经济增长方式转变的目标背离。例如提高出口退税、保护低附加值出口企业的产业政策。按照经济增长方式转变的目标，这些企业是应该转移甚至关闭掉的。保护这些企业不仅耗费宝贵的财政资源，还推迟产业调整，不利于长期的经济增长。

实际上，由于这些低附加值出口企业是充分竞争的，因此出口退税的好处几乎全部通过产品降价转移给了海外买家。以至于路透社的记者都忍不住感叹，“在全球经济饱受打击之际，世界人民再次分享了中国财政补贴带来的福利。”那些受到出口退税政策保护的国内生产企业，其实只得到苟延残喘的机会，暂时维持住就业岗位。

世界经济衰退对出口导向型经济的打击是非常严重的。由于劳动力密集型的出口部门萎缩，造成就业岗位减少、失业率提高、工资增长率降低，推动经济增长方式转变的市场力量实际上暂时性地削弱了。因此，对中国这种经济增长方式处于转变过程中的国家，较理想的未来是按照现有的增长方式复苏，再依靠工资和地租上涨的市场力量推动经济增长方式的转变。

然而这样的转型过程不仅受到复苏速度的约束，还面临日益抬头的贸易保护主义的威胁。欧美等全球主要经济体为了尽快实现本国的经济复苏，用贸易保护主义行为减少出口导向型经济体从本国经济复苏中分享到的好处。世界贸易组织（WTO）和经济政策研究中心（CEPR）2009 年 9 月公布：从 2008 年 11 月作出集体承诺以来，G20 成员国继续实施一系列贸易限制措施，“平均每三天就有一个成员国违背无保护主义承诺”。

即使不受到报复，贸易保护主义的结果也是“双输”。欧美国家的贸易保护主义将推迟甚至阻止出口导向型经济体的某些出口部门的复苏，通过减少就业岗位让这些国家的制造业享受更长时间廉价劳动力的好处。这样，在欧美经济体内部，没有得到贸易保护主义保护的产业将面临来自出口导向型经济体更加激烈的竞争，于是可能导致更加严重的贸易保护主义。

廉价资本继续冲击新兴国家的金融市场[①]

新兴国家在这一轮全球金融危机当中受到的直接损失其实十分有限。各国受到的直接损失与其参与金融全球化的程度高度相关。欧美国家参与金融全球化程度较深，也承担了衍生产品减值损失的绝大部分。东亚等地的新兴国家（包括中国）参与金融全球化的程度不高，受到的直接损失也就相当有限。

但新兴国家受到的间接损失远远超过了金融全球化程度较高的发达国家。在间接损失中，传导最快的是廉价美元冲击。作为应对金融危机的主要手段，欧美央行向金融市场注入了大量的流动性。即便如此，金融市场上的违约风险仍然阻止了国内金融交易。这就进一步迫使以美联储为首的几个主要中央银行前所未有地采用量化宽松货币政策，让主要货币的基准利率趋向于零。

宽松货币政策医治金融危机的效果只会逐渐显现，但是向国际金融市场提供更加廉价的美元、对新兴国家造成更加严重的冲击却是立竿见影。早在金融危机爆发之前，美联储释放的廉价美元已经开始冲击其他国家。从2003年四季度到2007年三季度，发展中国家的官方外汇储备增长了139%。中国的外汇储备更是以每两年翻一番地快速积累起来。

2008年8月雷曼兄弟公司的意外倒闭对金融市场造成了极大震动，国际资本流向也随之发生了改变。基于“大得不能倒闭”的教条，市场参与者原本普遍预期美国政府不会放任雷曼兄弟这样的大公司倒闭。基于同样的预期，雷曼兄弟公司也敢于对美国政府漫天要价。美国政府放任雷曼兄弟公司倒闭的决定出乎市场预期之外，在金融市场造成了恐慌，大型跨国金融机构纷纷出售在新兴国家资产，将外币资金兑回美元以提高公司应对国内市场风险的能力，例如中国国有银行的战略投资者纷纷出售股份。

跨国金融机构为什么优先减持其在新兴国家的资产？雷曼兄弟公司倒闭造成了恐慌，导致欧美金融市场失去了流动性，也失去了为金融资产定价

---

① 2010年4月30日发表于《人民日报》。

的功能。金融资产无法在欧美市场上变现。跨国金融机构只能出售其在海外市场上的资产。跨国金融机构的这一应急操作导致新兴国家的资产价格降低和资本外流。在2008年8月到2009年3月间，亚洲的中国香港、中国台湾、韩国、新加坡和中国大陆的股票价格指数均跌去了40%以上。

在G20峰会推动全球一致实施经济刺激计划的大背景中，主要央行采取的量化宽松的货币政策从2009年3月开始显现作用。尤其是发达国家实施的量化宽松货币政策推低了市场利率，而新兴国家的市场利率变化不大，两类国家间的利差扩大，促使更多的跨国投资者从欧美日等低利率发达国家借钱，到高利率的新兴国家投资。这就是所谓的"利差交易"(carry trade)。利差交易导致国际资本重新流向新兴国家，推动了新兴国家的资产价格再次上涨。由于利差交易的存在，新兴国家的中央银行无法通过加息收缩货币供应量。

在全球几个主要中央银行退出量化宽松货币政策之前，新兴国家的金融市场注定要继续受到国际资本的冲击。持续的国际资本冲击会持续增加新兴国家的货币供给，并首先推高资产价格，尤其是股票和房地产价格。到目前为止，出口导向型的亚洲新兴国家的经济基本面并未完全恢复，但是股票价格指数早就已经超过了2008年8月雷曼兄弟公司倒闭之前的水平，明显优于欧美国际金融中心的表现。

在未来一段时期内，新兴国家应该为两种可能出现的不利情形作好准备。其一是通货膨胀。目前，新兴国家中的越南、印度已经出现了比较严重的由农产品价格推动的通货膨胀，迫使两国的中央银行采取紧缩性的货币政策。如果宽松的货币政策在全球范围内继续维持下去，通货膨胀注定会在新兴国家群体之中逐渐传递。

其二是国际资本的逆向流动。量化宽松的货币政策对本国金融市场有持续的副作用，也会推高本国的通货膨胀，因此注定不会在发达国家持续太长时间。当美联储等全球主要央行退出量化宽松货币政策的时候，如果新兴国家的资产价格已经被推高到离谱的程度，就有可能触发国际资本迅速外逃。其结果是1997年亚洲金融危机在个别新兴国家重演。

无论两种情况中的哪一种发生，新兴国家遭到的打击都会比金融危机中的经历更严重。为让当前的经济增长持续下去，新兴国家应该未雨绸缪。

当前世界经济中的系统性和结构性风险及对策①

2010年6月27日，中国国家主席胡锦涛在加拿大的多伦多举行的20国集团(G20)领导人第四次峰会上指出：

世界经济正在逐步复苏，但复苏基础不牢固、进程不平衡，存在较大不确定性。部分国家主权债务风险持续上升，一些系统重要性金融机构的问题集中暴露，主要货币汇率大幅波动，国际金融市场动荡不定，大宗商品价格高位震荡，各种形式的保护主义明显增多。这表明，国际金融危机深层次影响尚未消除，世界经济系统性和结构性风险仍十分突出。我们要深刻认识国际金融危机深层次影响的严重性和复杂性，继续发扬同舟共济、合作共赢的精神。

胡主席在G20峰会上提到的“系统性和结构性风险”，不是指“系统性风险”和“结构性风险”，而是指国际经济中有一类风险，既是系统性的，又是结构性的。因此对应的英文是“systemic and structural risks”。这些风险其实早就存在，只是没有引起世人的注意。2008年以来的国际金融危机和世界经济衰退让这些风险充分暴露在世人面前，促使世界各国政府采取行动对付它。目前讨论较多的系统性和结构性风险有：

第一，欧洲某些国家的主权债务风险。由于种种原因(包括跨国金融机构帮助某些政府隐瞒负债真相)，这些国家已经背负了自身无法偿还的债务。到目前为止，希腊政府的债务危机已经暴露得比较充分，也已经获得了欧盟其他国家的救助。但是回顾这个过程，希腊与欧洲主要国家之间的谈判也是一波三折，严重动摇了投资者对欧盟的信心，导致欧元币值在去年12月到今年6月的半年时间里下跌了20%。欧洲救助希腊所动用的资金也超过了市场早先的预期，还要求了国际货币基金组织的资金协助，更让市场担心欧盟有没有能力应对其他国家潜在的主权债务问题。在这些国家中，目前受到金融市场高度关注的有：葡萄牙、意大利、爱尔兰和西班牙。这四个国家加上希腊，首字母加在一起被记为PIIGS。

---

① 2010年07月22日发表于《人民日报》。

第二，与金融衍生产品有关的金融监管问题。导致了这一轮金融危机的衍生产品交易并不在集中清算的交易所中进行，因而脱离了监管者的视线，导致投资银行能够承担很高的衍生品投资风险而不受到监管。在金融市场上，愿意承担高风险的金融机构能够把不愿意承担高风险的金融机构挤出市场(crowd-out)。这样，在缺少外部风险监管的情况下，为了维护自己的市场份额，金融机构只好承担更高的风险，从事更多的衍生品交易。这就增加了整个投资银行业的风险水平。在危机之前，美国的投资银行并不受到存款保险制度的保护。当投资银行业出现危机征兆以后，金融市场顿时失去了流动性，也就失去了市场的功能。尽管投资者仍然持有各种各样的金融资产，但已经无法知道这些资产的价格，更无法交易。对于高度依靠金融市场(而不是金融机构)的美国来说，这样的风险简直是致命的。

在这方面，美国政府已经做了一些危机应对性的和制度性的改变。例如，在危机爆发之初的应对过程中，美国主要投行纷纷与商业银行合并，从而进入到美联储的保护伞下。更大的改变出现在上个星期：美国国会参议院以 60 票赞成对 39 票反对通过了《多德-弗兰克法案》。这个"具有里程碑意义的金融改革法案"只需奥巴马总统签署即可生效。美国金融改革的具体实施，将转移至美国财政部和各监管机构来进行。这些部门将判断哪些企业具有"系统重要性"，从而对它们施加更为严格的资本要求和监控。不过，这些改变能取得多大效果还要看后面的操作。美国的金融体系中重复上演着"猫捉老鼠"的游戏。加强监管的操作在很大程度上也是"摸着石头过河"。因此，除了奥巴马和他即将面临中期选举的民主党政府得到了政绩以外，世人还不是庆祝胜利的时候。

第三，国际货币体系改革。以华尔街为中心的国际金融体系每隔几年就会发生一次危机。除了 1934 年通过的《格拉斯·斯蒂格尔法案》以外，美国政府对金融危机并没有采取特别严厉的措施予以阻止。这当然和美国社会当中的自由市场经济理念使然。除此之外，笔者认为美国政府对危机的纵容与当前的国际货币体系有关。在这个体系当中，美元处于中心位置，美国政府可以轻而易举地把金融危机的损失转嫁给其他国家。实际上，这一次金融危机造成的损失可以分为四个部分：金融资产的贬值、储备资产账面损失、廉价美元冲击和全球性的经济衰退。美国政府和国民只承担第一部分损失当中的一部分，中国却在后三类损失当中首当其冲。正因为如此，中国人民银行行长周小川在去年 3 月主动撰文提出国际货币体系改革问题，提议改变美元"一币独大"的现状。

国际金融组织的改革已经取得了一定成绩。在今年的国际货币基金组织和世界银行春季会议上，世界银行集团186个成员国批准了世行增资862亿美元，并赋予发展中国家更多影响力。发展中国家和转轨国家(DTCs)投票权提高了3.13个百分点，达到47.19%。中国的投票权增幅最大，从2.77%提高到4.42%，从世界银行第六大股东国一跃成为第三大股东国。然而，美国在世界银行的重大决策中仍然拥有事实上的否决权，这有待进一步改革。比世界银行更重要的国际货币基金组织投票份额的改革也有待推进。

第四，部分国家之间仍在继续扩大的国际贸易失衡。典型的国际贸易失衡出现在中美之间。自从1994年以来，中国持续十多年的“双顺差”转变为数额庞大的外汇储备。而在贸易对手一边，美国出现了持续多年的“双赤字”。从长期来看，这种日益严重的失衡关系对双方都是不利的。从短期来看，美方获得不小的利益，因而缺少改变的动力。中国在这种关系中虽然损失了短期利益，但是，在找到新的经济增长点之前，主动改变现行的出口导向型经济增长模式不无风险。因此，尽管中美双方都看到现状不可持续，但是都没有立即采取行动主动改变。

这一轮金融危机爆发前后，美元汇率大幅波动，动摇了世人对“强势美元”的信心。为了维护美元的地位，美国才被迫且并不情愿地主动提出调整。早在去年初，就有美国学者和官员放出口风。到去年年中和秋季的匹兹堡峰会，美国和欧洲的官员已经开始敦促中国作出调整。之后美国单方面提出了“出口倍增计划”。事实上，美国的问题就是中国的问题，反之亦然。如果美国解决了持续的“双赤字”问题，中国的“双顺差”问题也就迎刃而解了。实际上，用汇率调整中美之间的失衡当然行之有效，但是激进的汇率改革也不乏风险。正因为如此，中国方面才放慢改革进程，并忍受短期损失的持续。

此外，已经纳入G20讨论的系统性和结构性风险还有：各国经济刺激计划退出之后世界经济二次探底，金融危机之后日益严重的贸易保护主义行为，持续增长的温室气体排放推动全球升温等。

解决这些问题绝非易事。简而言之，这些问题的复杂性主要有两个方面。其一，绝大多数问题，例如某些国家之间的贸易失衡，涉及到多个国家。一个国家的政策调整必然涉及到其他国家的利益。在国家之间的博弈当中，各个国家都把自己的利益放在首位。因此指责别国、推诿责任以及搭对方便车的动机都是各国政府的正常举措。等待你来我往的多轮讨价还价之后，才有可能达成一个各自满意的结果。其二，还有一些问题，例如某些国家的主权债务，已经在相当长时间的时间里积累到了相当严重的地步，不是在短时间里能够化解的。

有鉴于此，世界各国应该继续发扬同舟共济、合作共赢的精神，积极利用包括 G20 在内的政府间平台和国际货币基金组织、世界银行等国际组织，加强信息交流和意见沟通、促进多边合作。即便如此，世界经济中已经暴露出来的某些系统性和结构性风险在未来相当长的时间里还会继续存在，因此需要世界各国政府高度警惕，加强对金融机构和金融市场的监管，力争取得“强劲、可持续和平衡的增长”。

加强金融监管：政策协调仍是当务之急[①]

金融危机往往引发金融体制改革，尤其是加强金融监管。但是危机推动的改革往往会矫枉过正。

一个矫枉过正的经典案例发生在80年前。发端于1929年的金融危机导致整个资本主义世界发生了大萧条，也导致了美国历史上最具戏剧性的金融体制改革。美国有史以来最严格的金融监管立法——《格拉斯·斯蒂格尔法案》——从此诞生。在大萧条发生之前，华尔街是世界上管制最少、最自由放任的金融市场。《格拉斯·斯蒂格尔法案》诞生之后，华尔街成为资本主义世界里管制最严格的市场。在危机发生之前压根儿不可能得到美国国会批准的立法，在大萧条引发出来的"公愤"之中，出于惩罚和约束华尔街的金融资本家的政治目的，竟然毫无阻力地被通过了。

美国国会对存款保险的态度也许最能说明"惩罚银行家"的政治动机在1933年发挥了多大作用。在大危机发生之前，包括纽约在内的几个州政府曾经建立过州立存款保险制度，但是并不怎么成功。因此，尽管一直有人努力在联邦（全国）层面上推动建立存款保险制度，而且在大萧条发生之前的半个世纪里，确实曾150次把建立存款保险的方案提交到国会，但这150个提案，经过国会讨论之后，无一表决通过。但是在大萧条之后的1933年，建立存款保险的提案奇迹般地顺利通过了。实际上，存款保险方案本身没什么变化，变化的是美国乃至世界经济以及经济政策的取向。

美国国内金融监管的加强导致了一个不可忽视的结果，那就是世界金融格局的此消彼长。《格拉斯·斯蒂格尔法案》开始实施之后，有很多在英国和欧洲大陆可以正常进行的金融交易，已经无法达到美国政府的监管要求，因而不能在华尔街上进行。这样，美国国内的大量资金不得不转移到欧洲寻求投资机会。另一方面，美国企业也不得不到欧洲融资，于是造就了一个庞大的欧洲美元市场。古老的欧罗巴在实体经济增长方面无论如何也赶不上欣欣向荣的新大陆。但是，由于大量金融交易从纽约转移到伦敦、苏黎

---

① 2010年11月10日发表于《人民日报》。

世和法兰克福，欧洲以外保留了自己的国际金融中心功能。

有好些事例显示了美国当年的金融弱势。例如，马寅初先生曾经不无惊讶地发现：中美之间跨过太平洋进行贸易十分容易，这原本与英国没什么关系。可是直到二战期间，中美之间的贸易竟然要通过英国的银行、用英镑计价和结算。马先生说，不用中国货币还好理解，因为中国境内战争不断，国民党政府发行的金圆券币值不稳，但是不用美元就不好理解了。美国毕竟远离战场、经济繁荣，币值也还算稳定。实际上，这正是危机推动的金融改革矫枉过正，是美国必须付出的代价之一。

始于 2008 年的这一轮金融危机堪比大萧条，因此有可能推动美国政府加强金融监管。早在 2008 年，刚刚卸任美联储主席职务的格林斯潘就评价这一轮危机“百年一遇”。因此，有不少学者预测美国政府会加强金融监管。美国总统奥巴马 7 月 21 日签署了金融监管改革法案(《多德・弗兰克华尔街改革与消费者保护法》)不足为奇。但是，现任美联储主席伯南克是研究上一次大萧条的专家，美国政府一定知道前车之鉴。因此，美国政府如果再次加强监管的话，一定不会过于严厉。毕竟，强大的具有国际竞争力的金融体系是美国国家竞争力的重要组成部分。

自从上世纪 80 年代初期以来，美国政府应对金融危机的方法已经形成固定的套路：用扩张性的货币政策注入流动性，从而减少金融机构倒闭，稳定金融市场。2008 年以来，伯南克主政的美联储一再采取该政策，目前进行到“第二轮量化宽松”(quantitative easing II, QE2)。这样的政策有助于稳定美国和世界金融市场，也有助于美国和世界经济复苏。但是，对于“金砖四国”这样并不担心短期增长，但是处于泡沫和通胀边缘的国家来说，被迫和美国服用相同的“药”不是好的选择。作为正在崛起的经济大国，中国必须拥有独立的货币政策。在这方面，印度、澳大利亚是好榜样。

Fed 还是 PBoC，谁来维护中国利益？①

美联储(Fed)日前宣布启动第二轮量化宽松货币政策(QE2)，在明年6月底之前购买6 000亿美元长期国债。此举激起了一些国家的不满，给G20首尔峰会增加了议题。中国政府对QE2作出负面的回应，表达了两重担心：一是QE2推动美元贬值，让中国持有的大量外汇储备贬值；其二是QE2释放出来的流动性变成“热钱”流入中国，恶化中国国内本已高企的房价和通胀。统计局最新公布的数据显示：10月中国的居民消费价格指数(CPI)同比已经升至4.4%，环比高达0.7%。中国官员批评美联储“没有意识到其作为储备货币发行国家应该履行的责任”，其口吻好似五年前的罗伯特·佐利克先生——时任美国副国务卿，要求中国成为“负责任的打工仔”(responsible stakeholder)。

布雷顿森林体系(BWI)崩溃之后，美国已经不对其他国家负有明文规定的责任。在BWI体制当中，美国政府和美联储确实有一个不可推卸的责任：让美元和黄金保持固定的兑换比率(35美元兑换1盎司黄金)。在这个前提下，各国政府、企业和个人才把美元当成黄金的良好替代品。美元因此才成为最主要的国际货币。

为了维护美元与黄金的固定汇率，美国曾经努力不偏离强势美元政策，为此付出了巨大代价。这个代价有多大？这里仅举一例：在20世纪80年代初期以前，金融危机也时有发生。但是美联储从来没有像今天这样，一次次地使用宽松货币政策拯救金融危机。直到80年代初期，BWI已经寿终正寝了约十年，美联储彻底放弃恢复的希望，拯救危机的办法才走到另一个极端。

不错，美元至今仍然是最主要的国际间计价、支付和储备货币。但是BWI已经过去，美国政府不再有维护币值的承诺。不错，美国最近几任财长都说过：在长期，“强势美元符合美国利益”。但是这个表态并不是美国政府对其他国家的承诺。字面解释完全没错：“强势美元”有助于维护美元的国

---

① 2010年11月15日发表于《明报》及搜狐财经。

际货币地位，美元的国际货币地位是美国长期利益之所在！

这个判断"在长期"一定是对的，在短期则不一定。当强势美元政策不符合美国短期利益的时候，美联储的货币政策就有可能偏离强势美元政策。这是可以理解的。美国政府和美联储当然要把美国利益放在他国利益之上，否则他们岂不是成了"卖国贼"？中国的货币利益需要中国政府和中国人民银行(PBoC)来维护。祈求他国政府，岂不是矮化了自己？

其实，人民银行有能力纾解本文开头提到的中国政府的双重担心。最彻底的一次性解决就是迅速过渡到不干预的自由浮动汇率。

在"不可能三角"(impossible trinity)之中，中国选择了对外开放和有管理的汇率，自然就失去了独立的汇率政策和货币政策。于是，当美元贬值的时候，人民币也被动贬值；当国内金融市场受到"热钱"冲击的时候，人民银行缺乏有效的货币政策工具去应对。

一旦让人民币汇率自由浮动，人民银行立刻能够实施"对外独立"的汇率政策和货币政策，拥有更多政策工具控制国内的流动性，"热钱"因而不再成为问题。另一方面，较高的人民币汇率降低中国进口价格，可以抑制国内通胀；代价是提高美国的进口价格，因此把通胀的皮球踢还给美国。

美国政府和美联储之所以能够肆无忌惮地一再量化宽松，一个重要的前提条件是国内长期处于低通胀和低通胀预期的状态。如果中国把通胀的皮球踢过去，会立即提高美国国内的通胀预期。反通胀的公众会约束政府进一步地量化宽松。这是一条"围魏救赵"的曲折路线，可以维护外汇储备的购买力。

一个政策工具解决一个问题，宏观和微观之间尤其泾渭分明。宏观经济失衡需要宏观政策工具来解决，决策者不应该因为顾忌微观因素而错过宏观调整机会。微观层面的问题需要结构转变来解决，不应该拿宏观政策工具来敷衍。中国经济短期并不悲观。但是要让长期乐观起来，既需要理清思路，也需要下定决心。

谁应该担心主权财富基金?[①]

《中央银行》期刊2005年刊登的文章《谁持有国家的财富?》首次使用了"主权财富基金"(sovereign wealth fund,简称SWF)一词,指一类国有的投资基金,投资于全球的金融资产,包括股票、债券、房地产、贵金属和其他金融工具。政府预算结余而没有外债压力而成立主权财富基金的情形早已有之。现在管理着超过2 500亿美元资产的科威特投资局(Kuwait Investment Authority)早在科威特从大英帝国独立以前的1953年就成立了。

1997年亚洲金融危机之后出现了用外汇储备设立的主权财富基金。一些发展中国家政府为了防止外汇枯竭,纷纷增加外汇储备。根据国际货币基金组织的统计,从2003年四季度到2007年三季度,发展中国家的官方外汇储备增加了26 540亿美元,增长了139%。中国的外汇储备增长更快,四年翻了两番,从4 000亿美元增长到1.6万亿美元。而同期发达国家的官方外汇储备才增加了3 500亿美元,增长了32%。

大量的外汇储备需要保值增值,因此导致2000年以后主权财富基金的数量迅速增加。据华盛顿的彼得森国际经济学研究所(美国政府的智库之一)的特德·杜鲁门估计,这类基金持有的资产在2007年达到了2.5万亿美元。中国投资有限责任公司(CIC)以2 000亿美元规模成为世界第六大主权财富基金。这些基金的迅速崛起引起了西方的注意。

西方社会对主权财富基金的担心(concerns)主要有四个方面:第一,担心随着主权财富基金资产池的规模越来越大,会对各个资产市场形成潜在冲击;第二,担心主权财富基金的投资有可能更加注重政治收益而不是经济利益,因而有可能控制其他国家有战略意义的产业而威胁到国家安全;第三,投资者和监管当局普遍担心主权财富基金的缺少透明度问题;第四,担心主权财富基金目标不明、行为不可预期,成为政府实现公共政策和宏观经济目标的潜在工具。

其实西方国家的专业人士并不像西方社会那样担心主权财富基金。华

---

① 2009年6月8日发表于《中国经济时报》。

盛顿的彼得森国际经济学研究所的另一位学者安德斯·阿斯伦德在2007年底公开发表的一篇文章《主权财富基金的真相》中说:“事实上,这样的基金根本不值得美国人和欧洲人害怕。如果说有什么人应该为这些基金担心(worry)的话,那就是组建了这些基金的国家的国民。”他讲的道理当中,有两条值得中国考虑。

首先,管理财富是个人和私有公司的特长,政府往往做不好。一方面是因为国有公司的治理结构不如私有公司的治理结构更加适合于管理财富,另一方面也因为国有公司总是不可避免地为政府服务,从而偏离利润最大化目标。因此,如果让国有和私有的两类财富管理公司在国际金融和商品市场上从事一场零和博弈,最终结果必定是财富从国有的主权财富基金转移到私有的投资机构。所以,过去几年里各个主权财富基金在华尔街的损失不是偶然的。出于国家利益的考虑,这不比国有企业参与国内的零和博弈,好歹肉烂在锅里。

其次,外汇储备的投资所得只不过是部分弥补持有外汇储备的损失。持有巨额外汇储备的机会成本相当高昂,还承担着美元和美元资产贬值的风险。由于各国的外汇储备大量投资于美元资产,导致美元资产价格水涨船高,收益率降得很低。

中国过量的外汇储备面临巨大的保值增值问题。组建中国投资有限责任公司正是不得已而为之的办法之一。但是这个办法只能扬汤止沸,真正的解决办法只能是汇率制度改革。从1985年被迫接受广场协议到2003年主动停止干预,日本经历了18年时间。基于日本的教训,中国也许可以把过程缩短一些。

“池子”不是对付流动性泛滥的好办法[①]

从原理上说，货币流动性问题一点也不神秘。金融机构业务周转离不开货币的流动性，就像农民种地离不开液态水的流动性。为了解决水的流动性问题，分散经营的农庄需要自力更生，阡陌相连的农户需要协调统一。金融业的流动性问题也是一样。各国中央银行的责任就是为商业银行和金融市场解决货币的流动性问题。

华尔街一度是流动性最充裕的地方，也是全球排名第一的金融中心。可是，2008 年的次债危机爆发之后，市场流动性“顿失滔滔”，华尔街遭遇一场严重的货币流动性干旱。

美联储连续采用量化宽松的货币政策（QE1 和 QE2）为金融市场注入流动性，就是为了解决货币干旱的问题。然而美国的金融市场已经充分对外开放。就像一只满是窟窿的木桶，桶内桶外的水位几乎一样。美联储采用了有史以来最宽松的货币政策“大水漫灌”，也没有多少流动性留在华尔街，反而造成了全球性的流动性泛滥。

全球性的货币流动性泛滥推高了世界各国的资产价格和通货膨胀。但是各个国家受到的美元流动性冲击严重程度不一样。就像在泛滥的洪水当中，地势低洼处的村庄可能遭受没顶之灾，而山顶上的村庄可能并无大碍。对于地处低洼之处的村庄来说，降低洪灾损失的上策是向地势更高的地方转移。在货币流动性泛滥的时候，让本币升值是相当于向地势较高的地方转移，能够减少本国受到的“廉价美元”冲击。

总的来说，在这一轮危机爆发之初，发达国家大多地势较高，发展中国家大多地势较低。发达国家的汇率受市场供求决定，因此对供求变化颇具弹性，美元流动性刚开始泛滥，这些国家的汇率就自动调整，推动本国市场向更高处转移，进一步减小“廉价美元”冲击。发展中国家的汇率普遍管制，不对市场供求作出反应，因此颇具黏性。这样，发展中国家受到的“廉价美元”冲击远远大于发达国家。

---

① 2010 年 11 月 26 日发表于《上海证券报》。

中国也意识到日益严重的“廉价美元”冲击，但是担心汇率调整会打击本来已经微利的出口行业，终结出口导向型的经济增长，因而不愿意迅速提高人民币汇率，因此浸泡在越来越深的“美元洪水”之中。

为了在越来越深的水中防洪抗洪，中国就不得不修筑抵挡外资流入的堤坝。但是，中国金融体系也像一只木桶，桶上有两类窟窿：一类是安装了水龙头、受监管者控制的资本项下的体制内窟窿，例如外商直接投资(FDI)、境外合格机构投资者(QFII)等。监管者掌握审批大权：让谁进来，就让谁得到无风险套利的机会。一大批金融机构围绕在外汇局和商务部周围，就像动物园里的秃鹰等待着饲养员。

另一类窟窿则在体制和资本项目之外，不受监管者控制。其实，跨国公司没有必要等待外汇管理部门审批，只要略微调整进出口价格，就可以让大笔资金通过经常项目进出中国。不少跨国交易在同一家跨国公司的左手和右手之间进行，协调贸易双方、调整报关价格没有什么难度。中国进出口金额占国内生产总值(GDP)的70%，到处都是第二类窟窿。

所以，加强资本管制是一件“不可能完成的使命”(*Mission Impossible*，好莱坞大片《谍中谍》的英文原名)：只会增加进出口部门的权力、资源配备和寻租机会，无法管住资金流动。

既不搬家，又挡不住流动性，于是才会有建立“蓄水池”的思路。“短期的投机性资金要进来的话，希望把它放在一个池子里，而不让它泛滥到整个中国的实体经济中去。那么，等到它需要撤退的时候，把它从池子里放出去，让它走。”市场并不理解这突如其来的概念为何物，有人甚至误以为是股市。

其实“池子”只有两种。一是央行“对冲”(sterilization)基础货币，把流动性锁定在自己的资产负债表上；二是提高存款准备金率，把流动性锁定在商业银行的资产负债表上。央行其实早已经采用了这两种方法。理论上讲，用这两种方法完全可以控制住国内的流动性，只是成本高昂。央行的对冲成本早已经高达每年数千亿元。

以上两种方式与其说是把热钱放进“池子”，还不如说是邀请热钱参加免费的“盛宴”。人民币和美元之间利差超过2%，再加上每年3%～5%的升值预期，这无风险的收益已经足以让热钱满意。上个月末有香港居民亲口告诉笔者，她连续几天按照香港银行的规定上限每天购买两万元人民币。在她看来，升值已经是足够高的回报，利息更是锦上添花。在这场并不创造价值的零和游戏当中，境外热钱的收益就是境内金融机构的损失。

可以预期：只要中国和美国的相对地势不改变，会有越来越多的热钱到中国来从事货币互换(swap),“池子”的规模也会随之扩大:境外投机者持有高息而且升值的人民币资产,人行持有低息而且贬值的美国国债。“池子”只是推迟而不是消除人民币升值,因此付出这个成本并不值得。

后记:在刊登本文的同一版面上,还刊发了《上海证券报》记者李丹丹写的报道,题目是《“热钱”披合法外衣流入,经常项目顺差同比大增103%》。报道提到:

1. 2010年三季度经常项目顺差1 023亿美元,按可比口径计算同比增长1.03倍。其中,货物贸易顺差和服务贸易顺差增幅尤为明显,三季度的货物贸易顺差为814亿美元,比上一季度增加219亿美元,环比增37%;服务贸易则在连续两个季度的逆差后转为顺差44亿美元。此外,收益顺差145亿美元,经常转移顺差108亿美元。
2. 海关统计的数据显示,2010年三季度进出口顺差为656.4亿美元(同比增67%),而一二季度的进出口顺差分别仅为145.44亿美元和412.37亿美元;
3. 三季度国际储备资产增加1 080亿美元,增长31%,其中,外汇储备资产增加1 073亿美元(不含汇率、价格等非交易价值变动影响),在基金组织的储备头寸增加7亿美元。

天上不可能掉馅饼：评财政部到香港发国债[①]

据《华尔街日报》报道，中国财政部在香港发行了 50 亿元人民币国债。其中三年期、五年期和十年期的国债票面利率分别为 1%、1.8%和 2.48%。此外，财政部还向散户投资者发行了 200 亿元两年期国债，票面利率 1.6%。笔者通过电子邮件从香港恒生银行冯孝忠先生那里得到确认：国债发行价是票面价格的 100%，因此票面利率就是投资回报率。

在大陆销售的国债，回报率远高于上述水平。相同期限的国债票面利率分别为 3.2%、3.7%和 4%。香港投资者之所以愿意接受低利率，不用调研也知道：与人民币升值预期有关。

由于今年下半年人民币升值预期再次提高，香港居民持有人民币资产的意愿空前高涨。10 月底香港人民币存款达到2 171亿元人民币，较 9 月底大幅上升 45.4%。10 月底，中银香港突然宣布：80 亿元的人民币贸易结算兑换额度用罄。金管局 9 月公布的数据显示，香港 9 月跨境贸易结算额为人民币 299.56 亿元，比 8 月份的 385.55 亿元不升反降 22.3%。冯孝忠先生认为，10 月数据显示人民币并没有从香港流向内地。

对香港投资者来说，预期的人民币升值幅度已经是足够高的回报，利息只不过是锦上添花而已，不必计较高低。因此，这批国债获得了港人高达 10 倍的超额认购。“投资者对人民币国债强劲需求的劲头不亚于黄金周期间内地消费者到香港路易威登(Louis Vuitton)专卖店的疯狂抢购”，华尔街日报说。

这看起来是一笔买卖双方都划算的交易，划算得就像瓜分天上掉下来的馅饼。可是别忘了华尔街上那句流传百年的箴言：“天下没有免费的午餐。”(there is no such a thing as a free lunch)金融家凭直觉就知道这笔交易并非真的那么划算。就连《华尔街日报》中文版的新闻标题“财政部香港发人民币债很划算”也是以一个问号结尾。

划算不划算，我们可以算一算。

---

① 2010 年 12 月 6 日发表于搜狐财经。

当这250亿元人民币从香港银行的存款账户转移到财政部账户的时候，香港银行体系少了250亿元银行存款，大陆多了250亿元货币供给。人民币在香港用处很少，基本上是“闲钱”(idle money)。但回到大陆之后，就参加正常的货币流通。这大概相当于人民银行为购买37.5亿美元外汇而释放出来的基础货币。

在当前流动性过剩的背景中，增加250亿元货币供给的坏处不言而喻。为了不让这增加的250亿元流动性冲击市场，人民银行传统的做法是“完全对冲”：发行250亿元央行票据(简称“央票”)，收回250亿元基础货币。

央票的成本主要是支付利息。例如，人民银行12月2日发行的10亿元三个月期限央票的中标收益率连续第三次持平于1.813 1%；11月30日发行的10亿元一年期央票的中标收益率继续持稳于2.343 7%。这个利率已经超过大陆和香港两地国债收益率的差额。

也就是说，到香港发行国债减少了财政部的利息支出，但也导致大陆货币供给的增加；如果人民银行用发行央票的方式完全对冲这个额外增加的货币供给，增加的利息支出将超过财政部节省的利息开支。这净增的利息开支主要用来增加香港投资者的利息收入，以便让他们同意用手中的人民币购买国债。

财政部和人民银行的利息支出此伏彼起，显示一部分利益从人民银行转移到了财政部。在利益转移的背后，其实是货币发行权的让渡。发行人民币的权力以前全归人民银行，以至于人民银行进行公开市场操作的时候手中缺少可以卖出的国债，于是才有“央票”这个创新。现在香港有了人民币资金池以后，财政部也可以变相地发行货币。在海外市场上发行人民币计价的金融产品从而让境外的人民币入境是增加大陆货币供应的新途径，应该引起注意。

中国的货币政策比美国更宽松[①]

据报道，工、中、建、交四大银行3月信贷投放新增近8 000亿元。市场传闻的银行业新增信贷1.87万亿元。按照以往工、农、中、建占银行业新增贷款一半的比例验算，这两个数字大致可信。这样，一季度的新增信贷创出了4.5万亿元的“天量”。一位前货币政策委员会委员也坦言“大得很可怕”。

若按第一季度完成全年信贷增量70%的比例计算，全年新增信贷将在6.5万亿元上下。与之对应的广义货币(M2)年增长率接近21%。如果把今年政府工作报告中提出的“广义货币增长17%左右”理解为“适度宽松”的话，那么货币政策的执行结果是比“适度”还要宽松。扣除今年的经济增长和物价上涨，今年的货币超额发放可能会提高到10个百分点，因此中国的流动性充沛预期更加强化。

为了防止传说中的通货紧缩，中国在过去的一段时间里成了全世界广义货币供给(M2)增长最快的国家。2月底人民银行的广义货币供给存量同比增长超过了20%，而同期美联储虽然实施了“量化宽松”的货币政策，把基础货币存量翻了一番，创造了连续两个月M0 > M1的奇迹，但是美元广义货币存量同比增长也还不到9%。扣除经济增长率和物价指数的差距，中国的流动性也比美国增长得迅速。

充沛的流动性先推高资产价格，再提高通胀预期。充沛的流动性不能直接推动经济复苏。在需求不足、产能过剩的市场条件下，大多数企业的理性选择是减少投资。因此宽松的流动性很难推动理性的实业投资。另一方面，宽松的流动性也很难促进消费，除非付出泡沫经济或者严重通货膨胀的高昂代价。资产泡沫膨胀之后出现的财富效应能够促进消费，通货膨胀预期也能够导致居民提前消费、企业增加存货甚至囤积居奇。但是这样的选择得不偿失，无异于用另一场更加严重的危机来替代这一场相对温和的危机。

---

① 2009年4月14日发表于《明报》，标题为《宽松货币政策面临调整》。

充沛的流动性也不会立即导致通货膨胀。即使在封闭的短缺经济时代，过于充沛的流动性不会立即导致通货膨胀。由于价格黏性和有限信息，货币流通速度的变化会让通货膨胀滞后于货币供给超量增长。在短缺结束之后的开放时代，国际贸易制约着国内可贸易品的价格变动，国际大宗商品价格下跌还导致了中国的物价下跌。因此充沛的流动性不容易推高可贸易品的价格和物价指数，但是比以前更能集中力量推高不可贸易品价格和资产价格。

充沛的流动性正在推高资产价格。在过去和未来的几个月中，有关上市公司盈利能力的消息大多是利空，但是股价不仅已经上涨了很多(指数上涨了 50%)，而且还有继续上涨的趋势。上升的动力就是来自比“适度”更宽松的货币政策源源不断地释放出来的出乎市场意料的流动性。

信贷过快增长可能引发货币政策调整。如果严格把广义货币供给降低到 17%，那么后三个季度不得不采取比较严厉的信贷紧缩。工商银行行长杨凯生和中国银行行长李礼辉公开表示，两行年度新增贷款规模要分别控制在去年的水平和 17%左右。但是工商银行全年信贷增长计划 5 300 亿元，一季度的全部信贷投放已经达到 6 500 亿元。人民银行本周开始微调。央行 28 天期正回购规模 800 亿元，中标利率为 0. 90%；91 天期正回购 800 亿元，中标利率为 0. 96%，利率水平均与前期持平。

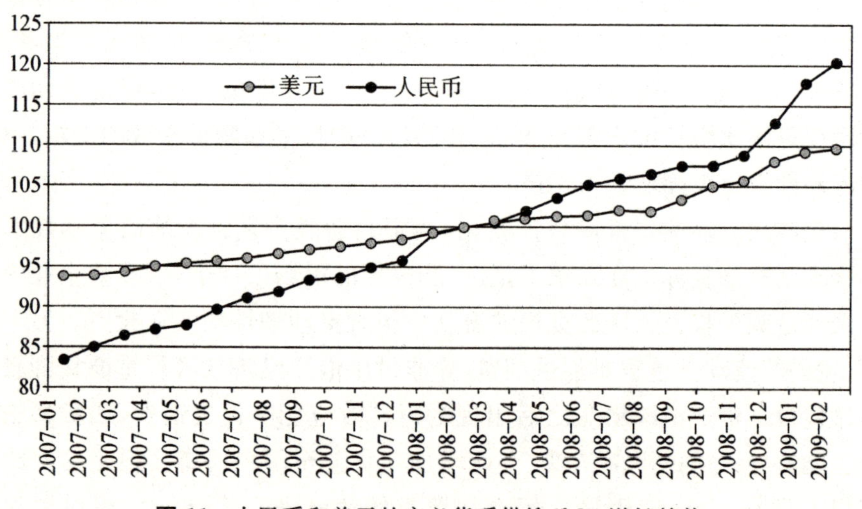

图 11 人民币和美元的广义货币供给(M2)增长趋势

注：数据来自人民银行和美联储网站。以 2008 年 2 月底数据为基数 100。

如果实施信贷紧缩,则与商业银行的预期不谋而合。去年11月国务院决定"取消对商业银行的信贷规模限制、合理扩大信贷规模"之后,商业银行预期规模控制迟早会恢复,因此乘机做大规模,导致信贷规模"井喷"。连续四个月的信贷超高速度增长已经暗示商业银行的信贷机制与改制之前差别不大。由于中国银行业的市场化改革尚未完成,货币政策工具不仅不一定奏效,而且有可能导致意外结果。取消信贷规模控制之后,人民银行在与商业银行的博弈之中并不占优势,货币政策目标缺少可信度。当前不是推进银行改革的好时机,重新启用传统货币政策工具的代价又很大。拿捏货币政策力度很不容易。

辑五

见证通胀

货币政策目标与工具回到起点？[①]

2009年12月22日下午，在中国金融学会主办的2009“中国金融论坛”上，央行行长周小川一改顾左右而言他的习惯，畅谈货币政策目标和货币政策工具箱。他认为：中国的货币政策应该是多目标的，目前实际采用的“四大目标综合平衡”做法是合适的；货币政策工具多多益善，有些工具即使现在不用，也应该保留下来以备不时之需。

在1995年以前，中国的货币政策目标与宏观调控目标完全一致：经济增长、物价稳定、充分就业和国际收支平衡。但是，追求多目标降低了货币政策的独立性，导致货币政策顾此失彼。当时的央行（银监会尚未从央行分离）几乎从未完成过使命，总是受到指责与批评。

转变发生在1995年。当年，副总理朱镕基兼任人行行长。同时，在经济体制改革方案的设计过程中，对货币政策目标的认识发生了转变。1995年通过的《中国人民银行法》将货币政策目标都限定为“保持币值的稳定，并以此促进经济增长”（第三条）。这一条在2003年的修订版中被完整保留下来。它的含义很清晰：首先，充分就业和国际收支平衡不包括在货币政策目标之内；其次，货币政策的“双目标”并不具有同等的地位：保持币值是直接目标，促进增长是间接目标。

然而在实际操作中，与其说《人民银行法》是一部法律，还不如说它是经过全国人民代表大会确认的改革目标。它从来没有显示出法律应有的约束力。其次，根据周行长在演讲中透露的信息，即使作为改革的目标，14年中它也没有实现过。这可以解释为什么货币政策在过去几年里一再错过最佳调控时机，中国离泡沫和通胀越来越近。最后，如果周行长的讲话中包含着舆论导向的话，这个目标有可能即将被放弃，具有转轨时期过渡性质的多目标货币政策还会继续维持下去。

央行也许可以自主选择货币政策目标，但无法选择货币政策工具。这就像赶马车的人无法用脚踩刹车一样。市场化的工具只能在边际上改变银

---

① 2009年12月23日发表于《21世纪经济报道》。

行和企业的预期收益。而在影响国有银行和国有企业决策的变量当中，经济收益只是一个不那么重要的因素。因此，正如周行长所说，再贷款利率在中国“确实没有多少人注意”。而转轨性质的数量型工具，例如周行长特别提到的存款准备金率，可以直接产生效果。在转轨过程中，这样的工具当然必须保留。

其实，在央行使用的货币政策工具箱当中，还有比存款准备金率更具转轨性质的工具，例如信贷规模控制。第一次取消规模控制的时候，其被当成了市场化的改革，没有显示出扩张效果。但是，这个取消是暂时的。时而取消、时而恢复的规模控制，成了转轨时期最有力度的货币政策工具。2008 年年底再次取消规模控制的时候，恢复规模控制的预期十分强烈。银行为了抓住难得的机会而拼命贷款，因此产生了极大的扩张作用。其他转轨性质工具包括：监管力度、对商业银行不透明的窗口管理，以及有管理的浮动汇率。

然而满满的工具箱并不能保证人民银行实现货币政策目标。首先，多目标之间必然会出现不相容的情况。例如在短期，通胀和失业此消彼长（菲利普斯曲线），货币政策必然顾此失彼。其次，转轨体制中的制度缺陷会使货币政策在某些情况下失效。例如保罗·克鲁格曼指出，在固定汇率、资本自由流动和独立的货币政策三者之中，至少要放弃一个。这就是所谓“不可能的三合一”（impossible trinity）。中国不情愿让汇率自由浮动，又不能重新闭关锁国从而管住跨国资本进出，因此实际上放弃了独立的货币政策，导致美联储货币政策的松紧直接影响到中国国内的流动性，中国领导人公开要求美联储而不是人民银行管理好货币。

总之，转轨过程中特殊的经济体制要求中央银行制订适应性的货币政策，运用转轨性的货币政策工具。但是，这并不意味着多目标的货币政策放之四海而皆准，更不意味着转轨性的工具优于市场化的工具。马车缰绳与汽车刹车没有多少可比性。

通胀迫使宽松货币政策转向[①]

2008年底启动的经济刺激计划释放出来的巨大动力主要来自宽松的货币政策。2009年底，广义货币(M2)同比增长27.7%，超出年初预定指标10个百分点。狭义货币(M1)同比增长32.4%，增速比2008年加快23.3个百分点，是15年来的最高水平。

如此强力的货币投放，支撑了中国经济的V型复苏。国家统计局公布的2009年经济数据显示，中国经济在全球金融危机的大背景中脱颖而出，经济增长速度在2009年全年逐渐加速，四个季度的同比增长率分别为6.2%、7.9%、9.1%和10.7%。全年平均8.7%，显著超过"保8"目标。

从2010年初开始，如果经济刺激力度不减，那么2010年一二季度会看到经济过热的苗头。如果等到经济过热发生以后再猛踩刹车，下半年经济减速的幅度将超过当前预期，中国经济将又一次V型探底。

其实，宽松货币政策的第一个副作用早就显现了出来，那就是资产泡沫。不过宏观调控部门应对资产泡沫的策略不是少服用一些宽松货币政策这剂猛药，而是再开其他药方、吃更多的药。在股票市场上，2009年中开始启动的抑制股价上涨的主要办法是分流资金、增加股票供给。具体措施包括开设创业板、增加新股发行和再融资等。在房地产市场上，2009年底开始启动的抑制泡沫措施包括提高抵押贷款的首付比例、严控第二套放贷、清理开发商囤积的土地等。

上述措施不仅可以在短期内起到抑制泡沫的作用，其中包含的一些制度转变还具有长期的积极意义。不过，如果货币政策的宽松程度不变，泡沫最终还是会被吹大的。根据统计局公布的数据推算，京沪商品房交易价格11月同比也上涨了64%和55%。深沪股票指数更是翻了一番。

预计2010年的货币政策还是足够宽松的。商业银行在2009年发放了10.52万亿元本外币贷款，同比多发放5.54万亿元，导致国有大中型企业资金过度充裕。估计其中有2万亿元左右没有及时、合理地使用。如果2010

---

① 2010年1月29日发表于《上海证券报》。

年度商业银行的人民币贷款新增 7.5 万亿元，表面上看似乎同比只增长了 18.75%，但是实际上增长了 25%。

正如在前文中得到的结论：当前的货币政策目标和工具正在回到 1995 年以前。一方面，货币政策追求多个目标，物价稳定并不一定排在首位。另一方面，货币政策工具多多益善，许多具有中国特色的工具市场化程度有限。

然而，与 1995 年以前一样，多目标之间必然会出现不相容的情况，货币政策一定会顾此失彼。因此，央行在 2010 年面临双重考验：第一，在通胀和经济增长下滑(失业增长)之间，央行面临考验(菲利普斯曲线)。其次，在人民币升值和独立的货币政策之间，央行也还没有作出选择(“不可能的三合一”)。

如果宽松货币政策不因资产价格泡沫而改变，那么就只会因通货膨胀而改变了。从 2009 年底的数字来看，尽管居民消费价格指数(CPI)全年同比下降了 0.7%，但是上涨的速度已经不容小觑。CPI 在 11 月才由负转正，当月同比仅增长 0.6%。到 12 月，该指数同比已上升到 1.9%。显示真实的通胀正在靠近，而不仅仅是预期。

中国的宏观经济政策以维持社会和谐和稳定为首要目标，这一点在未来相当长一段时间都不会改变。在 2009 年，近在眼前的危害稳定的因素仅有低增长导致的高失业一个。因此，虽然深受危机打击，但是经济决策相对简单：只踩油门就可以了，不必顾及刹车。进入 2010 年之后，经济复苏的基础尚不稳固的同时，通货膨胀又日益临近，导致宏观经济决策在踩油门和踩刹车之间左右为难。

通胀比失业更加有害于稳定。失业只会导致一部分人的生存状态恶化，而且这个不和谐因素还可以通过送温暖等多种行动和政策暂时缓解。但是通胀却可能导致全民不满，而且，即使是暂时的补偿，政府也力所不及。因此，通胀破坏和谐的能力远非失业可比。如果决策者也认识到这一点，那么宏观经济政策对通胀的反应一定比对失业更加灵敏。所以，当通胀真正来临的时候，经济政策从“保增长”过渡到“防通胀”的速度可能比当前的预期要快。

适度宽松货币政策半年回顾[①]

适度宽松的货币政策是非常时期的非常之策。为了在百年一遇的国际金融危机和衰退的世界经济中维持中国经济比较高的增长速度，中国政府在2008年10月开始出台了一揽子经济刺激计划。

为了确保马到成功，该计划本着“宁大勿小、宁过勿亏”的原则，不仅把财政赤字从0.8%一举提高到3%，而且首次在货币政策中使用“宽松”一词。与适度宽松的货币政策相配合，央行再次取消了信贷规模控制，这些应对危机的措施合理而且及时。

适度宽松的货币政策很快取得了出乎意料的成效。在发达市场经济国家，紧缩的货币政策往往能够立竿见影，但宽松的货币政策一般不会马上见效。也就是西谚所谓“你能把马牵到河边，但无法迫使它喝水”。但在中国，地方政府有促进经济增长的冲动，国企有投资扩张的冲动，国有银行从下到上都有扩大市场份额的冲动。宽松货币政策和加大放款力度的窗口指导迎合了制度性的扩张冲动，一轮信贷高增长也就顺理成章了。

最迟在2009年一季度末，货币政策就显现出过度宽松的迹象。中国的银行业新增信贷余额在3月再创“天量”，达到1.89万亿元；同时，一季度信贷增长总额也创出4.58万亿元的历史纪录。即使按照第一季度完成全年信贷增量70%的比例计算，全年新增信贷也将达到6.5万亿元，与之对应的广义货币(M2)年增长率接近21%。比2009年政府工作报告中提出的“17%左右”的适度宽松目标高出4个百分点。

早在2009年一季度末就可以预知，上述计算还是保守的估计。以往存在信贷规模限制的年度，银行为了多收一些利息，尽可能在年初多放款。下半年额度用完，只好把客户和项目储备起来，留到下一年初，用新获得的额度集中放款。现在规模控制已经取消，银行放款进度势必平均化，所以2009年下半年放款进度必定快于往年。

因此，适度宽松的货币政策执行力度过猛，在一季度末就到了有必要微

---

① 2009年7月27日发表于《中国经济时报》。

调的时候。微调并不是对前期货币政策的否定，而是把适度宽松货币政策的力度拿捏得更加精准。货币政策是短期政策，央行必须时刻关注市场和货币政策执行情况，不断校正力度甚至方向。

一季度末的货币政策出现了中国式调整。在一季度经济金融形势通报会上，银监会主席刘明康要求商业银行“要高度关注银行放贷冲动下的风险隐患积聚，防止不审慎行为，坚守风险管理底线”。加强监管的成效是四五两个月信贷增速回落到“适度”的数量。实际上，信贷“井喷”的制度基础是国有商业银行改革不彻底。在改革不能一蹴而就的前提下，一个次优选择是加强监管，督促商业银行控制风险。这个转轨时期具有中国特色的调控手段既可以维护货币政策的连续性，又可以把长期制度建设与短期宏观调控统一起来。

由于商业银行和资产市场误读了6月的货币政策信号，当月信贷出乎意料地高达1.53万亿元。同时A股市场在已经反弹50%的基础上，发力加速上涨。反映资产价格的金融、房地产板块和反映资源价格的有色、钢铁、煤炭板块构成领涨排行榜，被命名为“通胀之花”，显示通胀有成为市场共识的趋势。

土地市场也一反数月的萧条，“地王”频出。某些新出让地块的商品房地价（分摊到房价中的土地价格）已高于周边的现房价，显示开发商看高2010年房价，导致周边房产惜售、房价上涨。

央行提前公布了6月信贷数据并及时增发央行票据约束市场流动性、控制商业银行过度扩张；银监会也及时重申放贷政策，强调风险控制。他们的行动向市场表明：货币政策的重心已从“宽松”转移到“适度”，货币政策正在回归适度宽松的轨道。

货币政策过松，银行监管须严[1]

中国银行业新增信贷余额在 3 月再创“天量”，达到 1.89 万亿元；一季度总额也创出 4.58 万亿元的历史纪录。若按第一季度完成全年信贷增量 70%的比例计算，全年新增信贷将达到 6.5 万亿元，与之对应的广义货币(M2)年增长率接近 21%。

但这是保守的估计。在以往存在年度信贷规模限制的情况下，银行为了多收一些利息，尽可能在年初多放款。下半年额度用完，只好把客户和项目储备起来，留到下一年初，用新获得的额度，集中放款。现在规模控制已经取消，银行放款进度势必平均化。因此 2009 年下半年放款进度必定快于往年。

即使是 21%的广义货币增长率，也比 2009 年 3 月政府工作报告中提出的“17%左右”的目标高出 4 个百分点。如果把“17%左右”理解为“适度宽松”的话，那么当前实际执行的货币政策则过于宽松。扣除经济增长目标 8%和物价上涨目标 4%，2009 年的货币超额发放可能会提高到 9 个百分点。

充沛的流动性正在推高资产价格。在过去和未来的几个月中，A 股指数已经从 2008 年 10 月的底部上涨了 50%，而且还有继续上涨的趋势。上升的动力就是来自当前执行的比“适度”还要宽松的货币政策源源不断地释放出来的出乎市场意料的流动性。与中国股市相比，美国、日本和英国的股市反弹比中国迟了四个多月，幅度也不超过中国股市的一半。如果宽松货币政策实施太久，滞胀将是必然的结果。

商业银行的贷款冲动起源于 2008 年 11 月，当月取消了信贷规模限制。当年 12 月人民币贷款增加 7 718 亿元，同比多增 7 233 亿元；2009 年 1 月，人民币贷款增加 1.62 万亿元，同比多增 8 141 亿元；2 月人民币各项贷款增加 1.07 万亿元，同比多增 8 273 亿元；3 月当月人民币各项贷款增加 1.89 万亿元，同比多增 1.61 万亿元。

恢复信贷规模控制能够纠正货币政策的力度。一些银行预计规模控制

---

① 2009 年 4 月 20 日发表于《中国经济时报》。

还会恢复，于是力争在政策转向之前做大规模。因此导致信贷连续“井喷”。工商银行 2009 年一季度已经投放了 6 500 亿元，超过了该行 2008 年全年信贷额度 5 300 亿元。

而在长期，工商银行行长杨凯生和中国银行行长李礼辉都在 3 月底公开表示，两行年度新增贷款规模要分别控制在 2008 年的水平和增长 17% 左右。

但是，恢复信贷规模控制是体制上的倒退。况且取消规模控制是 2008 年 11 月国务院常务会议的决定，不应该开创朝令夕改的案例。除非万不得已，不应该出此下策。

转轨时期的宏观调控还需要具有中国特色的手段。信贷“井喷”的制度基础是商业银行风险约束机制没有真正建立。因此，在改革不能一蹴而就的前提下，一个次优选择是加强监管，督促商业银行控制风险。这既可以维护货币政策的连续性，又可以把长期制度建设与短期宏观调控统一起来。

可以看到银监会已经有所行动。在一季度经济金融形势通报会上，刘明康主席要求商业银行要高度关注银行放贷冲动下的风险隐患积聚，防止不审慎行为，坚守风险管理底线。

金融危机可能会让国有银行改革失去有利条件，但改革的目标不应该改变。商业银行内部来之不易的信贷文化应该得到保护，不负责任的“窗口”指导应该受到约束。

信贷增长再次加快 政策调整必将提前[①]

当前中国经济正在经历一个短暂的A型复苏。由于增长的基础没有企稳，政府决定继续实施积极的财政政策和宽松的货币政策。这一决定有可能再次掀起国有银行的信贷冲动，并再次吹大资产价格泡沫。泡沫终究会膨胀到政府无法容忍的地步。信贷增长越快，货币政策的调整也就提前得越多。

从全国规模以上工业企业增加值来看，2009年一季度同比增长5.1%，4月和5月的同比指标分别提高到7.3%和8.9%，创出2008年10月以来的高点，似乎显示中国经济正在复苏。然而这实际上是经济刺激计划造就的第一个短暂的A型复苏。一季度，全社会固定资产投资同比增长28.8%；前四个月和前五个月的累计值分别提高到30.5%和32.9%，显示工业提速是因为政府投资力度加大。由于政府投资对民间投资的拉动作用至今没有发挥出来，这一轮复苏必定无法维持太久。

对于上述复苏的假象，中央政府有清醒的认识。李克强副总理6月16日在政协十一届六次常委会上提醒："世界经济不确定、不稳定因素仍然不少，复苏可能是一个复杂曲折的过程，中国经济稳定回升的基础还不稳固。"基于这一认识，李副总理提出"要坚定不移地实施积极的财政政策和适度宽松的货币政策"。温家宝总理在本月12日～14日考察湖南期间和17日召开的国务院常委会上也讲了同样的政策主张。这些信息有效地打消了货币政策可能调整的预期。最直接的效果就是在15日开始的一周里，上证指数上涨5%(从2 744点到2 880点)。

从2008年11月这一轮经济刺激初期开始，国有银行既服从了国家的宏观经济调控，又兼顾了自身扩大市场份额的考虑，充当了这一轮信贷扩张的领头羊。一位业内人士的感叹意味深长："没有想到，中国的商业银行竟会如此听话。"据报道，工、农、中三家国有银行在一季度的最末两日发起冲锋，平均投放贷款近900亿元，其中投放最多的一家高达1 200亿元。同样的行

---

① 2009年6月22日发表于《中国经济时报》。

为在1月底也曾经发生过，显示国有银行有做大数字、完成任务的迹象。

经过几个月的信贷猛烈增长，银行业新增信贷规模已经远远超过预期，广义货币年度增长超过政府工作报告中公开声明的目标已成定局，因此货币政策即将调整的预期已经被市场人士广为接受。同时，国有银行的新增信贷规模更是高得离谱。在下一阶段的货币政策方向不明朗的情况下，国有银行的负责人普遍采取观望的态度。如今宽松的货币政策已经明确，预计国有银行将展开又一轮贷款冲刺。现在上半年即将结束，商业银行做大数字的动机有可能再次显现，6月的新增信贷有可能再次达到1万亿元以上。

在成功实现经济增长模式转型之前，中国经济的真实复苏必然取决于欧美经济的购买力恢复。在此之前，宽松货币政策能够推动资产价格上涨，却无助于中国经济真实复苏。当前A股市场的阶段性牛市是流动性快速增长的结果，最早的标志是这轮牛市的起点与扩张性货币政策的确立高度重合。上周上证指数5%的涨幅再次显示了宽松货币政策对股市立竿见影的提振作用。同时得到提振的还有房地产市场。

资产价格上升带来的繁荣假象维持不了多久，反而会把中国推向次债危机的境地。由于受到扩张信贷的压力，一些商业银行已经开始发放“两成首付、七折利率”的房地产贷款。一旦利率上调，这类贷款的风险会显著上升。随着这种危险逐渐暴露并被决策者认知，比适度更宽松的货币政策注定会被抛弃。信贷增长越快，泡沫形成得越迅速，同时发生金融危机的风险也暴露得越早，货币政策的调整也会越早。

货币政策正在摆脱过度宽松[①]

5月2日中国人民银行宣布，从5月10日起上调存款类金融机构人民币存款准备金率0.5个百分点。这是2010年以来央行第三次上调存款准备金率。调整以后，商业银行的存款准备金率达到17%，接近2008年6月到9月间创下的历史纪录17.5%。这是一个非常强烈的信号，显示货币政策正在从全球金融危机之后的过度扩张状态向正常状态回归（笔者从2009年二季度开始多次指出货币政策从2009年一季度开始已经过度宽松）。

然而，货币政策的这一调整出乎市场投资者的意料之外，因此对金融市场造成明显的冲击。周一开市交易的香港股市收盘时较前一交易日下跌1.4%，国企指数下跌1.9%，尤其是内地的房地产股和银行股下跌严重。已经有投资者猜测导致央行采取这一行动的原因，例如商业银行4月的贷款规模可能超过了央行可以容忍的限度。

央行行长周小川2009年年底在中国金融学会年会上的讲话有助于投资者在未来一段时间内理解和预测中国的货币政策走向。这个讲话传达了两条重要原则：第一，货币政策的目标与政府宏观调控的目标是完全一致的，包括币值稳定、经济增长、低失业率和国际收支平衡，统称为“四大目标综合平衡”。作为国务院的组成部门，央行的职责是为政府实现宏观调控目标分忧，而不仅仅是稳定币值。第二，为了在金融体制改革尚未完成的情况下实现多重货币政策目标，货币政策工具也应该多多益善，决不能局限于其他国家央行惯用的利率工具。有些工具即使现在不用，也应该保留下来以备不时之需。

与主要运用利率用具、追求单一目标的货币政策相比，中国人民银行运用多种工具、追求多重目标的货币政策看似难以被市场准确预期。但是，只要央行遵循上述两条原则，那么中央政府的宏观调控目标就是货币政策目标，政府的偏好决定着货币政策工具的选择。只要政府宏观调控的目标与偏好既定，货币政策就可以被准确预期到。这样，关键是预测政府的宏观调

---

① 2010年5月5日发表于《上海证券报》。发表时有修改

控目标与偏好。

中国政府的宏观经济政策以维持社会和谐和稳定为首要目标，这一点在未来相当长一段时间都不会改变。在宏观经济政策关注的所有变量当中，危害社会稳定的主要因素是失业和通货膨胀。在短期，这两个因素此消彼长（菲利普斯曲线）。宏观经济政策就是在这两“害”之间取其轻。

目前，宏观调控的目标已经转向。2008年底以来，失业对稳定的危害远远大于通胀（一度出现了通缩）。因此当时的经济刺激计划完全针对衰退而置通胀于不顾。随着经济刺激计划取得成效，失业对稳定的危害逐渐减小、通胀对稳定的危害逐渐积累，通胀正在取代失业成为危害稳定的头号因素。

就当前的趋势来看，短期的经济增长（与就业正相关）已经不成问题，但下半年物价是否能够稳定尚不确定，因此政府应该尽早减小刺激经济的力度。2010年上半年中国经济的增长率将接近12%，全年平均也会接近10%。因此没有必要继续维持过度宽松的货币政策，加大刺激经济的力度。

另一方面，物价的上涨趋势却应该引起高度重视。即使中国经济2010年出现滞胀，经济政策也应该优先应对通胀。因为通货膨胀对稳定的危害比失业更大：失业只会导致一部分人的生存状态恶化，而且这个不和谐因素还可以通过送温暖等多种行动和政策暂时缓解。但是通胀却可能导致全民不满，即使是暂时的补偿，政府也力所不及。因此，中国的宏观经济政策应该更加坚定地从“保增长”转变到“防通胀”。

中国物流与采购联合会5月1日公布的最新数据显示：采购经理人指数(PMI)从2010年3月的55.1上升至4月的55.7。该指标从2009年3月开始连续14个月位于50以上，反映经济持续总体扩张。尽管一季度的消费者物价指数(CPI)尚处于2.2%的较低水平，但物价处于上升趋势是确定无疑的。

原则上说，央行退出过度宽松货币政策的方式有多种：重新启动人民币升值、提高利率、发行央行票据、提高存款准备金等。人民币升值虽然是长期利益最大化的选择，但是在国内遇到了重重阻力，短时间内难以在决策层取得共识。其次，在“国进民退”的大背景中，较高的利率水平并不能抑制国有企业的资金需求。相反，在人民币汇率钉住美元的前提下，提高国内利率水平会吸引美元资金到中国套利，对冲央行减少的货币供给。

这样，央行减少货币供给的办法就只剩下发央票和提高存款准备金率。这是2010年以来央行持续进行的货币政策操作。如果发行央票，央行需要支付利息，而如果动用存款准备金率工具，则央行无需央行支付利息，实际上是向商业银行转嫁了货币政策成本。

货币政策微调不会导致半拉子工程[①]

一位经济学家对官员讲解当前的宏观经济：在这一轮经济刺激计划中上马的项目有很多是中长期的。2009 年银行给了第一批贷款，以后不得不继续给下去。即使盈利预期波动，银行还是会继续提供资金支持。只要坚持下去，项目总有盈利的希望。就算最终努力失败、贷款形成不良资产，那也是好些年以后的事情。而一旦银行停止贷款、项目资金链断裂，项目就会成为烂尾楼、半拉子工程，不仅项目发起方受损，银行贷款也立即变成不良资产。因此，有些有可能烂尾的项目通过“绑架”银行的第一笔贷款，“倒逼”银行源源不断地提供贷款。

这位经济学家本来是主张收缩贷款的。讲上面这段话是想说明：由于银行给中长期项目提供资金的这个惯性，2010 年的贷款增速和投资增速都不会低，收缩贷款很不容易。在 2009 年“保 8”几成定局的基础上，2010 年即使对外贸易增长没有恢复快速增长，中国经济也能保持 8%左右的增长速度。所以，保增长的重要性正在降低，防通胀的重要性正在增加。

然而说者无心、听者有意。上世纪 90 年代中期的宏观调控造成的烂尾楼和半拉子工程在许多当事人心中记忆犹新。烂尾楼和半拉子工程不仅是负面形象工程，还让一些省市好些年后才勉强恢复元气。在官员的执政目标当中，烂尾楼和半拉子工程是要尽力避免的。而避免的最简单办法就是不紧缩货币、继续维持贷款高速增长。这样的政策选择正和那位经济学家提出的建议背道而驰。

作为经济损失的直接承担人，银行和项目发起人其实比政府更不愿意看到项目烂尾。十多年前信贷过度扩张之后许多项目烂尾的教训是尽人皆知的前车之鉴，提醒着商业银行和项目发起人提高警惕。正是由于前车之鉴的警示效用，在这一轮信贷扩张中，许多中长期项目早就穿好了防止烂尾的避弹衣——让项目获得超过实际资金需求的信贷供给。在某些极端的案例中，项目获得的信贷额度甚至是其实际资金需求的两倍以上。有些获得

---

① 2009 年 8 月 3 日发表于《中国经济时报》。

贷款的公司把资金限制在账上，导致企业存款超常增加；还有的公司只动用了获得的贷款额度的一部分，动用其余部分要等到明后年。

在如此力度的资金支持下，只要不出现严厉的信贷负增长，只要银行按照已经做出的承诺提供贷款，这些项目不仅不会遇到资金问题。甚至即使某些项目不能盈利，也可以持续经营很长时间。

项目发起人为什么不惜增加财务费用，提前超额申请贷款？答案是为了防止信贷扩张之后的信贷紧缩。政策波动在转轨过程中屡屡出现。银行为什么会给项目提供超过其实际需求的信贷？答案是不择手段的市场竞争。各家商业银行都要完成信贷增长任务，导致贷款市场上“好”项目短缺。在贷款规则和风险控制原则不严格的情况下，过多的资金追逐过少的“好”项目，必然导致信贷过度配置。例如以前和某家银行签订战略合作协议的政府融资平台在这一轮信贷扩张中可以从其他多家银行获得贷款，原来的战略合作伙伴眼看着贷款对象的负债率提高、自己的风险加大，也没有什么办法约束对方。

更加糟糕的情况是某些“坏”项目也得到了贷款。商业银行的操作人员甚至在发放第一笔贷款之前就知道它迟早会成为不良资产，但是为了完成信贷任务，也没有什么更好的选择。信贷人员不仅发放满足项目实际资金需求的资金，而且发放更多的贷款来掩饰项目现金流不足的缺陷。

综上所述，许多中长期项目在这一轮信贷过度增长中一次性地获得了该项目未来数年需要的资金。只要新增贷款不出现负增长，只要银行按照已经做出的承诺提供贷款，偏向紧缩的货币政策就不会导致这些项目出现资金困难。因此，央行微调货币政策不必顾虑中长期项目烂尾。

货币政策的难点在“适度”[①]

货币政策是短期政策，需要不断校正中间目标和执行力度。如今2009年已经过去了一半，及时回顾并校正适度宽松货币政策的中间目标与执行力度是很有必要的。

从方向来看，刺激经济仍然需要货币政策出力。国务院领导在6月中旬和7月上旬反复指出：“经济总体形势企稳向好，但基础还不牢固，还有许多不确定因素。”“国际金融危机对我国的不利影响并未减弱，外需严重萎缩的局面仍在持续，一些行业、一些企业生产经营还比较困难，就业压力短期内尚难根本缓解，产业结构调整的任务还相当艰巨。”因此，“必须毫不动摇地坚持”“必须坚定不移地实施”积极的财政政策和适度宽松的货币政策。执行难度在于“适度”。

在2009年3月公布的政府工作报告中，与适度宽松的货币政策目标相关的约束性指标有三个。一个是“宽松”指标：信贷增长5万亿元以上。还有两个“适度”目标：广义货币(M1)增长17%左右，居民消费价格总水平涨幅控制在4%左右。

2008年底，国内经济遭到的外部冲击导致贷款需求降低，执行适度宽松货币政策的难度在于“宽松”。如今，3月公布的年度“宽松”指标一季度就已经提前实现。两个“适度”目标中，一个离目标越来越远。另一个可能大幅起落。执行适度宽松货币政策的难度从“宽松”变成了“适度”。

首先，广义货币增长已经远高于目标。6月信贷增长1.53万亿元，再次超出预期。据此推算，6月底的广义货币增长已经超过27%。如果继续维持当前的政策环境不变，在未来几个月里该数字可能会超过30%。广义货币年度增长目标达到17%已经不现实，对下半年的货币政策执行也不再具有指导意义。因此适时调整是必要的，可以考虑调整到22%左右。

其次，价格很可能出现较大幅度的波动。6月的居民消费价格指数(CPI)和生产者价格指数(PPI)有可能继续“双降”。但是根据历史经验，CPI

---

① 2009年7月13日发表于《中国经济时报》。

的变动趋势比 M1 滞后 6～12 个月。由于 M1 的变动趋势在年度之交发生反转，因此 CPI 应该在 2009 年下半年止跌回升。

由于 CPI 指标时滞太长，因此不适于作为货币政策中间目标。作为替代，货币政策应该盯住时滞较短的价格指标，例如国内股票、地产和资源类产品价格；同时也可以关注数量型指标，例如贷款增长或者货币量增长。

数量型指标（银行信贷增长、货币供应量增长）和时滞较短的价格指标（股票价格、地产价格、煤炭等资源类产品价格）均显示：上半年执行的货币政策远比适度更宽松。

为了回到“适度宽松”的轨道上，让货币政策具有持续性，央行必须适度控制过快增长的流动性。因此，央行不仅增加了 100 亿元短期正回购，还重新启动并发行了 500 亿元一年期央行票据。如果说央行的上述操作对巨额流动性仅仅具有象征意义，那么 6 月 22 日银监会印发的《关于进一步加强按揭贷款风险管理的通知》，加强按揭贷款风险管理的动作就更具有现实影响力了。

上述操作有助于防止通胀预期演变为通胀共识。一旦市场参与者达成了通胀共识，资产与资源类产品市场将泡沫胀大到“大得不能捅破”，通胀将成为“自我实现的预言”，未来的经济政策将进退维谷：既不能刺破（甚至要防止破裂）泡沫，又不能继续吹大新的泡沫、纵容通胀形成螺旋。所以，及时采取行动，让货币政策回归到“适度宽松”十分必要。

加息是一个困难的决定[①]

国家统计局周末公布的数据显示：8月的居民消费价格指数(CPI)同比创出22个月以来的新高，达到3.6%。环比上涨了0.6%，与这个环比涨幅相对应的年化通胀率已经达到两位数(未经季节调整)。这导致实际存款利率为负的程度十分严重。因此，市场预期央行可能会在统计局提前公布数据之后宣布加息。据报道，央行行长周小川9月9日公开表示："中央银行应给金融机构提供正向激励体系。"他还以"当前很多国家实行低利率政策"为例，指出"利率过低会影响商业银行的放贷积极性，降低金融机构对实体经济的支持力度"。这进一步强化了加息预期，导致当日和次日上午A股市场出现两轮快速下挫。

周行长在上述谈话中讲的是以美国为代表的"很多国家"，其中并不包括中国。金融危机爆发之后，这些国家的中央银行执行扩张性的货币政策，让市场充满着流动性。充裕的流动性确实避免了更多、更严重的金融机构倒闭，却没有促进金融机构扩大资产规模，并进而促进经济增长。与中国的国有银行带头创造信贷"井喷"相反，这些国家的金融机构宁愿持有大量高流动性的现金类资产，也不扩大其他类型的资产规模。周行长认为，这些金融机构"在经济复苏期间出力不够"，是利率过低造成的。因此，这些国家的中央银行应该考虑加息。这是周行长对其他国家的货币当局的期望，并不暗示中国会采取同样的操作。他绝少在公开场合谈论中国的货币政策。这次也一样。

中国人民银行面对的调控对象与周小川提到的那些国家的央行面对的大不一样。中国的金融体系被国有金融机构占据了大半壁江山。与欧美的金融机构相比，中国的金融机构对市场份额的关注超过了对利润的关注，对短期利润的关注超过了对可持续盈利能力的关注。因此，国有金融机构天生具有难以抑制的扩张冲动。为了把这难以抑制的扩张冲动放进潘多拉的盒子，中国人民银行一时也离不开特殊的政策工具，例如贷款规模控制。

① 2010年9月14日发表于《21世纪经济报道》。

2008年底取消贷款规模控制的实践再次证明了上述推断。因此，中国的金融体系根本不需要中央银行提供额外的正向激励，就会在规模扩张的道路上“不待扬鞭自奋蹄”。因此，中国的货币政策绝对没有必要“为商业银行提供一种正向激励体系”。

在宏观经济层面，加息不一定能够抑制国内金融市场上的资金需求。加息可能会让谨慎的借款人退而止步。但是广大国有部门只在乎资金的可获得性，并不在乎资金的成本。因此加息的结果，是借款团队中发生“国进民退”。此外，较高的利率一定会吸引更多国际资本流入中国，从而增加国内资金供给。经济理论告诉我们，在人民银行管住了汇率而管不住跨境资本的极端情况下，国内的货币政策失效。要想具有独立的货币政策，就必须让汇率自由浮动。决策者面对浮动汇率体制顾虑重重，也就注定了国内利率政策长期无用。只有期盼美联储和欧洲央行加息，才能间接减少国内的流动性。

在微观经济层面，彻底消除当前的负利率需要显著提高存款利率，很可能超过了国有银行体系的承受能力。央行公布的统计数显示：四大国有银行吸收的各项存款在2010年6月底合计为33万亿元。如果所有类型和期限的存款年利率都提高1%，那么四大银行一年将增加利息支出大约3 300亿元。据四家银行的中报显示：四大行2010年上半年的净利润合计为2 560亿元。也就是说，存款利率上调一个百分点，四大银行的净利润将被侵蚀掉一大半。此外，由于四大银行的存贷比还不到60%，因此，即使存贷款利率对称上调，银行受到的影响也相当负面。

有鉴于发改委调控“煤电油”价格时，有过压缩垄断国企利润的先例，因此央行采取类似行动也不是完全没有可能。但是这样的操作一定让银行当前面对的再融资困难雪上加霜。重重顾虑恐怕足以打消加息的勇气。

利率上调不能搞区域试点[①]

包括国有银行在内的国有经济部门体制改革滞后，导致提高贷款利率的政策失去紧缩效果，而提高存款利率、缩小息差的政策降低银行利润。因此利率政策左右为难。其实，改革没有替代品，尝试"金融巫术"更危险。搞存款利率上浮区域试点的前提条件是市场分割。如果不具备这个条件，结果将是一场灾难。

2008 年以来取消信贷规模控制的实践证明：国有银行改革尚未完成，银行业还离不开信贷规模控制，即使在经济衰退期也一样。只要取消信贷规模控制，商业银行的规模扩张冲动立即释放出来。信贷市场上资金供大于求，资金需求对利率显现出弹性。信贷规模的快速扩张伴随着实际贷款利率的下降，银行向企业发放了大量低利率贷款，例如票据抵押贷款。与商业银行规模扩张冲动一拍即合的是地方政府和各级国有企业的投资冲动。二者加在一起，强化了投资主导的经济增长方式。

在信贷规模控制存在的情况下，提高贷款利率并不能降低国有经济部门的资金需求，也不能起到抑制价格上涨的效果。从 2009 年下半年开始，信贷规模控制实际上已经恢复。监管机构通过额度控制、资本充足率和存贷比例限制甚至窗口指导决定着各家商业银行能够发放的信贷总量，信贷市场再次回到供不应求的情形，地方政府和各级国有企业的资金需求对利率失去弹性。如果提高贷款利率，非国有经济部门的贷款需求可能受到抑制，但国有经济部门的资金需求不会降低，其结果是国进民退。

目前，提高存款利率的压力主要来自负利率。7 月的居民消费价格指数(CPI)同比达到 3.3%，银行存款负利率的状况已经比较严重，市场对加息的预期一度强烈。8 月的 CPI 数据即将公布之际，市场预测 CPI 同比指数会再创新高，因此加息预期再一次强烈，并且特别针对存款利率。

但是，提高存款利率对商业银行盈利能力的影响是不容忽视的。缩小息差的政策对银行业的影响与 2008 年限制电价、油价上涨对发电和炼油企

---

① 2010 年 9 月 6 日发表于《明报》，2010 年 9 月 8 日发表于搜狐财经。

业的影响是一样的。中国银行业的营业收入历来依靠全世界最大的息差。息差收窄对银行营业收入的影响显著,对银行利润的影响更加显著。加之 2008 年底和 2009 年上半年仓促发放的贷款在未来三到五年内出现大规模不良的可能性较大。正因为提高存款利率将显著压缩银行利润,因此决策者可能顾虑重重。

不久前,一位央行官员公开建议:利用党中央和国务院决定振兴东北老工业基地的机会,争取国家允许东北地区率先开展存款利率上浮的试点。诚然,中国在过去 30 年的经济体制改革当中总结的一条成功经验就是先搞区域试点。但那是经济体制改革试点。利率是宏观经济政策。宏观经济政策没有区域性。在一个并不封闭的区域里试点特殊的宏观经济政策,一定会直接影响其他地区。

在这个问题上,美国银行业半个世纪前的一段经历值得借鉴。在上世纪六七十年代,产业结构单一的得克萨斯州经济增长乏力,当地银行也随之遇到经营困难。某些银行想到的"振兴"办法碰巧和这位央行官员想到的一样:提高利率吸收存款,用规模效应应对利差收窄和潜在的坏账。由于羊群效应,这种做法很快在该州的银行业普及,以至于全美国的银行都知道:到得州存款可以获得一个"得州溢价"。于是出现了一个新兴的行业:从全美各地集中存款,存放到得州的银行。由于得州的银行受联邦存款保险制度(FDIC)的保护,存款人并不担心银行倒闭。这场"试点"最终以金融危机收场,80 年代的得州是银行倒闭的重灾区。联邦存款保险公司为此付出了巨额的代价,靠财政支持才存活下来。

总之,应对改革滞后造成的问题,最好老老实实地推动改革来解决。改革没有替代品,拖延和回避也不可持续。金融改革确实牵一发而动全身,能够促进经济增长方式转变。但是,金融创新和"金融巫术"之间有时候只差一步。无论何时何地,"金融巫术"都会以金融危机收场。

适度允许通胀有助舒缓供求失衡[①]

近期出现的美元升值和石油价格下跌不是趋势性的。在可以预见的将来，发展中国家的工业化进程使国际大宗商品价格不会有持续下跌的可能。虽然世界经济增长的速度在短期内有可能放缓，从而导致对大宗商品的需求增速减缓，但石油和矿石供应的增长更加缓慢。替代石油的生物能源技术使价格上涨能够蔓延到粮食市场。

在金融市场上，即使次贷危机已经见底，市场信心也不太可能在短期内完全恢复，因此流动性不足还会持续。

基于对国际经济形势的这两个基本判断，笔者认为中国还将继续面对世界性的"滞胀"压力，"滞""胀"的程度取决于奥运之后的经济政策。

奥运"维稳"导致原本紧缩的宏观调控政策出现松动："小步快走"的人民币升值政策事实上已经变为保持汇率基本稳定，甚至对美元汇率出现"几连阴"(编者按：即连续多天下跌)；商业银行的信贷规模增加了5%，从而提高了本年度的货币供应增长速度；油、电调价推迟；一些经济活动被奥运"挤出"。

奥运会后，被"挤出"的经济活动大多可以迅速恢复；扭曲的油、电价格也会再次调整；已经增加的信贷规模覆水难收；汇率政策的选择空间会增大许多。

即使不调整价格，2008年的居民消费物价指数(CPI)也会达到7%左右。年初设定的4.8%目标无论如何都达不到。调整油电价格将进一步提高2008年的CPI，但会降低2009年的CPI。与之相反，货币供应的增加对当期的CPI影响较小，而对2009年的CPI影响较大，抵消了油电调价对2009年物价的影响。于是，两个"维稳"政策共同作用的结果是提高今明两年的通货膨胀率。

提高通货膨胀率的好处是降低人民币的升值压力。决定国际收支平衡的是实际汇率，而非名义汇率。提高通货膨胀率和提高人民币名义汇率都可以导致实际汇率的升值。所以内地通货膨胀率的提高可以降低人民币升

---

① 2008年9月1日发表于《明报》。

值压力，甚至替代人民币升值。

用通货膨胀替代升值的政策对“热钱”的作用是双重的：一方面，人民币升值压力的降低有助于降低单向升值的预期，促使纯粹的货币市场对基金失去投机动力。因此会有一部分跨国“热钱”流出中国。另一方面，容忍较高的通货膨胀率有助于支撑房地产价格和股票价格，避免资产价格崩溃引发金融危机。

需要警惕的是通货膨胀进入螺旋式上升轨道。保持通货膨胀率处于可控的范围内非常重要。好在通货膨胀和本币升值之间存在替代关系。当通货膨胀率接近警戒位置的时候，可以用人民币升值来降低通货膨胀压力。

面对全球性的通货膨胀压力，各国可以采取的最佳策略应是让本国货币升值。但是，发展中国家的货币当局普遍经验不足、独立性不够，采取的措施不是太迟就是太乏力，于是大多错过了本币升值的最佳时机。本币币值偏低，外汇储备因而高筑，当外储大增之后，发展中国家让本币升值的成本已经大幅上升，那时升值的代价已太大。以中国为例，官方外汇储备的增长速度大大高于发展中国家的平均水平。

从 2003 年底的 4 000 亿美元增长到 2005 年底的 8 000 亿美元，之后又增长到 2007 年底的将近 1.6 万亿美元。由于继续升值造成的汇兑损失迅速增加，通过人民币升值实现宏观调控目标的最佳策略正在失去比较优势。

总之，这一轮全球性通货膨胀压力只有通过上述两个途径才能释放：或者本币升值，或者物价上涨。及时、快速地调整汇率是最佳策略，但中国已经失去了机会。因此适度容忍通货膨胀、同时不放弃汇率工具这个次优选择成为更加现实的选择。适度容忍当期的物价上涨不是放弃通货膨胀目标。相反，与人民币升值一样，容忍当期的物价上涨正是释放通货膨胀压力、消除通货膨胀预期的措施之一。而通货膨胀预期往往比通货膨胀本身更加有害。

按照上述思路，目前应该尽快实施的具体措施就是及时放宽商品价格管制，特别是调整成品油和电力价格，让市场机制来平衡供求。这不仅有助于消除国内市场的短缺，甚至有助于降低国际市场上的价格。为此，年初制订的物价控制目标应该彻底放弃。

从“保增长”到“防通胀”[①]

在投资驱动的“低就业、高增长”背景当中，一旦通胀发生，民生目标不仅将变得更加迫切，也更难实现。因此“保增长”迟早会转变为“防通胀”。

百年一遇的国际金融危机和世界经济衰退严重打击了出口导向型的中国经济，导致沿海地区大量出口企业停业和大批低技术工人失去工作机会。中国政府2008年10月及时明确了“保增长”的经济目标并果断实施了经济刺激计划。这个决策的合理性在于：“保增长”有助于“保民生”，而“保民生”有助于“保稳定”。

经过半年多的努力我们看到，中国经济2009年的增长率达到8%已经没有什么悬念，因此“保增长”的目标可以说已经提前百分之百地实现，但是“保民生”的目标实现了多少还无法作出乐观判断。这一方面是因为国民福利与社会保障体系的完善不仅需要决策者的魄力，也需要比较长的时间来规划和实施，因此中国在这个领域任重道远，短期很难取得很大进展。

另一方面，中国的基础设施建设从20世纪90年代初期开始就习惯了运用大型工程机械的现代化技术路线，以至于基础设施领域大兴土木并不为低技术工人提供太多的就业机会。虽然对大型工程机械的需求能够拉动资本密集型的机械工业，但这个需求也不是只留在中国，而是辐射到全球，为世界经济复苏作出了贡献。

在投资驱动的“低就业、高增长”背景当中，通胀的危害已经远远超出了资源有效配置的层面。一旦通胀发生，低收入（特别是失业）阶层的生计将受到再多一重的打击。“保民生”（甚至“保稳定”）的目标将变得不仅更加迫切、也更难实现。

刚刚公布的8月国民经济主要指标数据显示：第一，价格上升的趋势与此前的预期一致。8月的居民消费价格指数（CPI）环比上涨了0.5%。虽然同比下降了1.2%，但这个降幅已经比7月缩小了0.6个百分点。考虑到同比指标的翘尾因素，CPI同比指标将在未来三个月内由负转正的可能性

---

① 2009年9月14日发表于《中国经济时报》。

很大。

第二,价格上升的危害来得比此前的预期还早。由于季节因素、蛛网周期和部分地区农作物减产等因素导致 CPI 当中的食品价格环比上涨了 1.3%。这个变化对恩格尔系数(食品消费支出在总消费支出中所占的比重)较高的低收入阶层的影响不可小觑。

由于通胀危及到既定的“保民生”和“保稳定”目标,因此当前继续维持的“保增长”目标迟早会转变为“防通胀”(如果行动较早)或者“反通胀”(如果行动太迟)目标,至少是折中为“一保一防(反)”双目标。

与“反通胀”相比,“防通胀”的操作难度和风险都小得多,是上策。笔者相信,中国的决策者一定对未来的经济形势有理性的认识和预期,因此一定会在通胀初露端倪的时候(甚至以前)主动选择“防通胀”政策,而不是等到通胀已经无法避免的时候再被迫实施“反通胀”政策。在过去几个月里,国内学者关于通胀的讨论已经起到了警示作用。

最新迹象表明:“防通胀”可能很快会成为经济政策的新目标。温家宝总理 9 月 10 日在大连“夏季达沃斯”论坛上指出:有几个比 GDP 更为重要的指标,包括就业率、经济增长的质量和效益、节能减排以及群众生活质量。中国政府“会继续积极的财政政策和适度宽松的货币政策,全面落实和不断完善一揽子经济刺激计划,同时警惕和防范包括通胀在内的各种潜在风险”。

同时发布的另一个有关中国经济中长期的利好消息是中国的经济政策很可能会很快回归中长期目标。温总理在同一次演讲中还指出:应对国际金融危机将是一项长期艰巨的任务。中国经济有很大回旋余地,也有很大发展潜力,不仅要考虑 2009 年实现原有的计划目标,还要考虑 2010 年后国家长期平稳较快的发展。我们政策的着力点不仅在于克服短期困难,更要着眼于长远发展,从根本上解决制约中国经济健康发展的体制性、结构性矛盾。

货币政策的可选空间继续缩小[①]

2011年的货币政策日益显现出左右为难的特点。一方面，如果继续维持适度宽松的货币政策，那么当前已经严重的通货膨胀有可能持续更长时间，中国将面对通胀失控的宏观经济风险。另一方面，如果转而采取紧缩性的货币政策抑制通胀，那么根据以往的历史经验，经济增长速度会比通胀回落得更早更快。在这两个高风险的选择的夹缝中间，没有给“稳健的”货币政策留下多大选择空间。

就在10月超出预期的通胀数据公布之前，不断有经济学家建议：宏观经济政策应该放宽对通胀的容忍度。有学者建议将当前执行的3%年度通胀控制目标放宽到4.5%或者5%。4.5%或者5%恰好是出现在最近两个月的通胀率峰值。这个建议似乎暗示：通胀走到多高，政策对通胀的容忍度就提高到多少。如果这一建议被采纳，通胀预期一定会更上一个台阶。

控制通胀和控制通胀预期都是宏观经济政策的目标。控制通胀主要靠央行的行动，而控制通胀预期主要靠央行的可信度(credibility)。履行了27年中央银行职责的中国人民银行正在努力、但是尚未树立起“人民币币值保护者”的良好声誉，因而对通胀预期缺乏控制力。在当前通胀上升、年度通胀目标无法实现的时候，如果宏观经济政策对通胀作出妥协，那么央行本来就不高的可信度会降得更低，前期的努力也会付之东流。

通胀侵蚀货币的价值，让货币不再是良好的价值储藏工具，让人们不再愿意持有货币；通胀让货币成为不断缩短的“尺子”，不再是良好的计价工具，人们可能不愿意接受货币。市场如果失去了币值稳定的货币，有可能回到物物交换。因此，利用通胀促进增长的政策就像是玩火。通胀率较低的时候，政府也许能控制住局面。但是，一旦通胀率超过某个事先并不知道的临界点，可能就会失控。这个临界点恐怕低于两位数。

中国经济在过去30年里获得的历史经验表明：针对通胀而采取的紧缩措施，无一例外地率先打击经济增长率，然后才降低通胀率。紧缩的货币政

---

① 2010年12月13日发表于《明报》，14日发表于搜狐财经。

策从先传递到货币供给增速减慢，再传递到价格指数下降，在中国大概需要两年的时间。因此，央行如果看到通胀再加息，已经错过了控制通胀的最佳时机。现在努力紧缩货币供给，与其说是当期的抑制通胀，不如说是打击当期的经济增长，同时制造未来的通缩。这样的货币政策是顺周期操作，增大经济波动。

如果要继续维持较高的短期经济增长率，决策者有可能不愿意采取紧缩的货币政策。在当前的经济体制内，各级政府都有促进经济增长的积极性。人民银行是国务院的组成部门，货币政策也必须以维护经济增长为目标。这样，决策者也许并非故意制造通胀，只是因为不情愿以降低经济增长率为代价来控制通胀，从而事实上纵容了通胀。

货币政策的每一次调整都有三种选择：宽松、紧缩和维持不变。“稳健”是极具中国特色的模糊词汇，可以用来指代上述三种选择当中的任何一种。因此，央行说“稳健”，等于什么也没说。要知道当前货币政策的取向，只能观察央行的行动。

最新数字显示国内金融市场的流动性增速不减。人民银行周五公布的金融数据显示：11 月本外币贷款增加 6 142 亿元，其中，人民币贷款增加 5 640亿元。金融机构 2010 年前 11 个月用光了全年贷款额度。如果不采取更严厉的措施收缩信贷，全年信贷将达到 8 万亿元。同日，人民银行宣布：从 2010 年 12 月 20 日起，上调存款类金融机构人民币存款准备金率 0.5 个百分点。

该措施出台之前，市场预期年内加息至少一次。现在市场预期年内不再加息。由此观之，这一轮“稳健”意味着“轻微紧缩”。这样的货币政策无伤于经济增长，也无助于收缩流动性。如果不在汇率和货币体制上有所动作，事实上会纵容通胀。

三种政策工具，三种经济效果[①]

制订宏观经济政策的一条原则是用一个政策工具解决一个经济问题。有不少人反对说：政策工具和经济问题之间的“一对一”关系是教科书中的理想状态，现实当中并不存在。决策者总是面对纷繁的现象、复杂的问题，单一的工具不能解决问题，必须把多种政策工具组合成“工具包”。因此，在现实的工具与问题之间，存在“多对多”的关系。

实际上，是否承认“一对一”的原则，绝不是理论工作者和实际工作者的差异。西方宏观经济政策的实践就一直遵循“一对一”原则。

幸好一位重要的央行官员认识到了这一点。最近他公开谈论货币政策的时候再次用“中医”和“西医”作比喻。他说：西医治病有一定的理论和实证基础，所以“认为某一味药有效，而且服后很快见效”。中医则是开一副药，其中有好几味药，分别具有不同的功能，配合起来达到总的疗效。换言之，“一对一”还是“多对多”，这是东西方的差异。西方国家的货币政策遵守“一对一”的原则，中国的货币政策则不然。

上述对比不无道理，但是忽略了一个事实：西方国家制订的宏观经济政策也会使用“工具箱”和“政策包”。真正的差别恐怕在于他们知道“箱”“包”中的每一件工具能够发挥什么样的作用，而不是“摸着石头过河”、纯粹地“试错”。吴敬琏先生说过，早先“摸着石头过河”是没办法的办法；现在还这么“摸”，风险越来越大。

笔者在前一篇评论中已经分析了人民币升值的经济效果，指出升值这个工具可以用来抑制当前上涨过快的国内通胀。除此之外，人民银行的货币政策工具箱中还有另外三种最常用的工具。在使用之前，最好分析一下各自的经济效果。

首先是价格型工具：利率。10月人民银行公布的货币统计显示，“笼中虎”已经有了出笼的迹象。这是由于居民价格指数(CPI)突然提高，导致负利率程度加重，推动部分居民存款流出银行，导致银行“脱媒(disintermediation)”，

---

① 2010年11月26日发表于《21世纪经济报道》。发表时题目改为《政策工具箱的工具该怎么用?》

而市场的流动性仍然充足。银行存款寻找其他保值渠道，这必然导致各类资产价格提升。而股市仍然是居民投资的主渠道，因此股市活跃。

如果提高利率，将减少存款流出银行的动力，当前金融市场上的一部分游资也会回归银行，因此银行“脱媒”的程度将会降低。这个结构性变化对金融市场的影响是包括股市在内的资产价格下跌。

提高利率对国内的货币供给影响是较小的。因为较高的利率将吸引更多跨国资金进入中国。只是近来的资金更倾向于存入银行获取利率，而不是流入各类市场推动价格起落。

其次是数量型工具：准备金率。提高准备金率能够把一部分货币“圈”在商业银行的资产负债表上，降低货币乘数，从而减少银行体系向市场提供的货币供给、减少市场流动性。货币乘数的变化对欧美金融市场有巨大冲击，因此欧美的教科书上称之为“巨斧”。但是中国银行业的规模控制限制着贷款增量，因此乘数没那么大威力。

提高准备金率符合周小川行长提出的靠“池子”减少流动性的理念，可能是下一步人民银行频繁动用的工具。一个副作用是减少商业银行的盈利资产比率，从而降低商业银行的盈利能力。如果商业银行的利差同时降低的话，商业银行的业绩会有较大下降。

还有一个数量型工具：央票。发行央票可以回笼基础货币(M0)，从而减少货币供给。这是过去十多年来央行使用得越来越多的政策工具，以至于央行主动发放的基础货币越来越少，外汇储备占款成为基础货币发放的主渠道，占到货币发放的77%。这对中央银行的盈利能力有很大的负面影响。央行不以营利为目的，但正常情况下都有充足的利润。亏钱的央行是很不正常的。

综上所述，价格型工具能够让“脱媒”的资金回到银行，让流入的跨国资金更多存入银行，因此对货币供给量影响不大，对金融市场和资产价格影响很大；数量型工具可以减少货币供给，但是在流动性十分充裕的市场上对利率影响不大，对金融市场和资产价格影响不大。

看见通胀再加息，晚矣[①]

日历刚刚翻过10月，各研究机构就立即开始预测居民消费价格指数(CPI)和央行有可能采取的行动。这都是10月19日央行在当月经济数据公布之前意外宣布加息的后遗症。统计局10月21日公布的经济数据显示：三季度国内生产总值(GDP)同比增长9.6%，高于市场预期；9月CPI同比上涨3.6%、环比上涨0.6%，也高于预期。旁观者可以做一个合理的推测：正是由于经济增长和物价上涨双双超过预期，因此宏观调控部门既有必要采用利率工具抑制通胀，又不必过于担心增长速度过低。

既然央行已经开始动用利率工具，那么如果10月的经济数据出现类似的"双高"景象的话，央行有可能继续加息。稍有不同的是，统计局只按照季度统计GDP数据，而不提供月度GDP数据，因此判断月度经济增长速度一般会代之以规模以上企业的工业增加值增幅。从已经公布的预测数据来看，研究机构似乎达成了两条共识：第一，10月CPI同比涨幅可能达到或超过4%，因此央行再次加息的可能性比较大；第二，11、12月CPI同比增幅可能出现回落，但是中国长期通胀的压力正在增大。

CPI未来的趋势如何？央行如果继续运用利率工具的话，会产生什么效果？为了让自己的资产保值增值，每一个投资者都关心着这两个问题。

关于第一个问题，请容笔者引用笔者本人2009年7月写下的评论，题目是《即将开始的第四个价格周期》。在这篇评论中，笔者预测CPI同比指数将在2009年9月到11月之间转正，这一预测已经得到验证。同时笔者也预测：如果货币政策2009年四季度转向、M2增速2010年一季度转向、M1增速2010年下半年转向的话，那么CPI转正之后将上涨两年左右。这一预测虽然尚未得到验证，但是正如上文所说，目前许多研究机构的预测正在向笔者2009年7月的预测靠拢。而在2010年年初，机构大多乐观地预测CPI会在7、8月达到顶点，年度平均CPI能够控制在3%以内。

关于第二个问题，运用利率工具能够取得什么效果，同样先引用笔者在

① 2010年11月3日发表于《21世纪经济报道》。

上文中的判断和建议：货币政策效果可以迅速改变 M2，但传导到 CPI 有时滞；扩张性的货币政策时滞 11 个月，紧缩性的货币政策时滞两年或者更长。也就是说，当前的 CPI 指数受到 1～2 年前的货币政策的影响，不受当前货币政策的影响；当前的货币政策能够改变 1～2 年之后的 CPI 指数，无法改变当前的 CPI 指数。因此笔者有把握地判断：央行即使进一步加大加息的力度，也只能改变聪明的投资者对 11 个月以后的通胀的预期，却无法立即改变当前 CPI 的变化趋势。在短期内，CPI 一定会维持高位，甚至再创新高。

由于货币政策从影响货币供应量到传导到 CPI 有 1～2 年的时滞，因此，如果中央银行只盯住 CPI 的涨跌来决定货币政策方向，也就是"见到通胀再加息"的话，货币政策将有严重时滞，从而增大 CPI 的波动幅度。一个改进是盯住时滞较小的中间目标，例如 M1 和 M2。货币政策只有盯住这样的中间目标，才有可能实现"逆周期调节"。而"逆周期调节"是现任央行行长周小川时常挂在嘴上的话题。唯有实现"逆周期调节"，才能管理好市场对通胀的预期。而"管理通胀预期"是国务院领导提出的目标。从 M1 和 M2 这两个中间目标来看，货币政策早在 2009 年二季度就已经到了应该转向的时候。

对当前中国经济来说，维持较高的通货膨胀率有一个额外的好处，那就是降低人民币的升值预期。人民币的升值预期来自中国持续、大量的贸易顺差。美国官员们希望通过调整美元与人民币的实际有效汇率（real effective exchange rate，REER）从而减少两国间的贸易失衡。改变实际有效汇率有两个途径：其一是美国要求的改变名义汇率。从 2005 年以来人民币兑美元升值了 20%以上。其二是现在正在发生的通货膨胀。对于持有大量外汇储备的政府来说，改变名义汇率的账面损失很大，因此通货膨胀途径具有吸引力。因此，只要人民币停止或者缓慢升值，通胀预期立即强化。

由于人民币汇率与美元保持基本稳定，也就是所谓以美元为"锚货币"，因此人民币的通胀预期也就"锚定"于美元的通胀预期。由于美国政府开始推行第二轮量化宽松货币政策，即所谓的 QE2（quantitative easing II），全球市场上势必再次充满前所未有的流动性。这些流动性势必在短期推动资本品价格上涨，在长期推动制成品价格上涨。可以毫不夸张地说：QE2 在全世界范围内推高了以美元定价的通胀预期。在此基础上，如果市场预期人民币每年对美元升值 3%左右，那么中国国内的通胀预期就降低 3 个百分点；

如果中国国内的经济增长速度比美国高出 7～8 个百分点，那么中国国内的通胀预期也比美国高出几个百分点。

在管不住跨国资金流动的国度，加息无法减少流动性，因而无论在长期或者短期，都无法抑制通胀，但升值可以。

辑六

短期政策不能解决长期问题

全球金融危机只是中国经济困难的次要原因[①]

这一轮世界性的金融危机对中国经济的冲击大约经历了三个阶段。每个阶段的冲击影响到不同的层面。但是,这一轮全球性的金融危机只是今年成为“中国经济最困难的一年”的次要原因,只是让这个困难来得提前了一点。中国经济面临这一困难的根本原因是:出口导向型的经济增长模式迟早要走到尽头,市场力量将推动中国经济的增长方式发生转变。

第一,当次债危机开始爆发的时候,对中国政府、银行、企业和居民造成了冲击,使其持有的以外币计价的资产贬值。危机首先影响到次级债券的价格和流动性,使持有这些债券的国内银行受到一定损失。危机很快又导致一个接一个跨国金融机构的股价下跌,使刚刚开始走出国门的中国投资机构接连遭受损失。例如中投公司对百事通的投资、国开行对巴克莱的投资均受到不小损失。

此外,随着美元的持续大幅贬值,境内企业和居民持有的以美元计价的资产出现了账面损失。特别是国家巨额外汇储备的账面损失已经接近万亿元。由于美元汇率波动加大,中国企业和居民持有的美元资产的汇率风险增加了。

第二,当美国政府对危机作出反应的时候,中国的宏观经济受到了严重的流动性过剩冲击。为了应对危机,美联储一再向市场注入流动性。由于美元是被广泛接受的国际货币,美联储注入的流动性溢出到世界各地,造成世界性的流动性过剩。由于人民币对美元的汇率在 2005 年以前是刚性的,在 2005 年之后也颇具黏性,结果中国受到的冲击尤其严重。这个冲击反映在外汇储备的增加上。

直到 2008 年中,中国经济的增长速度没有受到明显影响。有海内外的学者提出假说:中国经济正在与美国经济脱钩(decoupling),中国的经济增长可能不会受到世界金融危机的影响,反而有可能成为世界经济增长的新的动力来源。不仅如此,由于受到世界性流动性过剩和热钱投机人民币升

---

① 2008 年 11 月 5 日发表于中国经济网。

值的影响，中国经济还有过热的倾向。中国政府于是采取了“双防”的宏观经济政策：防止经济增长由偏快转为过热，防止价格由结构性上涨演变为明显的通货膨胀。为了控制通货膨胀，人民银行付出了不小的代价以“对冲”过多的流动性。

第三，当次债危机演变为全球性的金融危机时，中国经济增长方式受到的冲击开始显现出来。在次债危机爆发之始，中国似乎还置身事外。可是中国过去15年的经济快速增长是建立在“出口导向”之上的，因此中国的经济增长依赖于世界对“中国制造”的需求增长。然而，全球性的金融危机导致了世界性的需求增长减速，最终影响到中国的经济增长。于是从第四季度初开始，今年真的成为了“中国经济最困难的一年”。

其实，中国经济注定会面临现在遇到的困难，全球性的金融危机的作用只是把这一天提前到了现在。中国本来就正在靠近出口导向型经济增长道路的终点，世界性的金融危机让这条道路变得更短。过去，政府也确定了转变经济增长方式的目标，但是没有真正实现。现在，市场的力量开始推动中国经济的增长方式发生转变。

在供给方面，增长方式的转变包括两个方面：

一方面，成熟产业要在区域间转移。“雁行发展”模式预言：当沿海地区的土地价格和劳动力成本上升到某些产业难以为继的时候，这些产业会转移到低地价和低工资的中西部地区。中国是一个大国，地区间梯度明显。自东向西的转移收益大而成本小，不仅比跨国转移更经济，而且风险也更低。所以，当东部地区经济面临巨大困难、增长率减低到个位数的时候，中西部地区经济普遍繁荣，内蒙古的增长率甚至高达29%。这说明“产业空心化”不会成为全国性问题，不需要用全国性的政策来应对。

另一方面，发达地区的产业要升级。地价和工资上升的沿海地区在失去低附加值产业的同时，自然需要更高附加值的产业来填充。如果这个过程不成功，这些地区的地价和工资就无法继续上升。这是当前一些大中城市出现房价危机的最重要原因。产业升级是当前房价下跌城市稳定房价的根本举措。一些地方政府已经提出“腾笼换鸟”口号，顺应并积极推动地区产业升级。而产业升级无法绕过进一步对民间资本和外资开放一些现在还受管制的产业，特别是消费性服务业。如果扩大内需是当前的政策目标，那么发展消费性服务业一定比发展生产性服务业更重要。

而在需求方面，从依靠外需向依靠内需转变则需要政府出手完善市场经济体制。其中完善社会保障、加强产权保护是实现这一转换的关键。

只有在明确了大是大非，确定了大方向，并且确保短期经济政策锚定于、服务于中长期经济目标，才能够保证这些政策真正对国民经济有利。例如，与其提高出口退税鼓励本国出口和国外消费，还不如用同样数量的财政补贴鼓励国内消费。同样是财政补贴，前一种补贴抵消市场力量、推迟需求层面的国内替代，后一种补贴则通过扩大内需促进替代；前一种补贴大多溢出到海外，后一种补贴基本上留在国内。据报道，今年的广交会正好在财政部宣布提高出口退税率之后开幕。会上出口企业普遍向外商让利3%～6%。路透社记者感叹道："在全球经济饱受打击之际，世界人民再次分享了中国财政补贴带来的福利。"

“三驾马车”分解法低估了进出口对增长的贡献[①]

在国民经济账户体系(SNA)中核算国内生产总值(GDP)的时候，产品出口导致GDP增长，进口则相反。因此，作为经济增长的“三驾马车”之一，对外贸易对一国GDP的影响被简化为出口减去进口的余量，也就是“净出口”。按照这个体系计算进出口在各年度经济增长中的占比，结果会发现净出口对经济增长没什么贡献。一篇论文提供的计算结果显示：在1978年到2007年的30年间，净出口的贡献为负的年份有13个，不显著(小于5%)的年份有6个，显著的年份只有11个(大于5%)；正负相抵，净出口对经济增长的贡献30年平均下来还不足3%，几乎可以忽略不计。

由于过去30年里中国经济增长97%来源于另外两驾马车(消费和投资)，有学者提出一个颠覆当前政策的看法：中国根本就没有经历过所谓“出口导向”的经济增长道路，因此“扩大内需政策”无从谈起。

上述分析的一个明显失误是把对外开放以来的前30年混为一谈。实际上，以1994年为界限，对外开放以来的30年正好分为相等的两段。1994年之前，中国经济曾经高消费、“洋跃进”，经历过与出口导向道路不同的进口替代道路。从1994年开始，中国经济才走上出口导向道路。从数字上看，净出口对经济增长贡献大于5%的11个年份，只有4个分布在前15年，另外7个在后15年。另一位经济学家的计算显示：1990年以来，净出口对中国经济增长的贡献平均下来接近17%。远高于30年平均的3%。

17%的数字仍然没有完整反映进出口对经济增长的全部贡献，因为这种分析方法中还有一个不明显却更严重的缺陷：以国民经济账户核算替代了经济分析，只能看到对外贸易通过净出口渠道影响经济增长，忽略了对外贸易促进经济增长的其他渠道。国民经济账户核算过程中使用的数字没有包含足够多的信息，不可能从中窥视到对外贸易对投资的促进作用。

下面让我们举一个代表性的案例来说明问题。假设一家从事加工贸易的企业一年进口100亿元产品，经过加工之后再出口110亿元。按照国民账

① 2010年1月14日发表于《上海证券报》。

户体系核算，净出口10亿元是该企业对GDP的全部贡献。然而，通过下面的计算可以发现，这10亿元只是这家企业对GDP的全部贡献中的一小部分。

秘密在于这10亿元贸易盈余去了哪里。不失一般性，我们假设这10亿元分为三个部分：其中4亿元用于购买生产过程中必须的能源、本地原材料；另外4亿元(费率低于4%)用于支付物流为主的社会化服务；企业真正能够内部分配的剩余其实只有2亿元(假设100%出口退税)。

出口加工企业通常是劳动密集型的，企业内部2亿元分配剩余中的50%(1亿元)用于支付工资，另外1亿元成为资本的回报。而提供物流服务、能源、本地原材料的部门需要投资公路、港口、电厂、矿山等资本密集型项目，因此企业支付给其他企业的8亿元中，75%(6亿元)成为资本的回报，其余2亿元成为工资。因此，在10亿元贸易盈余当中，7亿元成为资本回报，3亿元成为劳动回报。

在长期风险利率不高于9%的情况下，加工企业每年1亿元的资本回报可以吸引7亿元以上的资本投入(10年折旧)，基础设施领域每年1亿元的资本回报可以吸引11亿元以上的资本投入(30年折旧)。因此，该企业的经营活动创造的7亿元资本回报，足以吸引70亿元以上的资本投入，从而对GDP增长作出70亿元以上的贡献。这远高于按照国民经济核算体系计算出来的10亿元。这还只是静态分析。如果考虑到上述所有数字都以每年24%的速度持续增长(这正是1994年以来中国外贸部门的真实增长速度)，那么进出口推动的本地投资规模还会更高。

综上所述，加工贸易在“变相出口劳动力”的同时，也带动了其他生产要素出口。这一方面是因为在出口加工企业的生产过程中，劳动力和资本品二者不可或缺(经济学术语叫“互补品”)。国内丰富而廉价的劳动力供给吸引加工产业持续转移到中国，带动了国内加工企业对资本品的需求。另一方面，劳动密集型的加工贸易部门的增长也形成对本地能源、运输和配套原材料的需求，从而促进对能源、交通、港口和矿山等资本密集型产业的投资。

由于加工贸易能够带来各种生产要素投入的增长，因此能够通过多个渠道促进本国经济增长。其中，通过促进国内投资渠道作出的贡献远大于通过促进净出口渠道作出的贡献。国民经济账户核算中“三驾马车”的分类忽略了前者，从而严重低估了对外贸易对本国经济增长的贡献，因此并不适用于分析对外贸易对经济增长的贡献。

G20峰会促中国经济转型[①]

据英国《金融时报》报道，美国将在即将召开的匹兹堡 G20 峰会上发起旨在矫正全球经济失衡的动议，而英国、法国和其他欧洲国家会支持对全球失衡采取行动。这些国家希望确立一个可信的程序，监测各国增进国内经济平衡的努力。这里提到的“全球失衡”，是指中日等东亚国家的高储蓄率和庞大的经常账户盈余，以及与之相对应的美欧等发达国家的高负债率和庞大的经常账户赤字。

上述动议将主要针对贸易盈余国家（主要是中国），这不禁让人想起上世纪 80 年代日美之间持续的贸易争端和调整全球（主要是日美）失衡的广场协议与卢浮宫协议。目前，中美之间日益加重的经常账户失衡与上世纪 80 年代日美之间的经常账户失衡非常相似。美国在 2005 年之前提出的人民币升值要求与 1985 年之前对日本提出的日元升值要求也是一样的。

但中国与日本有很大不同，以至于美国无法采用同样的方式达到同样的目的。二战结束后，美国一度占领并管理日本；冷战时期，美国又一直用核保护伞“罩”着日本。美日之间名为同盟，其实关系极不平等，甚至影响到双方官员在外交中的态度：美方习惯于盛气凌人、颐指气使，日方则见惯不惊；偶有美国官员稍微屈尊，就能让日方感激不已。因此，美国在上世纪 80 年代能采用软硬兼施的外交手段让日本政府调整经济政策。

日本在美国施加的压力下仓促进行的经济政策调整，至今没有达到预期目的，今天的中国虽然面对同样问题，但不愿意步日本后尘。加之中美之间的外交关系与日美之间大不相同，美方无法把自己心仪的方案强加给中国并迫使中国执行。因此在对待中国时，美方态度比较温和，更多依靠看不见的市场力量。

1929 年的金融危机之所以导致资本主义世界最严重的经济萧条，一个重要的原因是各国纷纷采取对本国有利、却又“与邻为壑”的贸易保护主义措施。基于这个教训，在去年 11 月召开的 G20 峰会上，反对贸易保护主义

① 2009 年 9 月 21 日发表于《中国经济时报》，2009 年 9 月 28 日发表于《明报》。

被确定为防止世界经济走向萧条的重要措施之一,参与峰会的各国都作出了反对贸易保护的承诺。

然而,世界贸易组织(WTO)和经济政策研究中心(CEPR)2009 年 9 月表示:从 2008 年 11 月作出集体承诺以来,G20 成员国家继续实施一系列贸易限制措施,甚至平均每三天就有一个成员国违背无保护主义承诺。特别是奥巴马政府正式启动特别保护措施,对中国出口轮胎加征紧急关税,显示出美国有可能启动一场主要针对中国的"贸易战"。

贸易保护主义是当前世界经济复苏的最大威胁。在美国政府的外交谈判策略中,美国国内(国会)的贸易保护呼声从来都是要满足自己的需求。在国际金融危机之后,贸易保护不仅是各国政府的自然生理反应,而且会在各国之间产生"羊群效应"。如果参加本次匹兹堡 G20 峰会的大多数国家因为惩罚的对象只针对少数国家而达成一致,纵容贸易保护主义披上"平衡全球失衡"的外衣,那么全球经济的真正复苏将受到沉重打击。

美国当前的短期贸易保护行为与长期经济战略转型是一致的,很可能持续下去。尽管奥巴马本人并没有明确表达过要推动美国经济战略转型的意图,但其班底中已有越来越清晰的声音呼吁美国政府这么做,例如白宫经济委员会主任拉里·萨默斯先生。因此"轮胎特保案"很可能不是孤立的事件。

中国的出口导向型经济增长方式本来就是不可持续的,现在因为美国经济的战略转型而变得更短。经济增长方式转型是一个渐进过程,双方都需要时间。美国经济市场化程度较高,调整会更快。因此中国经济需要加快调整,才不会跌入被动局面。

美国经济转型中国最受冲击[1]

如果奥巴马政府当真要推动美国经济的战略转型，而不是在金融危机之后"做秀"或者鸣枪示警，那么中美经济格局必将为之改变，中国将在短期受到最大冲击。

在美国总统奥巴马的阵营中，有越来越清晰的声音向世界宣布：在世界经济当中，美国不会继续担当"最后消费和进口国"的角色。据英国《金融时报》报道，上个月在位于华盛顿的彼得森国际经济研究所演讲和接受采访时，白宫经济委员会主任拉里·萨默斯对美国经济的战略转型做了"最清晰的表述"：美国必须成为以出口为导向，而不是以消费为基础的经济体，必须依靠真正的工程技术，而不是金融巫术。

美国之所以"被迫"作出这样的选择，最直接的是经济原因：在这一轮金融危机之后，美国可能再也无法继续以低廉的利率为其庞大的贸易赤字融资。即便廉价的资金供应能够持续一段时间，也说不准会在未来的某个时候突然断裂，冲击美国经济。除了经济因素之外，萨默斯还把这一转型提高到了国家"战略"的高度。他指出：美国日益增长的外债规模与其超级大国地位不相符。

为了实现经济转型，美国需要加大出口、减少经常账户赤字。根据彼得森国际经济研究所两位学者的研究，若要使美国的经常账户赤字接近上述目标所要求的水平，美元真实汇率可能需要进一步贬值，"主要是相对人民币和其他亚洲货币"。这句话似乎包含着特别的含义。要知道：真正的美元贬值必然是相对于全世界所有非美元货币的。美元相对于个别货币的贬值只能靠这些货币的升值才能做到。

上世纪90年代中期以来，中国经济的快速增长是靠出口拉动的。美国（后来又加上欧洲）是中国制成品的主要出口地。中国对美国的贸易顺差早就达到了足以让一个正常国家"支付不起"的程度。中美经济关系得以维持，是因为美国是一个超级大国，能够从包括中国在内的经济体"得到"廉价

---

① 2009年8月31日发表于《中国经济时报》，2009年9月7日发表于《明报》。

的资金。是“得到”,不是“借到”。美国不需要到别的国家去借,别的国家就主动把美元送到了美国。所以中国不担心美国的支付能力。退一万步,还有美联储这个可以提供无穷尽资金的“最后贷款人”。

但是,如果美国经济真的开始战略转型,中国经济增长的出口发动机的美国部分就被关闭掉了。这对中国是一个巨大的经济打击。萨默斯表达得十分清楚:“中国不可能再像过去那样行事了,因为美国打算表现得更像中国。全球经济不允许两个(甚至一个半也不行)最重要的经济体都来实行中国式的增长战略。”

萨默斯的挑衅性表达其实包含着对中国的善意警告:美国经济即将转型。中国,请你准备好。需要注意的是,这是站在美国立场上给中国发出的善意警告。它暗示美方对美国经济转型的一个看法:中美之间在经济转型问题上的博弈可能有一个合作的结局。毕竟“美国不能独自解决全球失衡”的一个简单逻辑是:美国经济转型需要中国配合,而中国需要从配合中得到好处。

美国是当前国际货币体系的既得利益国。“得到”廉价资金正是美国从美元为主的国际货币体系中得到的主要好处之一。正当世界开始讨论如何改革国际货币体系的时候,美国提出自己要放弃这一好处。这一举动是不是“做秀”,短期内还存在不确定性。

但是从长期来说,上述举动并不是“做秀”。如果美国不夯实本国的经济基础,支撑并改善以美元为主的国际货币体系的话,其他国家必定会另谋其他选择。欧元、日元、SDR,都是潜在的替代品。因此,美国从当前货币体系中获得的既得利益,总的来说是不可持续的。

西谚有云:“与其留不住,不如主动放弃。”即使奥巴马政府没有启动这样的转型,未来的美国政府一定也会这么做。也许奥巴马政府正在考虑:这个利益到底还能留住多久?

救经济需要掌握好分寸[①]

2009年1月的前20天，银行业金融机构新增贷款达到9 000亿元。超过2008年12月的增量7 400亿元，也刷新了2008年1月新增贷款8 036亿元的天量纪录。人民银行本周公布的数据进一步显示：在1月下旬，银行业金融机构的人民币贷款余额增速加快，增加了7 200亿元。全月新增贷款1.62万亿元，把该项目的历史纪录翻了一番。同时，深沪股票市值今年以来已经累计上涨了15%。如果维持缓慢上行，财富效应即将释放出来。尽管1月的CPI和PPI继续惯性下跌到1.0%和－3.3%，但是这一趋势有可能在不久的将来先后得到扭转。上述所有数据显示：去年10月以来实施的扩张性的宏观经济政策收到了成效，市场预期已经改变，对短期经济增长的信心开始回升。

就货币政策而言，人民银行公布的数据同时显示银行间市场人民币交易活跃，资金充裕，利率降低。1月银行间市场同业拆借月加权平均利率0.9%，比上年末低0.34个百分点。因此没有必要立即提高货币乘数或者增加基础货币供给。但与去年同期相比，1月末的市场货币流通量(M0)同比增长12.02%；狭义货币供应量(M1)同比增长6.68%；广义货币供应量(M2)同比增长18.79%。如果外汇储备增速持续降低，未来增加货币供给的工具是通过降低存款准备金率扩大货币乘数。如果CPI能够稳定在1%附近，降低利率的空间也不会继续加大。

中国政府的扩张性宏观经济政策是世界性的金融危机之后全球性的扩张性宏观经济政策的一部分。源于华尔街的世界性金融危机已经而且还会继续打击全球各地的需求，仍然有可能加重全球性的经济衰退。作为防止萧条的对策，世界各主要国家均采取了扩张性的宏观经济政策。例如美国政府即将通过一个总额超过8 000亿美元的经济刺激方案。此前中国政府率先宣布的4万亿元投资计划不仅有助于缓解中国经济受到的外部冲击，还因为具有正面的外部性而得到了国际社会的好评。

---

① 2009年2月16日发表于《明报》。

但是，中国的宏观经济政策应该与世界其他经济体有所不同。从宏观经济层面上看，中央政府的改革措施有助于制度性地扩大内需。只要这些调动内需的经济政策能够部分收到成效，中国仍将是世界上增长最快的经济体。从微观层面上看，发达地区的地方政府普遍致力于促进产业升级。只要部分地区能够成功实现产业升级，中国经济就会装上新的发动机。这些改变有助于提供中国经济的长期增长。此外，中国的金融体系受到金融危机的冲击相对欧美发达国家较小，金融市场的回升也居全球之首。所以，与发达国家相比，中国并不需要同样力度的经济刺激方案。如果短期扩张性经济政策的力度过大，有可能再次吹大国内资产泡沫，重蹈华尔街金融危机的覆辙。

中国的商业银行改革尚未完成，信贷制度尚不完善。过去两个月内银行贷款的快速扩张是一个值得注意的征兆。尽管目前的贷款集中在铁路、电网、高速公路和地方基建项目，而这些项目的市场风险较小，但是仍然应该防止商业银行在响应国家宏观政策的同时，放宽信贷标准，导致不良资产快速增长。

吹大泡沫不等于拯救经济[1]

在3月9日开始的两周里，全球主要股市普遍回暖，上涨幅度均超过了10%。纽约道琼斯工业平均指数从6 500点以下上涨到7 500；东京日经指数从7 021点上升到8 000点以上；德国DAX综合指数从3 600点以下上涨到4 000点以上；伦敦金融时报指数探底3 460点之后回升，摸高3 900。上证指数也在探底2 037点之后再次回到2 260点上方。

然而全球主要股市的回暖并不意味着经济复苏。美国和西欧失业率上升、居民收入减少，家庭减少消费、增加储蓄，这个过程仍将持续。所以国际组织和商业机构普遍预期世界经济将经历一个长U型的复苏。更加不幸的是，某些比较薄弱的金融机构甚至金融体系不一定能够坚持到复苏的那一天。冰岛、卢森堡、迪拜等地的股市毫无起色，埃及、华沙、布拉格的股市也很虚弱。还有美国和西欧国家的信用卡业务也可能出现大规模还款困难。如果这些体系倒下，将成为新的多米诺骨牌，进一步降低全球需求，造成更严重的衰退。

东亚国家基本上没有被破裂的泡沫牵连，但是，由于东亚各国严重依靠出口维持本国的经济增长，因此在收缩的世界市场中必然面临日益严重的出口困难和经济衰退。例如，由于在全球除中国大陆以外的各主要市场均出现销售额负增长，日立公司在2008年最后三个月出现了历史上最大额度的亏损。该公司财务主管早在2009年初就意识到今年头三个月的销售额下降还会更加严重。也就是说，日本经济将随着美国的需求收缩而跟随美国走向衰退。如果日本不能彻底转变出口导向型的经济增长方式，那么日本经济的真正复苏必定要等到美欧经济复苏之后。中国面临的情况和日本一样：除非及时转变经济增长方式，否则不可能先于美国经济复苏。

然而，转变经济增长方式是一件非常不容易的事情。美国是一个成功的案例，但是花费了很长的时间。由于日本制造业的崛起，美国制造业从上世纪60年代初开始逐渐失去竞争优势，美国经济开始痛苦地调整和转型，直

---

[1] 2009年3月23日发表于《明报》。

到90年代才借助IT产业的崛起重新走上经济快速增长的道路。日本则是一个失败的案例，充分说明了仅有扩张性的财政政策是远远不够的。泡沫破裂之后，日本的宏观经济政策和经济制度调整缓慢，加之政府一再扩张财政以镇痛，而不是实施改革以治病，日本经济增长严重依赖财政扩张。财政扩张一停止，经济就重归衰退。反复扩张财政导致公共财政债台高筑，一再拖延改革导致日本失去了十年，还有可能再失去十年。

为了"保8"，中国政府不仅实施了4万亿元经济刺激方案，而且实行了力度更大的扩张性货币政策。提交"两会"审议的政府工作报告提出，2009年度广义货币(M2)要增长17%左右，新增贷款5万亿元以上。就实施情况来看，商业银行十分配合，前两个月新增贷款已经达到2.7万亿元，3月有可能再次超过1万亿元，因此政府的贷款增长和M2两个目标都可以达到。问题是政府的目标实现之后，结果会怎样？政府工作报告还提出了另外两个年度目标：经济增长率达到8%，CPI指数在4%左右。如果这两个目标也达到，那么M2增长率仍然比GDP和CPI增长率之和高出5个百分点以上。鉴于改革推动的市场化进程已经暂停，在CPI既定的情况下，超额发放的货币注定会推高资产价格，包括让股市回暖。

与其他股市一样，中国股市回暖也不意味着经济复苏。资产价格上涨带来的财富效应可以在短期内创造需求，但是相对价格的失衡最终必须纠正：或者资产价格回归，或者其他价格跟上。后者意味着通货膨胀。无论哪一种情形发生，都意味着中国经济再一次衰退。究其根源，扩张性的财政和货币政策不能替代经济转型，治不了中国经济的病。扩张政策的唯一功效就是推迟衰退来临，为改革和转型争取更多时间，而副作用可能是抵消了推动经济转型的市场机制。如果中国经济的转型果真被延迟，中国经济的未来将是M型的衰退。

谨防国有银行改革走回头路[①]

全球性的金融危机已经通过多个渠道影响到中国国有银行的改革。出现流动性问题的“战略投资者”减持国有银行股份，剪断与国有银行的利益纽带；外资银行在危机中暴露出来的风险控制漏洞降低了国有银行向他们学习的动力；为了实施扩张性的货币政策目标，如果商业银行降低信贷标准，监管机构放松监管，那么国有银行可能会重蹈股份制改革之前的轮回。

金融危机促使外资股东剪断和国有银行的利益纽带

席卷全球的金融危机让不少跨国金融机构暴露出内控机制的缺陷和巨额损失，让生存成为最重要的战略目标。为了渡过这场百年不遇的危机，金融机构必须收缩资产规模，提高资本充足率。中国国有银行的“战略投资者”们有的也遇到了流动性问题，抛售国有银行股份是正常反应。

据报道，瑞士银行集团在禁售期满的第二天（2008 年 12 月 31 日）便迫不及待地将其所持的全部中国银行 H 股配售给 15 家投资者；苏格兰皇家银行也将其所持的 100 多亿股份悉数抛出。美洲银行也部分减持了中国建设银行的股份。随着危机加深和其他股份锁定期终止，抛售浪潮有可能继续。

外资银行的减持行为松开了国有银行和外资银行之间的利益纽带。原有的持股关系把潜在的竞争对手转变为合作伙伴，让外资银行和国有银行就像“一根绳上的两只蚂蚱”。这对于竞争力不足的国有银行十分有利。但是外资银行能够快速而且低成本地抛售国有银行股份，放弃“战略投资者”地位，因此这一利益纽带其实并不牢固。

实际上，即使在外资银行减持国有银行股份之前，也没有成为真正的“战略投资者”。外资银行能不能成为战略投资者，很大程度上取决于国有银行的治理结构。在第一大股东“一股独大”的情况下，如果不赋予小股东特别的权力约束大股东的行为，那么除了第一大股东之外，任何公司都不可能有第二个“战略投资者”。

---

① 2009 年 3 月 13 日发表于《上海证券报》。

金融危机也有可能降低国有银行改革的动力

这一轮起源于华尔街的危机让世人认识到美国金融体系存在着严重的弊病，因此有可能动摇转轨经济体对华尔街为代表的竞争性金融体系的看法。在国有银行引进的“战略投资者”中，美洲银行、皇家苏格兰银行、瑞士联合银行都出现了严重亏损，而且有可能继续扩大。美国银行业爆出十多年来首次季度亏损的同时，中国银行业报出2008年金融机构税后净利润高达5 834亿人民币，较上年增长30.6%。这个对比令国人自豪，也有可能降低国有银行改革的动力。

类似的情况也在日本发生。日本银行的高级经济师冈崎久实子以前经常批评日本的银行家缺乏创新，逊色于他们的美国同行。在这一轮危机中，美国的一些金融机构因过度创新而陷入危机，日本的金融机构因保守经营而安然度过首轮冲击，让她的批评受到质疑。而在全球资产规模第一的东京三菱日联银行里传播着这样的调侃：“强大的恐龙即将灭绝，未来是我们鼠辈的天下。”

日本的金融机构不失时机地重返华尔街：三菱日联金融集团斥资90亿美元收购了摩根士丹利21%的股份，野村证券更是大举低价收购雷曼兄弟在全球各地的队伍。这些收购举动显示日本的金融机构有资金实力到华尔街“抄底”，但是并不表示他们真的有经营能力控制风险。目前三菱日联金融集团报出三季度亏损1 341亿日元，到3月底截止的财年盈利预期从6 400亿日元降低到500亿日元。野村证券也必将直面与摩根士丹利员工的公司文化冲突。

国有银行有可能再次进入股份制改革之前的轮回

中国银行业的贷款规模最近三个月高速增长，显示国有银行当前的行为与股份制改革之前没有本质的不同。2008年12月和2009年1月，金融机构的新增贷款分别达到了7 400亿元和1.62万亿元。2009年2月的新增贷款预计在9 000亿元到1.1万亿元之间。今年前两个月就完成全年新增贷款目标的一半。

政府干预的复归有可能使一部分商业银行把各级政府和监管机构的目标放在其自身的经济目标之上。这对商业银行刚刚开始形成的信贷文化的打击可能是毁灭性的。某些银行的决策层可能已经放弃了对经济形势的独立判断，也放弃了自担风险、自负盈亏的内控制度，唯上级部门的马首是瞻。

连人民银行大区行的某位人士都不免感叹："没有想到，中国的商业银行竟会如此听话。"

最近几年的货币政策实践显示：由于商业银行和国有企业体制改革不彻底，信用体系也没有完全建立，仅仅依靠三大货币政策工具和利率管制并不足以保证中央银行实现货币政策目标。因此人民银行不得不在2007年下半年重新启用贷款额度管理。可以预期：在未来相当长一段时期内，贷款额度管理仍然是人民银行重要的货币政策工具，紧缩时采用、扩张时取消。

宏观调控方式的复归进一步推动了商业银行行为的复归。为了避免将来被额度束缚住手脚，商业银行选择现在就做大规模。有的银行"高息吸储、低息贴现"。这种做法虽然牺牲了银行的短期利益，但是只要按规矩贴现，并不增加太多风险。但是同时抬头的"垒大户"和"统借统还"等现象将让商业银行在未来自食其果。果真如此，外资银行必将进一步减持国有银行股份，但减持的理由却有所不同：上一轮减持是由于外资银行流动性不足，下一轮减持是因为国有银行改革不成功、回到了股份制改革之前的状态。这种可能性值得决策者和监管部门高度警惕。

越保增长，就越需要保增长[①]

2011年的宏观经济政策绝不可以轻视通货膨胀。即使不考虑新增加的涨价因素，消费价格指数（CPI）在上半年甚至前三季度都会维持高位，全年平均很可能超过5%[②]。如果再增加一些新的涨价因素，通胀会更严重。其中影响较大的有：低温、洪水等极端天气导致全球性的粮食、矿石等大宗商品价格上涨；国内个别城市开始清理地下出租屋，控制流动人口规模，这势必提高城市最低收入阶层的生活成本，并且通过最低阶层的工资上涨传递到城市服务和商品的价格。

抑制通胀的最大障碍是"保增长"。从决策者的角度来说，决定动用紧缩性的货币政策抑制通胀并不是什么难事，难的是在抑制通胀的同时兼顾经济增长（以及就业和外部平衡）。由于经济体制和增长方式在短期无法改变，较高的增长和较低的通胀仿佛"鱼与熊掌"，通常不可以兼得。事实上，这一轮通胀就是两年前经济刺激政策力度过大、过度保增长之后必须付出的代价。2011年的宏观经济政策会用多大的力气抑制通胀，在很大程度上取决于决策者能够容忍多么低的经济增长。

对于决策者来说，经济增长只是一个中间目标，而非终极目标。例如，不少学者认为：政府保增长是为了保就业，保就业是为了保民生，保民生是为了保稳定。在这个传导路径上，稳定才是终极目标，其他都是中间目标。

如果政府的思路果真是这样，那么过去两年中国的经济政策实践说不上多么成功：基础设施投资并没有为国人提供太多就业机会，却对国内外资本品产生了巨大需求，让一些周边地区和国家获得巨大好处。新加坡2010

---

① 2011年1月18日发表于《21世纪经济报道》，刊登时易名为《需破除保增长的自我强化机制》。

② 政府调控的目标是4%，但年初机构预测值均略高于4%。本文发表之后两天，路透北京1月20日电《德银上调今年中国CPI涨幅预期》。德意志银行周四发布研究报告称，上调2011年居民消费价格指数（CPI）平均涨幅预测至5%（此前为4.4%）。德银大中华区首席经济学家马骏认为，中国经济增长势头强劲，过去三周农产品价格涨势较猛，且通胀预期进一步加强，月度CPI高点可能为6月的6%，高于此前预估的5.5%。同日，路透北京1月20日电：由于食品价格上涨，尤其考虑到最近冰冻天气和薪资逐步上调的影响，以及资源和能源价格可能进一步放开，摩根大通将2011年居民消费价格（CPI）涨幅从4.3%调升至4.6%。

年经济增长速度高达 14.7%，刷新该国维持了 40 年的历史纪录 13.8%。

实现了保增长却没有实现保就业，原因在于经济体制和增长方式决定的技术路线选择。早在上世纪 90 年代中期就有诺贝尔经济学奖得主建议：中国要解决失业问题，就要动用劳动密集型的技术路线，而不是资本密集型的技术路线。以修路为例，“1 000 把铲子就可以替代一台大型筑路设备”。然而，参与筑路的设计院、承包商、监理方和交通厅，大概都向发达国家学习筑路技术，压根儿不会采用“人海战术”。

既然保增长与保就业脱节，那就不必继续为了保就业（以及保民生和保稳定）而保增长，而应该寻求其他的政策传导路径来实现保稳定（或者保民生）的终极目标。例如用财政资金增加国民福利，或者按人头分配购物券。如同奥巴马的医疗改革一样，这些政策是典型的凯恩斯主义财政扩张。

然而，中国的经济刺激计划与典型的凯恩斯主义政策有一个差别：凯恩斯主义财政政策不是增加财政支出就是减少财政收入，都不图未来的回报；中国的经济刺激项目大多从银行大量贷款，因此财政刺激的力度放大了很多倍，付出的代价是不得不追求每一个项目的回报。可怕的是：不少项目获得足够回报的前提条件是中国经济继续高速增长下去。一旦经济减速，就会有大量项目“烂尾”，让过度保增长的害处暴露无遗。这样，保增长的经济政策不得不“自我强化”：越保增长就越需要保增长。

当前的经济体制倾向于“一而再、再而三”地保增长。在出口导向的增长道路上，中国经济的增长速度也许还能维持两三年，但不可持续。新进入市场的民间资本和跨国资本都不会豪赌中国经济继续维持高增长。因此，市场化的程度越高，保增长的动力就越小。然而对地方政府和国有银行来说，中国经济减速是无法回避的系统风险，可以忽略不计。在“中国经济高增长”的选项上押上更大的赌注，只能让他们赢的时候赢得更多，却不会让他们输的时候输得更惨，那么何乐而不为？于是我们看到地方政府和国有银行把经济刺激计划逐级放大：某西部省份计划五年投资 5 万亿元，还有多个在建的金融中心均计划投资数千亿元。别忘了，不收手的“豪赌”一定会以“豪输”收场。

增长短期无忧，政策需要从长计议[①]

2009年上半年的经济和金融数据充分说明和印证了这一看法：中国政府在2008年底为应对世界性金融危机，及时出台的促进经济增长的经济刺激计划，成功推动了今年上半年的全社会固定资产投资大幅增长，拉动了经济增长，全年经济增长实现8%目前基本上成为定局。下一步经济工作的要点应该转移到实现经济可持续增长，而首要的任务是及时控制流动性、避免严重通货膨胀。

2009年7月国家统计局新闻发言人公布的初步核算结果显示：2009年二季度国内生产总值(GDP)增长7.9%，远高于一季度的增长速度6.1%。按可比价格计算，上半年同比增长7.1%。考虑到2008年下半年经济增长速度下降产生的负的翘尾因素，即使经济刺激方案发挥的效用到今年第四季度有所衰减，下半年的经济增长速度也很有可能逐渐提高。全年经济增长高于8%基本上成为定局。

中国经济增长“保8”的成功，到目前为止还主要是依靠基础设施投资拉动。一季度全社会固定资产投资28 129亿元，同比增长28.8%，比上年同期加快4.2个百分点。二季度投资增长继续加快。上半年全社会固定资产投资91 321亿元，同比增长33.5%，增速比上年同期加快7.2个百分点。有学者估算，固定资产投资拉动一季度GDP增长6个百分点，拉动二季度GDP增长8个百分点。

经济刺激计划推动的固定资产投资在一定程度上起到了缩小东中西部发展差别的作用。上半年东、中、西部地区的城镇投资增长分别为26.7%、38.1%和42.1%。投资主要集中在基础设施领域，对民间投资没有太大的挤出效应。不包括电力的基础设施投资增长57.4%，其中铁路运输业增长126.5%，道路运输业增长54.7%，水利、环境和公共设施管理业增长54.5%；卫生、社会保障和社会福利业增长71.3%；文化、体育和娱乐业增长57.1%。

---

① 2009年7月16日发表于中国网。

2009 年中国经济“保 8”的成功与 2008 年底党中央国务院对世界经济衰退对中国经济的打击迅速作出反应、率先推出经济刺激方案是分不开的。这再次说明宏观经济政策对经济运行中出现的问题及时作出反应是非常重要的。下一步宏观经济政策的重点应该是提高经济增长的可持续性。

从短期来看，目前危及中国经济可持续发展的首要因素是流动性过剩导致的通货膨胀压力。虽然居民消费价格 6 月环比下降 0.5%，同比下降 1.7%，上半年同比下降 1.1%。但是，超额发放的流动性不断抬高通货膨胀压力。今年上半年人民币各项贷款增加 7.37 万亿元，同比多增 4.92 万亿元。广义货币供应量(M2)余额 56.9 万亿元，同比增长 28.5%，比上年末加快 10.6 个百分点；狭义货币供应量(M1)余额 19.3 万亿元，增长 24.8%，加快 15.7 个百分点。这样的增长速度是 1992 到 1994 年的经济过热以后没有出现过的。

从过去十多年的经验来看，居民消费价格的变化滞后狭义货币供应量的变化 10 到 12 个月。因此，有理由预期居民消费价格将在今年 9 到 11 月之间止跌回升。同样就历史经验来看，回升的时间可能会长达两年以上。居民消费价格同比增长的峰值有可能会超过 9%。如果中央银行一直等到居民消费价格超过 3%才采取行动的话，通货膨胀会更严重。

综上所述，上半年的经济金融数据显示：由于党中央国务院的果断决策，经过半年多的努力，2009 年的经济增长达到 8%基本上成为定局。下半年的经济工作重点应该及时转移到实现经济可持续增长，而首要的任务应该是控制流动性增长，防止恶性通货膨胀。

到了用长期政策取代短期政策的时候[①]

积极的财政政策和适度宽松的货币政策已经为提高中国经济的短期增长贡献了几乎全部力量。中国经济的长期增长必须建立在经济体制改革和增长方式转变之上。

2009 年 1～7 月中国城镇固定资产投资增长 32.9%，比上半年回落了 0.7 个百分点，显示第一轮经济刺激虽然继续发挥着不小的作用，但是作用强度可能已经开始衰减。规模以上企业的工业增加值同比增长 10.8%，比 6 月略微增加了 0.1 个百分点，连续三个月同比增速加快。与之基本一致的是发电量的加速增长。7 月发电量同比增长 4.8%，比 6 月的增幅高出 1.2 个百分点。

社会消费品零售总额稳中有升，7 月同比增幅比 6 月高出 0.2 个百分点，达到 15.2%。但是，从几个城市调查队报告的数字来看，居民消费支出增幅均小于这个数。而居民对住房的需求在年中被激发了出来。7 月银行人民币信贷仅增长 3 559 亿元，而居民户贷款就增长了 2 365 亿元，占比超过 2/3。其中 1 887 亿元的居民中长期贷款（前六个月合计是 5 955 亿元）主要用于买房，推动了一轮自我实现的房价上涨。

7 月的信贷增幅下降也基本符合预期。由于季末效应的影响，6 月 1.53 亿元的信贷增长当中已经包含了一些本应在三季度发放的贷款，导致 7 月商业银行储备项目不足。加之人民银行和银监会从 6 月底开始发布了明确无误的调整信号，并且用定向央行票据等手段直接调控商业银行的放款能力。这样的调整是十分必要的。但是，在这个主要国家央行均实施量化宽松货币政策的世界上，人民银行要调控好中国国内的流动性，仅仅管好国内银行的信贷是不够的。国际游资进出中国的通道是堵不住的。下一步货币政策的重点应该转移到汇率和汇率形成机制上。

经济学家大多预期物价会在未来几个月由负转正，因此 7 月物价继续下降（CPI 同比下降 1.8%，环比持平；PPI 同比下降 8.2%，降幅比上月扩大

---

① 2009 年 8 月 17 日发表于《中国经济时报》及同日《明报》。

0.4个百分点)也符合预期。按照预期,物价指数在今年 10 月左右由负转正之后,可能会有两年的上升期。考虑到流动性的跨国蔓延,中国两年内的价格指数峰值有可能达到两位数。因此央行应该及时考虑如何应对注定会到来的通货膨胀,而不是只看到眼前的物价指数。

值得注意的是,2009 年 7 月全国财政收入同比增长 10.2%,大大低于上月 19.6%的增幅。特别是地方本级收入增幅从上月的 23.5%降低到了 8%。显示 6 月的财政收入(特别是地方财政收入)增长有很大的一次性因素,是不可持续的。因此,在目前的体制框架内,一些地方的财政能力很可能不足以为又一轮以投资为主的经济刺激计划提供配套资金。

这样,虽然今年"保 8"几乎成为定局,短期内的经济增长已经不成问题,但是如果中国政府还要保持明年、后年的经济增长的话,继续依靠扩张性的财政和货币政策是不够的,也是不可持续的。重新启动经济体制改革、推动增长方式转变已经成为唯一的出路。这正是发改委副主任朱之鑫不久前在国新办新闻发布会上提出的主张。

近日银监会发布的《消费金融公司试点管理办法》,正是金融危机之后,为了实现短期宏观经济目标而实施的金融体制改革的第一步。只是这即将开始的试点范围有限,对"保增长、调结构"的贡献不会很明显。由于参加试点的四家消费金融公司分设在四个城市,相互之间不存在市场竞争。由于不吸收存款、不发放房地产贷款和汽车贷款,消费金融公司与当地的商业银行也几乎不存在竞争。由于没有竞争,因此四家公司容易获得垄断利润,试点容易成功。同样由于没有市场竞争,这个试点的推广价值有多大也就很难说了。与之相比,酝酿已久的《放贷人条例》或许更值得期待。

短期政策不能解决长期问题[①]

在应对此次百年一遇的全球经济危机过程中，中国的经济刺激计划对世界经济作出的贡献得到了国际承认。

上周，世界银行行长罗伯特·佐利克先生赶在G20伦敦峰会召开之前访问了中国，赞扬了中国应对金融危机的措施非常有效，经济回升几乎完全源自内需，进口的回升使中国的贸易伙伴从中受益，有助于提振世界各国的信心。

至于中国未来的政策走向，他并不担心出现通胀，认为继续实行积极的财政政策和适度宽松的货币政策是中国正确的抉择，现在改变并退出经济扩张措施为时尚早。这一主张与中国政府“我们不会改变政策，将继续实行积极的财政政策和适度宽松的货币政策”的表态高度一致。

上述共识似乎被佐利克先生带到了G20伦敦峰会上。5日公布的会议公报称，与会的各国财长和央行行长仍对经济增长和就业前景持谨慎态度，并特别关注危机对许多低收入国家的影响，G20各国将继续实施果断的、必要的财政支持措施及扩张性货币政策和财政政策，直至经济稳固复苏。

然而，中国面临的急迫问题是国内长期经济增长，而非短期的国际主义行为。中国遇到的增长困难表面上是国际金融危机造成的，实际上是不可持续的经济增长方式造成的。G20实施的经济刺激计划只针对金融危机带给世界各主要国家的短期需求不足问题，并不能解决中国特殊的长期经济问题。

日本经验非常值得中国借鉴。二次世界大战之后，日本的经济目标十分明确，就是追赶英美。通过制订并实施经济计划和产业政策，日本成功实现了追赶。但是，在成功追赶之后，实施了将近40年的追赶战略失去了作用，日本面临一个新问题：完成了追赶之后怎么办？

也许是因为日本的经济成功来得太快，日本的官员和学术精英们还没有来得及思考更长远的未来，未来就已经来到了他们眼前。加之在经历了

---

① 2009年9月7日发表于《中国经济时报》。

将近40年的经济快速增长之后，日本国民中难免会有骄傲自满的情绪，还有被全球媒体烘托的即将成为世界第一经济大国的盲目乐观。

精英们的失职和国民们的骄傲自满导致日本在体制和结构方面故步自封，任何改革都变得异常困难，以至于在经济增长方式必须转变的时候错过了宝贵机会。于是实际经济增长徘徊不前，经济泡沫却因为顺应了公众情绪而被各方面接受。日本不仅“失去了十年”，还失去了失不再来的机会，从“未来的世界第一”沦落为“未来的世界第三”。直到泡沫破裂，日本陷入金融危机和长期经济萧条，才开始接受金融领域“大爆炸”式的体制改革。

在过去15年中，中国成功实施了出口导向型的经济发展战略，实现了举世瞩目的经济增长，经济总量已经接近世界第二。但是，出口导向型的经济增长模式迟早会走到尽头，而且国际金融危机（以及美国经济转型）让这条道路变得更短。因此推动经济增长方式转变时不我待。

在国际金融危机发生之前，市场力量已经开始推动经济增长方式转变。一方面，由于沿海地区的土地价格和劳动力成本上升，某些难以为继的产业开始向低地价和低工资的沿海不发达地区和中西部地区转移。另一方面，“产业空心化”的高地价、高劳动力成本的沿海地区失去低附加值产业的同时，自然需要高附加值的产业来填充。只要个别地区能够成功实现“腾笼换鸟”，中国经济就安装上了新的发动机。

短期经济政策锚定于长期经济目标，才真正有利于国民经济。例如，与其提高出口退税鼓励本国出口和国外消费，还不如用同样数量的财政补贴鼓励国内消费。同样是财政补贴，前一种补贴大多溢出到了海外，后一种补贴基本上留在国内；前一种补贴抵消市场力量，推迟增长方式转变，后一种补贴则利用市场力量推进转变。

是时候退出赌局了[①]

国家统计局不久前公布的2009年经济数据显示，中国经济已经在全球金融危机的大背景中脱颖而出，经济增长速度在2009年全年逐渐加速，演绎出一个强劲的V型复苏。四个季度的同比增长率分别为6.2%、7.9%、9.1%和10.7%，全年平均8.7%，显著超过年度目标。

在2009年如此强力复苏的基础上预测2010年的增长速度，如果经济刺激计划力度不减甚至还有所加大，那么今年一二季度一定会看到一些过热的苗头。如果宏观调控部门现在还不早作准备、提前行动，那么等到经济过热发生以后，恐怕会被迫猛踩刹车。果真如此，其结果必然是下半年经济减速的幅度超过预期，中国经济将进入又一次V型探底。

2008年底启动的经济刺激计划释放出来的巨大动力主要来自宽松的货币政策。2009年底，广义货币(M2)同比增长27.7%，超出年初预定指标10个百分点。狭义货币(M1)同比增长32.4%，增速比2008年加快23.3个百分点，是15年来的最高水平，支撑着物价快速上升。

宽松货币政策的副作用其实早就显现出来，那就是资产泡沫。不过宏观调控部门应对资产泡沫的策略不是少服用一些宽松货币政策这剂猛药，而是再开其他药方、吃更多的药(参见《通胀迫使宽松货币政策转向》)。

商业银行抓住取消额度控制的时间窗口，努力发放贷款、扩大市场份额，在2009年发放了10.52万亿元本外币贷款，同比多发放5.54万亿元，导致国有大中型企业资金过度充裕。估计其中有2万亿元左右没有及时、合理地使用。所以，如果2010年度商业银行的人民币贷款新增7.5万亿元，表面上看似乎同比只增长18.75%，但是实际上增长的上限却高达25%。因此，就目前公开的贷款增长计划来看，2010年的货币政策还是很宽松。

如果宽松货币政策不因资产价格泡沫而改变，那么就只会因通货膨胀而改变。从2009年底的数字来看，尽管居民消费价格指数(CPI)全年同比

---

① 《中国经济》杂志2010年3月刊"纵横·短论"刊登全文。部分文字2010年1月25日在《明报》中国经济专栏和《中国经济时报》同时刊登。

下降 0.7%，但是上涨的速度已经不容小觑。CPI 在 11 月才由负转正，当月同比仅增长 0.6%。到 12 月，该指数同比已上升到 1.9%。这显示真实的通胀正在靠近，而不仅仅是预期。

中国的宏观经济政策以维持社会和谐和稳定为首要目标，这一点在未来相当长一段时间都不会改变。在 2009 年，近在眼前的危害稳定的因素仅有低增长导致的高失业一个。因此，虽然深受危机打击，但是经济决策则相对简单：只踩油门就可以了，不必顾及刹车。进入 2010 年，经济复苏的基础尚不稳固，通货膨胀又日益临近，导致宏观经济决策在踩油门和踩刹车之间左右为难。

失业只会导致一部分人的生存状态恶化，而且这个不和谐因素还可以通过送温暖等多种行动和政策暂时缓解。通胀却可能导致全民不满，而且，即使是暂时的补偿，政府也力所不及。因此，通胀破坏和谐的能力远非失业可比。如果决策者也认识到这一点，那么宏观经济政策对通胀的反应一定比对失业更加灵敏。所以，当通胀真正来临的时候，经济政策从"保增长"过渡到"防通胀"的速度可能比当前的预期要快。

说到底，对于经济政策的决策者来说，启动经济刺激计划犹如参与一场赌局。这场赌局的标的是：经济真实复苏和通货膨胀哪一个先来。如果经济复苏先来，之后还有时间提前应对通胀，那么决策者将大获全胜。如果通货膨胀来临而复苏的基础还不稳固，那么未来宏观经济政策的可选空间将越来越狭窄。

从博弈的理性来说，无论当前中国经济的 V 型复苏是否真实，复苏的基础是否稳固，决策者都到了退出这场赌局的时候。即使复苏只是表面现象，复苏的基础尚不稳固，继续赌下去，也不太可能出现别的结果。从宏观经济稳定的角度来说，既然通胀正在临近，从"保增长"到"防通胀"的转变已无法避免，那么还是早一点转变更好。如果这个转变早一点发生，那么转变过程可以慢而缓和，对经济的震动也会比较小。如果等到不得不转变的最后一刻才行动，那么"急刹车"和"硬着陆"将不可避免。

其实，中国经济的根本问题是在出口导向型经济增长道路上已经走到尽头，因此，在找到并且走上新的增长道路之前，经济增长始终会是一个悬而未决的中长期问题。到目前为止，"保增长"的措施基本仅限于积极的财政政策和宽松的货币政策。这些短期政策只能缓解而无法解决长期问题。在这样的路径上，经济增长的基础不可能稳固。宏观经济政策一旦偏离"保增长"目标，经济高增长的状况随时有可能终结。

除了重新启动经济体制改革，让市场机制在增加供给和促进消费方面发挥更大作用之外，笔者绞尽脑汁也想不出别的出路。毕竟还有不少行业被国有企业垄断着。一方面，垄断造成的高价格限制着居民的需要转变为市场的需求，另一方面，垄断限制着竞争，从而约束了生产方面的创新，降低了市场供给。因此，在打破垄断方面有所作为，能够稳固经济增长的基础，也比坚持短期经济刺激计划更能促进中国经济增长。

制约中国经济增长的另一个阻力是地方保护主义。地方保护主义将中国这个原本巨大而统一的市场分割成许多孤立而缺乏竞争的小市场。在这些小市场之间，主要的生产要素无法自由流动，或者流动的成本过高。从2010年1月1日起开始施行的《城镇企业职工基本养老保险关系转移接续暂行办法》，不仅没有彻底解决劳动力跨省流动的基本养老保险接续问题，反倒让我们看到转移的成本竟然高达企业为职工缴纳部分的40%。对农民工来说，转移另外60%的权利，还是用退保的权利换来的。

中国不需要"国民收入倍增计划"[1]

政府对市场的每一次干预都出于善意,看起来都合情合理。但是在绝大多数时候,干预都加剧了市场扭曲。"国民收入倍增计划"如果不是一纸空文的话,很可能会增加劳动力市场的扭曲。

中国是一个人口和劳动力大国。改革开放之初,农村和城市都有大量剩余劳动力。这既是中国经济的优势,更是沉重的包袱。在中国经济对外开放的过程中,廉价的劳动力一直是中国吸引外资的重要优势之一,也确实成功地吸引了产业跨国转移。然而这一优势一点儿也不值得骄傲,因为"低工资"和"不发达"是一回事儿,在改革开放之初就成为中国政府下定决心要解决的首要问题。

在改革开放的头30年里,制造业较高的劳动报酬和相对较好的工作环境吸引了越来越多的农业人口加入到进城打工的队伍。非常巧合的是,沿海地区面向世界市场的劳动密集型产业增长迅速,新的生产线为外来打工者提供了源源不断的就业岗位。国内要素与海外市场的结合导致了沿海地区迅猛的经济增长。

然而,快速增长的劳动力大军抑制了工资上涨,农民工报酬的增长速度甚至赶不上所在城市生活成本的上涨速度。因此,农民工在城市里的生存质量在2004年以前是下降的。其次,异地就业者迟迟享受不到某些基本服务,例如不能同等享受当地市民的公共福利,企业职工基本养老保险还没有实现全国统一。劳动者如果跨省转移其个人账户内的养老保险基金,将损失企业为其缴费部分的40%。最后,现在的农村青年有其他机会到城市见世面,不必为了见世面而进城打工。于是,剩余劳动力从农村转移到城市的动力降低了很多。

在当前的工资水平和社会福利制度条件下,剩余劳动力优势有可能已经消耗殆尽。几年前的农村调查就发现,大量劳动力转移导致一些劳动力流出地区只剩下未成年人和老年人,农民工的数量增长已经不可能保持原

---

① 2010年6月7日发表于FT中文网。

来的速度。这预示中国经济已经接近了“刘易斯拐点”，劳动报酬有可能会加速上升。据中国社会科学院长期研究人口与劳动力供给问题的蔡昉教授不久前提供的数据，中国农民工的工资在过去十年的最初几年增长了2%至5%，在2004～2007年期间增长大约7%，而去年猛增了16%。来自温州的消息也显示，今年当地多数工厂的工资已经上涨了20%。

总之，当前正在发生的农民工工资大幅上升是市场机制发挥作用的结果。尽管如此，中国工人当前的薪资水平仍仅相当于墨西哥的三分之一、巴西的四分之一，国内劳动力密集型制造企业仍然具有成本优势。因此我们可以预期，市场机制还会继续推动农民工工资上升。如果总的经济形势平稳，工资上升速度很可能不会低于2004～2007年间的7%。这样，十年之内倍增是有可能的。但是，持续增长的工资水平也会更大规模地动员劳动力转移，因此工资上涨不会持续过快。

目前讨论“国民收入倍增计划”的时候，引起最多关注的是工资水平。那么，“国民收入倍增计划”对农民工的工资上涨能起什么作用呢？

如果“计划”规定工资翻番的时间是十年或者以上，那么在正常情况下，政府没有必要为实现这个目标做任何事情。因此，除了比正常情况更加保守地预测未来之外，这个计划毫无意义。

如果这个“计划”确实要发挥促进工资增长的作用，例如规定“年均工资增长15%、五年翻一番”，那就必须赋予政府更多的资源与新的手段去实现这个目标。在政府努力实现这个目标的过程中，一定会造成新的市场扭曲，并且造成额外的风险。如果工资上升速度快于劳动生产率提高的速度，企业的竞争力是会降低的。如果企业的竞争力持续降低，有可能导致订单转移、工人失业，与所谓“倍增”目标背道而驰。

一般来说，由于具有信息不对称、谈判地位不对等、价格黏性等特点，放任的劳动力市场远非完美，政府可以有所作为。中国当前的劳动力市场就更不完善，政府在制度建设方面大有作为。例如上文提到，异地就业的工人享受不到当地居民的福利，跨省就业的人甚至不完全拥有自己的养老保险个人账户里的钱。这些制度严重阻碍了劳动力的跨区域流动，减少了劳动力供给。而改变这些基本制度是政府的责任，而不应该直接干预价格。

总之，对付市场扭曲的原则应该是消除导致扭曲的干预，而不是用新的干预对付已有的干预。

不要误读了美国的最低工资制度[①]

在今年7月1日这一天，有18个省市提高了最低工资标准，增幅多在20%以上。据报道，今年内上调最低工资的省区市可能会达到27个。支持者指出，即使在最发达的市场经济国家，最低工资制度也是存在的。在最近一次讨论会上，有专家指出，美国国会在2007年批准：从2009年开始，将联邦最低工资标准从每小时5.15美元提高到7.25美元，增幅竟然高达40%。还有人撰文指出，美国的最低工资在过去71年间增加了将近30倍。

上述对美国经验的选择与解读十分片面。

首先，美国的名义最低工资增长得不快。美国建立最低工资制度的依据是1938年的《公平劳动标准法案》(Fair Labor Standard Act in 1938)。该法案从1939年开始生效，最低小时工资从30美分起步。2009年的最低小时工资是7.25美元，名义上是71年前的24.2倍。依此计算，年平均增长率还不到4.6%。这个名义增长速度恐怕说不上快。

其次，扣除价格因素之后，美国的实际最低工资在71年间变化不大。在过去71年间，美国经历了几次比较严重的通货膨胀，美元购买力大幅缩水。1939年的30美分的购买力大约相当于现在的4.7美元(2010年现值，下同)，而2009年的7.25美元相当于现在的7.36美元。因此，与最低工资相当的实际购买力在71年间才增长了57%，离"倍增"都还有相当的距离。

第三，美国的实际最低工资的绝对值(不是增长率)出现过较大幅度的波动。在1970年到1981年之间，美国的通货膨胀非常严重，有四年达到两位数。同期名义最低工资跟随通胀上调十次，实际最低小时工资一直维持在8美元以上。而在1981年到1990年的九年间，名义最低工资一次也没有调整，因此实际最低小时工资降低到6.33美元。美国经济在上世纪90年代经历了持续、快速的增长，但是直到2008年，实际最低小时工资都没有回到7美元以上。

由于名义最低工资在71年间增长缓慢，实际最低工资在70年代以后还

---

① 2010年8月11日发表于《上海证券报》。

持续地降低了20%左右，以至于美国现在的最低工资标准已经接近贫困线。按照美国标准，一年有260个工作日、每日工作8小时。一个接受最低小时工资的雇员能够获得15 080美元年收入。美国人认为，这比美国政府为一人家庭制定的贫困线10 830美元高不了多少，也大约只相当于四人家庭贫困线22 050美元的一半。如此低水平的最低小时工资对美国的劳动力市场基本上不起什么作用，犹如人类身体内的阑尾。在人类食草时代，阑尾发挥过必不可少的作用，但是在现阶段以及可以预测的未来，它都不再会有什么用处。

笔者并不是说最低工资制度一无是处，但从劳动力配置效率的角度来说弊大于利。劳动力市场的两个特性(经常签订长期合同、谈判双方地位不对等)决定了工资比其他价格更具黏性，而黏性限制了市场机制的作用。在工资本来就需要上涨、但是被黏性制约的时候，提高最低工资可以抵消黏性、加快工资上涨。但是这种作用很容易过头，让雇主面对劳动力市场望而却步，雇员失去工作。

有指标显示中国当前的最低工资标准已经不低。

首先，中国的最低工资比美国的最低工资高出了许多。按照当前的汇率计算，美国社会7.25美元的最低小时工资大约相当于人民币49元。国内没有最低工资的全国标准，但个别城市的最低小时工资已经超过10元(美国的州政府制定的最低工资标准当中最高的一个比联邦标准高出15%)，例如北京为11元。二者相差不到五倍。但两国之间平均工资的差异远大于这个倍数。按照国际货币基金组织(IMF)2010年4月公布的人均国民生产总值数据计算，美中之比是12.6。

其次，最低工资比贫困线高出了太多。与全国1 196元年收入的贫困线相比，目前许多省市确定的最低工资高出了许多倍。有不少人原本可以接受低于最低工资的岗位从而让自己脱贫，最低工资制度可能剥夺了他们的机会。

在必须保留最低工资制度的前提下，美国在最低工资方面的某些特殊经验值得借鉴。虽然美国的最低工资制度已经成为没有什么用处的阑尾，但是取消这个制度在政治上也行不通。除了降低实际的最低工资标准之外，有两种情形进一步降低了最低工资制度在美国经济中的副作用。

其一是法律免除某些行业和公司遵守最低工资法的义务。一种最常见的情形是年营业额在50万美元以下的公司可以免受最低工资法的约束，而这样的公司数量很多。此外，能够得到小费的雇员，例如服务生，也不受最低工资法的保护。

其二，在美国这个高度市场化的国家，即使是名义最低工资，也是可以降低的。1967 年美国的名义最低小时工资是 1 美元，与 1965 年的 1.25 美元相比，降低了 20%。这在大多数福利只能上涨不能下降(棘轮效应)的国家都是很难做到的。由于最低工资也可以降低，美国的劳动力市场更具弹性，美国经济应对冲击的能力也更强。

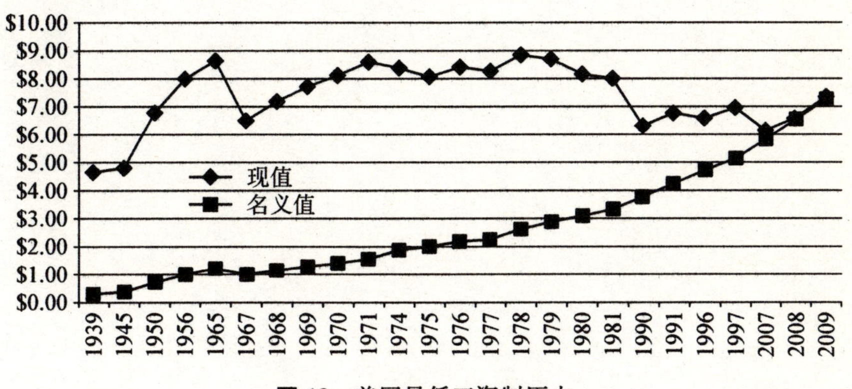

图 12　美国最低工资制历史

辑七

以改革"保增长",用汇改"再平衡"

中国经济增长模式转变的动力切换[①]

从1994年开始，中国经济沿着以劳动力密集型产业为龙头的出口导向型经济增长道路高速增长。但是，劳动密集型产品出口带动的经济增长迟早会走到尽头。

在这一次华尔街危机席卷全球开始之前，市场力量已经开始推动东部地区的经济增长模式转变。在中国东部制造业城市持续、广泛出现的“民工荒”就是一个明白无误的标志，显示中国经济沿着出口导向型道路已经走到了“刘易斯拐点”，预示工资水平即将上升，并将推动产业转型。

另一股推动力量来自土地市场。随着东部地区的土地资源逐渐被开发利用，剩余的可开发土地变得日益稀缺。反映土地稀缺程度的土地价格也水涨船高，推动制造业生产成本上升。一些低附加值产业的利润被压缩得所剩无几，被迫转移到土地价格较低的地区。

2008年的国际金融危机造成世界经济衰退，严重打击了出口导向型经济，造成出口部门萎缩、就业岗位减少、失业率提高、工资增长率降低，打断了中国经济正在经历的转型。

对中国来说，比较理想的未来是按照现有的增长模式复苏，再依靠工资和地租上涨的市场力量推动经济增长模式的转变。然而这样的转型过程不仅受到复苏速度的约束，还面临日益抬头的贸易保护主义的威胁。世界贸易组织（WTO）和经济政策研究中心（CEPR）2009年9月公布：从2008年11月作出集体承诺以来，G20成员国继续实施一系列贸易限制措施，“平均每三天就有一个成员国违背无保护主义承诺”。

发达国家的贸易保护主义还将推迟甚至阻止出口导向型经济体复苏，通过减少就业岗位让这些国家的制造业享受更长时间廉价劳动力的好处。这样，在欧美经济体内部，没有得到保护的产业将面临来自出口导向型经济体的更加激烈的竞争，于是又有可能导致更加严重的贸易保护主义，如此恶性循环。

---

① 2009年12月25日发表于FT中文网。

中国经济下半年经历了迅速而强有力的V型复苏，超出了大多数经济学家年初的预期。2009年四季度的经济增长有可能达到10%～11%，2010年一季度的经济增长还会略高一些。在国际经济衰退的冲击下，中国经济如此快速而强力地复苏，完全是因为市场之外的力量发挥了关键作用。

推动这一轮复苏的力量主要有两个：一是地方政府和国有企业的投资冲动。在过去十多年的经济体制改革过程中，这种冲动受到了越来越严格的约束。经济刺激计划打开了潘多拉的盒子，不仅释放、而且鼓励地方政府和国有企业大干快上“铁公基”为主的基础设施项目；二是国有银行的扩张冲动。取消信贷额度管理释放了国有银行压抑已久的扩张冲动，恢复额度管理的可能性又促使国有银行抓住随时有可能关闭的时间“窗口”。

两股非市场力量一拍即合，造就了一次又一次信贷“井喷”，不仅完成了财政资金配套，而且超额满足了国有企业和地方政府的融资需求。在流动性充裕的条件下，受到地方政府支持的国有企业用投资高增长支撑起了这一轮经济复苏。

然而，这样的经济复苏是不可持续的。正如胡锦涛在中央经济会议上所说，“当前我国经济回升的基础还不牢固”“经济回升内在动力仍然不足”。不仅如此，逆市场化方向而动，用非市场力量推动经济增长的结果，还使本来就存在的结构性问题变得更加严重。例如在各行业、各地区普遍发生的“国进民退”。

当然，“国进民退”本身并不是问题。问题是“国进民退”不是按照市场机制公平竞争的结果。由于改革不彻底，国有企业既能优先得到信贷支持，又有强大的政府支持为后盾，不惧怕事后有可能暴露的市场风险，因此具有先天的竞争优势。国有企业不仅自身经济效率低下，而且，如同“劣币驱逐良币”，用自己的冒险行为把民营企业驱逐出市场。在这条道路上，经济回升的基础不牢固、内在动力不足其实是内生的。

在今年的中央经济工作会议上，胡锦涛阐述了坚持改革、加快经济发展方式转变的重要性和紧迫性。他指出，“这场国际金融危机使我国转变经济发展方式问题更加突显出来。综合国际国内经济形势看，转变经济发展方式已刻不容缓”“做好明年经济工作，重点要在促进发展方式转变上下功夫”。而实现这一转变的手段就是推进市场化的改革。”“要坚持社会主义市场经济的改革方向”“不失时机地推进重要领域和关键环节改革”“通过推进改革为经济社会发展提供强大动力和制度保障”。

可见,这一轮危机催生出来的改革有明确的目的:把经济增长模式转变的动力从市场的自发切换到改革的自觉。如此实用主义的动机,也许比理想主义的动机更能取得成效。

增长模式转变仍要依靠市场①

中国人民银行、银监会、证监会、保监会近日联合发布《关于进一步做好金融服务支持重点产业调整振兴和抑制部分行业产能过剩的指导意见》(简称《意见》)。

早在8月下旬，国务院常务会议提出要重点加强对钢铁、水泥、平板玻璃、煤化工、多晶硅以及风电设备等六个产能过剩行业的指导，并提出五大具体措施：严格市场准入，强化环境监管，严格依法依规供地用地，严格实施有保有控的金融政策和建立信息发布制度。这些措施与8月开始的总量调控在方向是一致的。“一行三会”此次发布的《意见》，正是进一步细化四个月前国务院提出的五大措施之一的应有之议。不仅如此，这一《意见》把金融政策和产业政策连接起来，使发改委制定的产业政策更加容易得到贯彻，也使“一行三会”更容易控制金融机构承担的风险。看起来是完美的组合。

为了在百年一遇的国际金融危机和衰退的世界经济中维持中国经济比较高的增长速度，中国政府从2008年10月开始出台了经济刺激计划。不仅财政赤字从0.8%一举提高到3%，而且首次在货币政策中使用“宽松”一词。特别是央行再次取消了信贷规模控制，却没有让市场相信再也不恢复，于是促使各家银行抓住时机扩大市场份额。

到一季度末，货币政策已显现出过度宽松的迹象。银行业新增信贷余额在3月达到1.89万亿元；同时，一季度信贷增长总额也创出4.58万亿元的历史纪录。到二季度末，当月信贷出乎意料地高达1.53万亿元。

充足的流动性保证了财政投入得到足够的配套资金，从而满足了政府项目的资金需求，是推动中国经济V形复苏的关键一环。政府项目集中在“铁公基”领域，有利于企业降低生产和运输成本，却并不直接扩大企业的生产能力，因此不太可能进一步恶化国内市场上的产能过剩。但是，世界经济衰退造成的外需不足已经造成了国内市场上的产能过剩。更棘手的是，当国内流动性过于充足的时候，资金自然会流向扩张生产能力的项目。因此

① 2009年12月24日发表于《21世纪经济报道》。

总的来说，产能过剩依然是需要积极应对的问题。

实际上，产业政策扩张到金融领域是某种计划体制的自我完善和强化，并不是市场取向的经济体制改革。回顾过去十年的产业政策，可以发现相关部门对过剩产业的认定有时并不完全准确。例如钢铁工业、汽车产业，这两个产业几年前就被认定为过剩，之后却经历了持续的产能高速增长，并且变得不那么过剩了。原因是我们能够看清产能增长，却不擅长以市场眼光预测需求增长。假如中国的产业政策提前十年和金融政策衔接，并且成功抑制了所有“过剩”产业的产能扩张，那么今天的钢铁、汽车两个产业，以及中国经济会是什么模样？

所以，与其继续着力于强化产业政策，不如先反思一下国内外已经实施过的产业政策的得失。以运用产业政策最成功的日本为案例，可以看到，产业政策帮助日本成功实现了赶超战略，之后就再也发挥不出积极的效果。当日本经济需要实现增长模式转变的时候，产业政策甚至成为一种负担。

现在，中国经济已经到了增长模式转变的时候。产业政策也许能解决当前短期问题。但是从长期来看，是拘泥在产业政策之中作茧自缚，还是主动从中金蝉脱壳，决定着中国经济能否顺利翻过增长模式转变这一道坎。

靠改革保长期增长，用升值控通胀预期[①]

国家统计局22日公布的经济数据中，三季度增长率8.9%略低于市场预期，但是从年度"保8"的角度评价，这个增长速度已经足够高。只要四季度同样实现8.9%的同比增长率，今年的年度GDP增长率就能够实现8%。考虑到经济增长的短期惯性和去年四季度的逆向翘尾因素，今年四季度的增长率应该会显著高于8.9%。因此可以断定：中国经济短期内的增长速度已经不成问题。

然而这样的经济增长能够持续多久，仍然是一个问题。今年前三季度，在进出口总额下降20.9%、顺差比去年同期减少445亿美元的情况下，国内生产总值(GDP)仍然能够实现7.7%的正增长，关键的拉动力量是全社会固定资产投资同比增长了33.4%，特别是基础设施投资52.6%的增长率(不包括电力)。其中，政府经济刺激方案功不可没。然而如此大规模的政府投资，各级地方政府的财力恐怕难以支撑太久。

在内需当中，消费能否接替投资，民间投资是否能够接替政府投资成为新的增长动力，是事关中国经济增长能否长期持续的关键问题。如果不重新启动市场取向的改革，上述两个替代将很难完成。经济刺激计划造就的经济高速增长为推进市场取向的改革创造了机会。如果还不及时启动改革，等于白白浪费了这个高价买来的机会。

更加值得关注的是：截至9月，工业品出厂价格(PPI)环比连续六个月上涨，其中9月环比上涨0.6%。居民消费价格(CPI)环比7月由下降转为持平，8、9月分别上涨0.5%和0.4%。如果按照其他国家的方法、将月环比数据折年率计算，那么CPI已经达到了3.3%，PPI更高达5%。

货币供应量的超高水平增长是价格指数上涨的重要推手。已经超过29%的狭义和广义货币供应量(M1和M2)很难再用"适度宽松"来形容。造成货币供应量高增长的主要动力有二：其一是去年底以来的银行信贷"井喷"，从三季度开始已经得到了比较有效的控制；其二是加速增长的外汇占

---

① 2009年10月23日发表于中国网。

款，它将逐渐替代银行信贷，成为货币供应量增长的主要推手。

在经常项目顺差同比减少445亿美元的今年前九个月当中，中国外汇储备的增长速度超过了去年同期（主要是二、三季度）。这个迹象显示中国正在遭受又一次廉价美元的冲击。海外人民币无交割远期（NDF）市场上的价格显示：市场预期人民币在12个月内将升值2.7%。这足以吸引海外热钱投机人民币以及升值完成之前中国国内地产和资本市场上必将演绎的本币升值行情。

控制升值预期的最有效方式是早而快地升值。这也有助于预防泡沫形成，控制国内的物价水平，因此是人民银行在控制好信贷总量之后应该尽快采取的最重要行动。最近国务院常务会议首次提出管理好通胀预期，显示包括汇率在内的货币政策已经准备作出调整。

后记：据《中国证券报》2011年1月26日报道：中国人民银行副行长、国家外汇管理局局长易纲日前撰文指出，美联储第二轮量化宽松货币政策（QE2）的出台加速了全球流动性泛滥，大量资金涌入包括中国在内的新兴市场经济体，带来本币升值、资产价格上涨及通胀水平提高的压力。

为应对，中国已采取加息、增强人民币汇率弹性、综合运用法定存款准备金率和央行票据等价格和数量型工具，但这些政策发挥作用的空间越来越窄。扩内需、调结构、减顺差、促平衡是应对美QE2的关键。为应对此局面，中国采取了多种手段。一是发挥价格机制的引导作用，2010年10月20日起上调金融机构存贷款基准利率，并推进人民币汇率形成机制改革。二是综合运用法定存款准备金率和央行票据等数量型对冲工具，抑制流动性过剩。2010年以来存款准备金率已连续七次提高。自2003年4月开始发行央行票据算起，大规模对冲操作已持续八年。截至2010年9月末，对冲率[（存款准备金余额＋央行票据余额）/外汇占款余额]约80%。三是加强外汇管理，坚决打击“热钱”流入。2010年11月初，外汇局启动跨境资金异常流入应急预案，加强对银行综合结售汇头寸管理，严格出口收结汇和银行短期外债管理，强化外商直接投资企业结汇管理，严格依法加大对违规银行的处罚。

易纲称，这些政策起到了积极的效果，但是发挥作用空间越来越窄。比如提高利率在抑制通胀的同时，也吸引了“热钱”的流入；法定存款准备金率已达到历史高点；资本管制的方法短期虽然有效，但长期实行效果会减弱，而且容易影响正常的贸易和投资活动。要有效应对当前的不利局面，扩内需、调结构、减顺差、促平衡刻不容缓。

市场化改革有望重新启动[①]

货币政策在第一轮经济刺激当中起了最重要的作用，但是广义货币增长超过年度目标已成定局，当前实施的货币政策不可能坚持到年底。第二轮经济刺激计划需要新的工具，最优选择当数推进市场取向的改革。

关于2009年全年的信贷总量，有如下两个预测。

一个预测是6.5万亿元。预测的基础是商业银行有“早放贷、早收益”的动机，并造成“一季度的信贷量占全年70%”的结果；因此在后面三个季度，银行信贷会自然收缩。事实上，在2008年11月信贷规模控制再次取消之后，银行没有主动控制规模的必要。因此这个预测偏保守。

另一个预测是9～10万亿元。预测的基础是一季度以后每月信贷增长6 000亿元（与4月实际值持平），因此后三个季度（九个月）信贷增长5.4万亿元；加上一季度的4.6万亿元信贷增量，全年正好增长10万亿元。如果四季度出现货币政策调整（大概率事件），后三个月的信贷增长则减少1万亿元。这个预测没有考虑年中微调的影响，因此偏激进。

最终的信贷增长很有可能在上述两个预测值之间。即使前一种偏保守的情形发生（新增信贷6.5万亿元），与之对应的广义货币（M2）年增长率也接近21%，比今年3月政府工作报告中提出的“17%左右”的目标高出4个百分点。因此，广义货币增长超过年度目标已成定局。如果偏激进的预测成为现实，广义货币增长则会达到30%左右，不再是“宽松”二字可以形容。

一季度货币政策报告声称“要坚定不移地落实适度宽松的货币政策，保持政策的连续性和稳定性”，显示货币政策暂时不会调整。但是，当前实施的货币政策不可能坚持到年底。在预测的情形逐渐变成现实的过程中，因宽松货币政策的边际效益递减而边际成本递增，该政策一定会作出调整。

另一个需要考虑的因素是时滞。由于人民银行独立性不够、货币政策决策链条比较长，趋向紧缩的调整往往会有比较长的时滞。

当前过于宽松的货币政策已经到了需要调整的时候，但是调整的建议

---

① 2009年6月1日发表于《中国经济时报》。

即使提出来也会遭遇强有力的反对因而不会很快被采纳。

从操作层面上讲，货币当局与其提议调整、引起并陷入徒劳无益的争论，还不如加强监管，强调风险控制，这样就可以起到一些紧缩的作用。因此，不仅银监会主席刘明康在一季度经济金融形势通报会上要求商业银行高度关注银行放贷冲动下的风险隐患积聚，防止不审慎行为，坚守风险管理底线；人民银行也准备摸底银行表外信贷风险等新生风险，并准备在6月底召集分行长开会，理清信贷政策工作思路。

货币政策的明显调整很可能发生在第四季度。不巧的是：当货币政策不得不调整的时候，有可能正好是第一轮经济刺激方案的效果已经明显耗散、但是世界经济尚未复苏、而中国经济需要第二轮经济刺激的时候。非常宽松的货币政策在第一轮经济刺激当中起了最重要的作用，但在第二轮刺激方案中不得不有所收敛，因而发挥的作用将锐减。

由于当前十分宽松的货币政策不可持续，第二轮经济刺激计划需要有新的政策工具。能够替代宽松货币政策支撑经济增长的最优选择当数推进市场取向的改革。某些市场化的改革甚至可以立竿见影地促进经济增长。例如取消各个垄断行业的市场准入，拓宽民间投资领域；完善市场基本制度（主要是约束每一只“看得见的手”），充分发挥市场经济的潜力。

由于涉及到既得利益，这些改革纸上谈兵了多年。现在以“危”为“机”，有可能推进一步。国家发改委《关于2009年深化经济体制改革工作的意见》4月底在国务院常务会议上原则通过，5月底终于公布出来。这个面面俱到的计划中真正涉及改革的部分若能完成十之一二，就是非常巨大的进步。

扩张性货币政策应当与发展方式转变结合[①]

从前五个月的固定资产投资、银行贷款和各层次货币供应等数据来看，经济刺激政策力度2月开始明显减弱。首先，全社会固定资产投资月度同比增速在2009年6～11月一直高达32%～34%，从今年2月起降低到了25%～27%。其次，从今年2月开始，银行贷款规模也按月受到了控制，降低到了6 000～8 000亿元的范围内。特别是在一季度末，新增贷款规模不仅没有出现冲刺现象，反而压低到6 000亿元以下，显示货币政策的方向性变化。

按照这样的力度执行货币政策，今年的贷款增长规模有可能在9万亿元之内打住。这个结果仍然超过了今年政府工作报告提出的目标——新增人民币贷款7.5万亿元，但是广义货币M2增长17%左右的目标有可能刚好达到。作为相机决策的短期政策，货币政策需要有充分的灵活性。年初制订的目标可以参考，但不能按部就班地执行。

目前，中国经济仍然处于一个短暂的"高增长、低通胀"时期，正在向"低增长、高通胀"的局面靠近。即使CPI如多数分析师的预期般在7～8月达到峰值，也不太可能快速降低。短期增加的通胀压力会在未来一段时间缓慢释放，垄断行业改革滞后将使这些行业的价格长期高涨。另一方面，积极的政策目标（崛起）和消极的政策目标（稳定）都要求中国政府继续保增长。虽然"保8"已经没有必要，但是出于"摸着石头过河"的渐进策略考虑，政府即使现在就放弃"保8"，也还是会在五年内"保7"、十年内"保6"。

实际上，加快实施西部大开发战略客观上就能起到保增长的效果。据发改委有关负责人接受新华网记者专访时提供的数据：西部地区面积占我国国土面积的71.5%，综合交通设施总里程却仅占全国的1/3，运输网络密度只有全国平均水平的1/2，全国未通公路的乡镇大多集中在西部地区。也就是说，基础设施投资在西部地区还有巨大空间。中共中央和国务院在7月5～6日召开的西部大开发工作会议有可能促进这一进程。果真如此，西部诸多省份必定需要中央政府在财政、税收、土地等政策方面放松约束，也需

① 2010年7月13日发表于中国网。

要商业银行提供额外的贷款支持，因此货币政策不能比现在的状态更紧。

不过，如果西部大开发只是增加基础设施投资，或者只是把东部的出口导向型经济增长方式扩展到中西部地区，而在经济发展方式转变方面无所作为，那么它对经济增长的贡献只能在短期发挥作用，不能成为中国经济长期增长的动力。西部大开发即使不增加政府的财政负担，也会增加国内外环境容量的压力，因此不可持续。一方面，西部广大地区脆弱的生态环境不能支撑制造业大发展；另一方面，国际市场也难以容纳另外半个中国也走上出口导向型道路。

综上所述，货币政策 2 月以来适度趋紧是正确决定。出于保增长的需要，货币政策在未来 12 个月之内需要适度放宽。扩张性的货币政策能够取得怎样的效果主要取决于发展方式转变的程度。在现行出口导向的增长方式中，人为放纵贷款增长犹如饮鸩止渴，后果相当严重。如果政府推进经济发展方式转变，造就出来新的经济增长点，那么用适度扩张的货币政策满足这些新兴产业的增长丝毫也不为过。从大方向来说，用体制改革完善市场机制，依靠市场机制推进经济发展方式转变，是中国经济避免停滞的必由之路。

深化改革开放需要再次解放思想达成共识①

30年前的改革开放共识有非常功利的目标，这个目标实现之后，改革开放就失去了动力与方向。深化改革开放的前提是再次解放思想、形成新的目标和共识。当今有关“改革共识”的争论意义堪比30年前的真理标准之争，不应该草草收场，无论结果如何，都不是坏事。

30年前的改革开放其实是中国共产党迫不得已的选择。“十年浩劫”之后的中国社会经济濒临崩溃的边缘，大量受到迫害的干部群众感到绝望，解决不了温饱问题的农民开始冒死分田到户，对其他地区产生了强烈的示范作用。改革开放就是在这样的时代背景中被提出来，并在党内成为主流的。这个共识有非常功利的目标，那就是解放生产力，满足人民的基本物质需求，实现社会稳定。

经历了20多年的高速发展之后，中国经济早已远离了崩溃的边缘，产出能力甚至超出了国内居民的购买需求，不得不大量廉价出口。功利目标既然已经实现，改革开放的“原”动力也就随之消散。“改革开放”一词虽然还惯性地占据着主流地位，但是已经有了各种各样的含义。过去十多年里以“改革”的名义进行的事业，并不全都是完善市场经济体制。有的甚至与市场原则背道而驰，是对市场体系的破坏。

改革已经名不符实。在完善市场经济体制的道路上，中国正在经历一个“失去的十年”。

中国的经济体制改革从来就没有一个明确目标。即使是已经成为官方意识形态的“社会主义市场经济”“中国特色的社会主义道路”等概念，也存在不同版本的解读。这种模糊的好处是能够回避争议、达成似是而非的最广泛的一致；坏处是不能直接指导实践，不得不赋予各级政府和各个部门自由解释政策法规、制订实施细则的权力。因此在操作层面上，“诸侯”（地方政府）和“王爷”（中央各部门）始终有左右改革甚至偷梁换柱的能力。

如果要进一步深化改革开放，前提之一就是要设定新的目标，形成新的

---

① 见2009年6月7日天涯博客“乐育园”网文。

共识。当前尚未结束的关于“改革共识”的争论有可能引起又一次思想解放,形成新的目标和共识。其意义堪比 30 年前的真理标准之争。

据《邓小平文选》记载,1978 年 5 月 11 日《光明日报》发表了特约评论员文章《实践是检验真理的唯一标准》,“一下子引起了那么大的反应,说是‘砍旗’,这倒进一步引起我的兴趣和注意……现在发生了一个问题,连实践是检验真理的标准都成了问题,简直是莫名其妙!”

“实践是检验真理的唯一标准”是中国共产党 30 多年前达成的共识,是改革开放的第一块基石。在当前这个改革的平台期,中国需要新的基石。

人类应该有共同的共识。人,虽然有各自的人种、性别、年龄、肤色、阶级等个别特征,但是众多具有个别特征的个体之所以统称为“人”,必定是因为共性的存在。“人”的共性与其他动物的共性的不同之处在于:“人”的共性不仅是生理上的和心理上的,还有社会上的和精神上的。共识是全人类精神上的共鸣。如果不存在全人类共同认同的共识,那么被称为“人”的社会化的、有精神追求的动物何以成为同类?又怎么可能构建和谐的“地球村”?

五四时期,中国知识分子把“德先生”和“赛先生”当成共识。90 年后,这两位“先生”在中国的境遇大不相同:“赛先生”备受重视,“德先生”尚未真正深入人心。笔者判断“德先生”是中国未来 90 年进步的方向,只是任何一位先生都不会是天上掉下来的馅饼。如果国人不努力,再过 90 年,国人也不会离他更近。

也许笔者的判断是对的,也许是错的。这没关系。有关系的是让争论继续下去。国人有关共识的争论会让国人离共识更近。

推进银行改革要克服“开放恐惧症”①

3月27日，中国银监会发布《银行控股股东监管办法》(征求意见稿)，将国内银行的控股股东区分为境内金融机构、境内非金融机构和境外金融机构三类。其中对境外金融机构获得国内中资银行控股权的规定，与银监会2003年12月发布的《境外金融机构投资入股中资金融机构管理办法》有多处雷同，唯独少了投资入股的比例限制。

《境外金融机构投资入股中资金融机构管理办法》规定：单个境外金融机构向中资金融机构投资入股比例不得超过20%；多个境外金融机构对非上市中资金融机构投资入股比例合计达到或超过25%的，对该非上市金融机构按照外资金融机构实施监督管理。

联系到银监会负责人“外资银行控股国内银行没有法律障碍”的说法，以及不久前美国财长亨利·鲍尔森访华时提出金融业开放的要求，这两个比例限制在《监管办法》中的缺失，被解读为这两个比例即将提高甚或取消，激起不少人的质疑。有网络媒体就此做了一项调查，有超过六成的人持疑虑态度，可见在银行业开放问题上，公众意见分歧明显。

对此，银监会有关人士做了两点解释：

第一，2003年颁布的《境外金融机构投资入股中资金融机构管理办法》仍然适用，单个境外金融机构投资入股中资金融机构的比例仍然不得超过20%。

第二，个别外资金融机构虽然持股比例不到20%，但实际上已经取得境内银行相对控股地位和实际控制权。这种个案在2003年(银监会成立之年)之前就已经出现。新起草的《办法》是针对这种情况的亡羊补牢之举。

最后，有关人士还不忘提到“银监会将坚持履行世界贸易组织成员国相关承诺，并实施严格的审慎监管，继续稳妥有序地推动中国银行业的改革开放”。

其实《办法》激起的争议已经超出了《办法》本身的内容，大众关心的是难以理解的专业词汇背后的真实含义，想知道中国银行业到底会向哪个方

① 2008年5月22日发表于《上海证券报》。

向走、走到哪里去。

既然这是公开征求意见，相关部门就应充分解释其政策主张，及时、正面地回应公众的质疑。越是被误解，就越应该努力解释。如果有关部门坐失一次解释政策的机会。这对未来银行改革政策的制订和实施是非常不利的。从银行制度建设来说，开放不可或缺；从国有银行体系的尚未完成的改革来说，开放事不宜迟。如此重大的问题，岂容回避？

其实，对于开放带来的利弊，我们需要用客观、科学、冷静、理性的态度来看。如果患上“开放恐惧症”，那会延误银行业的改革进程。改革开放30年的历史告诉我们，开放在带来好处的同时，也带来相应的不确定性。而不确定性难免令人恐惧。曾几何时，我们很担心银行业的开放导致国有银行直面外资银行的竞争，担心竞争力低下的国有银行竞争不过外资银行。

就在中国即将加入WTO之际，曾有这样的分析认为，国有银行的改革和银行的开放存在着一个重大的关联：如果改革落后于开放，银行业的系统风险就会增加；改革落后得越多，系统风险也就越大。于是我们主张中国的银行业要先改革、再开放，打扫干净屋子再请客。

但是，“先改革、再开放”的路在现实中是行不通的。因为国有银行改革的进度实际上完全掌握在各家银行自身手中。一旦各家银行知道政府决定采取“先改革、再开放”的策略，那么对银行内部人来说最好的选择就是用缓慢的改革来“倒逼”政府更缓慢地开放。

实际上，国有银行长期以来把改革挂在口头上，行动总是停留在管理技术层面上做做表面文章。各家银行都花了不少银子成套购买国外银行的先进管理方法，但是买来的软件从来没有被很好地运用，更不能让国有银行体系走出“一抓就死、一放就乱”的死胡同。国有银行的根本毛病出在制度层面上，技术层面的努力无法解决问题。这样的银行“技术上破产”不奇怪，卖出溢价才奇怪。

中国加入WTO之后履行银行业开放的承诺，把“先改革、再开放”的政策预期转变为“无论改不改革，银行业都要开放”，让国内银行面对“或者改革、或者出局”的选择，迫使银行内部人才真正开始考虑自身的改革问题，银行的改革才真正开始启动，也才开始触及到银行治理结构等制度层面的问题。无可否认，加入WTO之后的几年是国有银行改革最快的时期。这是被开放逼出来的。

尽管在过去的几年银行改革推进得迅速，但是国人还是应该清醒地认识到：国有银行改革才刚刚启动，现在仍然任重道远。从银行治理结构层面来说，国有银行刚刚从国有独资转变为“一股独大”。研究国有企业的时候，“一股独大”经常被当成弊端，但是研究国有银行的时候，为了某种被偷换了概念的“金融安全”或者某种说不清、道不明的“国家利益”，“一股独大”竟然被当成一个可以被容忍的弊端，甚至根本没有被当作弊端。

当然，中国银行业的改革取得了一些成绩，这些成绩反映在银行的经营业绩里。但是中国银行业前所未有过的利润增长主要是因为中国经济刚刚经历了前所未有的持续的高增长时期。不要被眼前的业绩蒙蔽了眼睛，忽视了那些依然没有解决的制度层面的问题。若不充分利用业绩增长带来的改革机会，待到经济繁荣期过去，银行增长乏力、机制问题充分暴露的时候，改革的最佳时机已经错过。恐怕哭都来不及。

所以，作为当前的政策选择，早一点改革比晚一点改革好，早一点开放比晚一点开放好。政府应该担心的是银行没有改革自己的动力，而不是限制银行进一步改革。

组建金融控股的监管与挑战[①]

改革之初，中国建立了一个以四大国有银行为主的银行体系，以及一个以银行业为主的金融体系。每当组建新型金融机构的时候，银行往往成为投资主体，于是形成了以银行为中心的金融控股集团。

例如，据1989年的统计，在3 409家城市信用合作社中，由三家国有银行（工行、农行、建行）及其分支机构组建的就有1 290家，占总数的37.8%；由人民银行各省市县级机构组建的有752家，占总数的22.1%。农业银行则是农村信用社的上级主管，也成为许多农信社的实际出资人，提供政策性的资金支援。

银行（特别是四大国有银行）的各级分支机构当时纷纷出资组建信托投资公司。这些信托投资公司实际上没有多少信托业务可做，而是主要从事信贷业务，成为商业银行绕过人民银行的规模控制、违规发放贷款的重要渠道。每当中央银行强化规模控制的时候，商业银行就把资金转移到下属的信托投资公司，通过信托投资公司发放出去，导致宏观调控政策屡屡失灵。

不仅如此，商业银行及其分支机构还参与组建证券公司，商业银行下属的信托投资公司组建证券营业部。于是银行的资金可以比较顺利地流入股市，增加了金融体系的系统性风险。在这个资金转移过程中，银行、证券公司和信托投资公司各得其所：银行绕过规模控制扩大了资金运用，证券公司和信托投资公司的证券营业部（一度是独立法人）得到资金用于投机炒股，信托投资公司用信贷业务填补了信托业务的不足。

在当时银行治理结构和外部监管都很不完善的情况下，以银行为中心的金融控股模式导致金融业无序经营，增加了宏观调控的难度，构成了中国上世纪整个80年代和90年代早期出现严重通货膨胀的微观金融基础。

所以，在90年代中期"整顿金融秩序"过程中，身兼中央银行和监管机构双重职责的人民银行，坚决主张分业经营的目标并将之写进了法律，坚决要求证券公司、信托投资公司与银行脱钩。原有的以银行为中心的金融控股

---

① 2008年2月11日发表于《明报》。

集团被打破。同时，证监会、保监会和银监会的分设确立了分业监管，分业监管又强化了分业经营的目标。

世纪之交，来自外部的两个冲击使内地官员和学者重新审视混业分业问题。其一是1999年11月美国国会通过了《金融服务现代化法案》，一改1933年的分业经营立法，允许银行、证券公司、保险公司和其他金融服务提供者之间可以联合经营。另一个更大的冲击是中国在2001年成功加入世界贸易组织，承诺逐步对外资开放金融业，逐步让中国金融业与国际规则接轨。从此中国金融业又重新回到走向混业经营的道路。这条道路上的重要一步就是组建金融控股集团。

这一轮组建金融控股集团的主角是本来就具有集团(控股)公司架构、同时也拥有多种金融业务执照的金融机构。例如中信集团、光大集团。其他业绩优良而且达到资本充足率等审慎性监管指标的金融机构也得到监管者的支援，获准采用金融控股模式，例如平安保险。这几个金融集团都采用了美国式的控股公司模式。

2005年以来的国有银行改制上市，为金融控股的发展提供了机会。一方面，保险公司获准参与国有银行的改制上市，分享了股票上市所带来的巨额红利，也成为国有银行的股东。另一方面，改制上市之后的国有银行资本金充足，加之在新一轮经济繁荣期中获利颇丰，具有较强的对外投资能力，于是纷纷提出入股其他金融机构的要求，最终促使银监会和证监会联合向国务院上报了《关于商业银行投资保险公司股权问题的请示文件》(即160号文)。据悉，该请示文件已在今年年初得到国务院原则同意，将允许3～4家银行收购现有保险公司。

构建金融控股集团的实践必须十分审慎地进行。特别是在经济处于繁荣阶段的时候，切不可以忘记繁荣期终究会过去，萧条迟早会来临。繁荣中看似优良的金融资产在萧条中也有可能遭受意外损失，金融机构的资本充足率有可能会在一夜之间大打折扣，就像次贷危机中的贝尔斯登、美林和花旗。如果商业银行不顾风险，一味追求扩大规模，冒险投资于这样的金融机构，无疑会增加银行体系的风险。

监管机构应该把良好的公司治理结构作为商业银行入股其他金融机构的门槛，同时应该强化金融控股集团内部关联交易的资讯披露和监管。好在金融控股模式是一种有限的混业经营，与分业监管体制没有根本矛盾。对于金融控股集团中独立的金融机构，监管机构可以分别实施审慎性监管，甚至单独实施破产处置，从而避免风险在集团内部的不同机构之间蔓延。

出口转内销，障碍在哪里？[1]

国际金融危机和全球经济衰退让中国的出口企业大受打击。地方政府帮助这些企业的一个办法就是鼓励他们“出口转内销”。例如，北京举办了“外贸大集”，原本面向海外市场的广交会也邀请了国内采购商和批发商。

“出口转内销”不仅有助于国内企业应对危机，也符合全球经济再平衡的中长期趋势。可是，仅仅依靠搭台唱戏，出口企业就真的能够顺利适应内销吗？笔者不太相信。

不少企业宁愿低价出口，也不愿意高价内销。对此笔者曾经身临其境。笔者曾经在青衣江畔的一家化工厂当磷酸车间主任。在磷酸车间投产一个月以后，生产已经走上正轨，但是销售还没有开张。情急之中，厂长命令笔者出一趟差，拜访一下北京、天津和大连的进出口公司，看看能不能把产品出口到海外市场。

当时的笔者对车间内的工作已经经验丰富，但还是第一次从事市场销售。除了价格，笔者不知道还应该考虑什么其他因素。三地的进出口公司拜访了一遍，结果大失我望：国内市场上每吨磷酸售价将近 3 000，但出口只能卖 2 500 元。加之出口的质检更严、成本更高，包装成本还要高出至少 100 元。从价格上实在看不出有出口的道理。于是笔者悻悻而归，如实报告了厂长。厂长权衡利弊之后，却下定了决心：产品全部按出口要求包装，全部出口。

为什么不在价格较高的国内市场上卖，而要到出口到低价的海外市场？原因自然在价格之外。还是从两次有代表性的内销败绩说起吧。

有一次，我们厂把产品卖给了一家位于某中原大省的乡镇企业。合同价格比市场价还高一些，商定了货到后一个月付款。可是一拖再拖，对方愣是没付款。最后只好派人去收款。对方态度很诚恳：“我们快破产了，款是付不起了；这厂里的东西，您看上什么，就拿什么抵债吧。”收款人茫然四顾：拿得走的，也就一辆旧车。如果开走这旧车，就勾销了几十万元债，实在不

---

① 2009 年 11 月 30 日发表于 FT 中文网。

值；可是不开走这旧车，那就可能什么都要不回来了。他自己做不了这个主，又担心错过抵债机会、最后一无所获。

从此以后，我厂销售科再不发货到那个中原大省，也再不轻易发货给乡镇企业，除非买家先支付全款。可是，有几家企业付得起全款？又有几家企业信得过我们这家“计划外的县级国有企业”，敢于提前支付全款呢？

国有企业又怎么样呢？国企的好处是不会随便倒闭，但并不意味着收款容易。

又有一次，我们发货给了东北的一家大型国有企业。合同谈判期间，这家企业的销售代表一再夸耀自己的公司资金雄厚，“做的都是大买卖”。似乎与我们这样的小企业打交道，他们屈尊了身价。合同执行期间，他们确实没有赖账，但是付款从来不痛快。理由嘛，多了去了。例如：按照公司的付款程序，需要好几位领导批准，而领导又经常不在，更难凑齐。结果我们不得不一次次邀请该公司的领导到千里之外来聚一聚。花费绝不是小数字。

还有一些企业拖欠的理由更加直率：我的货款也没有收到呢，您也等等吧！把这个债务链称为“三角债”，特别贴切。

综上所述，虽然国内市场上的价格名义上高于国际市场价格，但是如果扣除掉发货之后的收款成本，国内市场上的实际价格根本就不比海外市场价格高。不仅如此，内销还得冒着收不到货款的风险。国内外市场上的价差，反映了内销的额外困难。我们厂后来的销售经历表明：出口海外总能够及时得到货款。由于出口海外减少了收款的不确定性，企业的财务和生产管理也简化了许多。对于我们这个“计划外的县级国有企业”来说，银行贷款来之不易，而上游企业对我们也不大放心，不允许我们货到付款。因此，一旦某一笔货款被拖欠，我们就有可能买不来原料，不得不停产。不少原本赢利的企业就是这样被“三角债”生生拖垮了。

上文说的案例虽然都是上世纪90年代初期的事情，但是直到不久前，笔者还不断地耳闻和目睹中国制造的产品在海外市场上卖得比国内价格便宜，中国的消费者不断地从海外市场上将中国出口的产品买回来。因此，制造业留在了国内，批发与零售业提供给了海外。中国成为制造业大国的同时，周边国家成为了贸易大国、金融中心。由于国内外市场的价格倒挂，中国的出口企业还不断而受到海外竞争对手的“反倾销”指责，承担越来越多的惩罚性关税。

有鉴于此，各级政府促进“出口转内销”的政策重点，就不应该仅仅是为出口企业“搭台”，而更应该切实保护债权企业的利益，避免企业之间形成新的“三角债”。这样做的结果，难免会让一些靠欠债维持生存的企业失去出路。但是唯有如此，真正创造财富的企业才更有机会在国内市场上脱颖而出，国内市场也才会有繁荣的未来，中国经济才能应对全球经济再平衡的冲击。

农业增长方式是否到了转变的时候?①

中国的粮食生产能否自给自足,这个问题举世瞩目。美国世界观察研究所所长莱斯特·布朗研究了日本、韩国和中国台湾等在工业化之前人口密度就很高的国家。他发现:在快速工业化过程中,这些国家耕地大量流失,粮食大量依靠进口。基于这样的历史经验,他早在1994年就预测:在1990年到2030年间,中国的谷物产量将减少20%,降到2.72亿吨,国内市场将出现2.07到3.69亿吨的缺口。因此,中国将成为世界最大的谷物进口国,并大幅推高世界粮价。布朗进一步推断,粮价上涨将加剧某些低收入国家和低收入人口的贫困问题,有可能引发世界性的经济崩溃和政治动乱。其危害不亚于20世纪70年代发生的石油危机。

布朗先生把上述发现写成长文《谁来养活中国》,刊登在1994年第九、第十期的《世界观察》杂志上,立即震动了世界,一度为信奉"中国威胁论"的人提供了又一个版本的内容。

15年之后的现实与布朗当年的预言大相径庭:在快速工业化的同时,中国国内的粮食产量不仅没有大幅下降,而且基本保持了持续增长趋势。国内粮食市场保持了总量自给自足(但是每年进口数千万吨),没有对外部世界造成冲击。布朗的预言不仅没有成为现实,而且在可预计的将来,也不太可能成为现实。

这并不是说布朗的预言没有意义。国家统计局和农业部的研究认为:到2030年,全国粮食需求总量会达到7.04亿吨,比布朗计算的6.41亿吨还要高。布朗报告的重要意义在于:它及时提醒了中国政府应该高度关注粮食问题,中国的粮食安全才会被放在如此重要的位置上。正是由于党中央和国务院高度重视,中国的粮食供应才能够基本保持自给自足。

持续提高粮食产量是农村工作领导小组关注的最重要目标。为此,中央政府划出并且全力保住18亿亩耕地红线不退让,又逐渐加大对农民种粮的补贴和粮食收购价格,免征农业税,并且不失时机地加大对农田水利等基

① 2010年2月3日发表于《21世纪经济报道》。

础设施的投入，强力保障了国内粮食产量。从提高粮食总量的角度来说，政府农业工作取得了成功。

但是，在成功提高粮食产量的同时，中国也付出了其他代价。首先是粮食品质依旧低下。同样都是大米，又放在同一柜台上销售，周边国家出产的大米价格明显高于中国大米，有的甚至高出几倍（其他农产品价差也是这样），却同样被消费者接受甚至受到欢迎。其次，国产农产品的普遍低价导致国内工农业收入剪刀差仍旧维持，近几年没有缩小的迹象，制约了农民务农收入的增长。农民的收入增长主要来自外出打工。

粮食质量问题大多是体制造成的。由于有关农产品质量的信息不透明，消费者往往无法鉴别产品质量，因此需要具备专业知识和能力的第三方。然而，作为政府部门的第三方从来没有强制执行过粮食质量标准。一些农牧地区的经济增长严重依赖大企业收购当地产品，因此大企业在当地"大得不能倒闭"，即使生产、销售了有害产品，地方政府也不敢对其进行应有的惩罚。地方政府一旦开了"宽容"的先河，大企业更加有恃无恐。于是2008年封存的毒奶粉一年多以后会再次流入市场。

另一方面，广大而且分散的生产者也知道"法不责众"，生产有害农产品也经常得不到惩罚，因此毒鸭蛋、毒大米等危害消费者健康的事件在农产品市场上屡有发生。如此法治松懈的社会当中必然没有健康的市场经济。一些地区的农田被周边工业废物污染了，当地农民本来是受害者。但是他们没有通过正当途径维护自己利益，却把自己不吃的粮食卖入市场，成为害人者。

农业产出的数量上升、质量下降，绝不能说是农业的进步。只能说是为了确保粮食供应数量，中国不得不以降低粮食质量甚至卫生指标额为代价。这是过去十多年延续的农业工作路线决定了的：农村工作的首要目标是保证粮食生产总量，维护中国社会（甚至其他国家）的稳定，其次才是发展中国农业，富裕中国农民。

现在，如果粮食产量基本有了保障，是不是到了转变农业增长方式，提高粮食质量的时候？

网络借贷的发展有赖相关法律的转变[①]

据中国电子商务研究中心统计，2010年国内针对小企业的网络借贷放款规模已超过75亿元，全年预计将达到130亿元。与同期商业银行的本外币贷款增长4.84万亿元和A股市场融资3 507亿元相比，这个数字似乎微不足道。但是，规模有限并不能掩盖这一融资渠道的重大意义。

如果把金融体系比喻为血液循环系统的话，网络借贷渠道就是毛细血管网络的组成部分。从这些网站的公开页面上可以看到，网络借贷的单笔金额大多在1万元以下。对于稍具规模的小企业来说，这样的融资额度也无足轻重，更不用说更大的企业了。因此，网络借贷的服务对象是小企业当中的小企业，堪称"微企业"。这样的"微金融"(micro-finance)，与诺贝尔和平奖得主尤努斯先生在孟加拉创办的小额贷款银行具有同样的意义：融资规模虽小，但受益者众。

不过，网上借贷与银行贷款性质大不相同。网上借贷的操作程序是：借款人在网站上公布自己期望的借款额度、借贷期限和资金用途，以及愿意支付的贷款利息。贷款人根据以上信息以及借款人以往的信用记录决定是否出资、出资多少。因此，网上借贷实际上是在出资人和借款人之间直接进行的，属于直接融资。而银行贷款是间接融资。

网络借贷的另一个特点是没有金融机构直接参与。在交易过程中，网站起到撮合交易的作用，但并不保证所有借款人都能得到资金。被撮合的借贷交易也不形成网站公司的资产与负债。因此，网站只是信息中介，也为借贷双方划拨资金提供一定便利，但并不是金融机构。

既不是间接融资，又没有金融机构直接参与，意味着到网上借贷业务在中国难以被纳入"正式"的金融体系之中。在"是否应该监管网上借贷"的问题上，金融监管部门左右为难：一方面，网络借贷毫无疑问是金融交易，按照当前的监管原则应该纳入监管体系；另一方面，发挥网络贷款中介作用的网站不是金融机构，因此没有具体的监管对象，监管无从下手。这个幼稚行业

---

① 2010年9月9日发表于《上海证券报》。

规模尚小,监管还不是迫切议题。

然而这个幼稚行业已经显示出与“正式”金融体系之间的冲突:按照“正式”金融体系的规定,实际借贷利率不能超过人民银行规定的同期借贷利率的四倍,否则涉嫌高利贷。但是目前国内网上借贷的年利率时常高达20%左右,而且网站经营者没有给出有说服力的解释。

在这些冲突解决之前,网上借贷这个方兴未艾的高增长行业在中国面临严重的法律风险。首先,如果严格按照“正规”限制高利贷的话,网络借贷的规模将大幅下降,绝大多数专门从事网上借贷的网站将无法继续维持下去。其次,如果严格限制非金融机构从事网上借贷这种准金融业务的话,那么网络借贷将坠入与中国传统的“抬会”一样的命运:目前村子的几乎所有的网上借贷网站都被关闭,一个方兴未艾的行业断送在摇篮中。

不过,中国需要“微金融”。如果中国金融体系的毛细血管继续薄弱下去,那么国内很多小企业不仅无法缩小与大中企业之间的融资差距,也无法跟上国外小企业竞争力提高的步伐。其实,网上借贷是信息技术突飞猛进的产物,在欧美也是新型事物。据说网上借贷这种业务模式最早诞生在英国,之后很快拷贝到美国、欧洲大陆和日本。一家名叫Zopa的英国网站拥有40万会员,已经撮合了8 500万英镑的借贷。

如果说世界各国在发展网上借贷的道路上存在竞争的话,那么英美法系国家的竞争优势已经表现出来。在上述国家的法律体系当中,网上借贷并不面对明显的法律风险,因此,借款人的违约行为受到法律约束,贷款人的债权受到保护。这样,贷款人要求的风险补偿较低。据Zopa网站提供的数据,一笔金额5 000英镑、期限三年的网上借款,年利率仅为9.1%左右。还不及中国网上借款利率的一半,已经远离了高利贷。另一方面,出资人获得了平均8.3%的税前年回报率。很小的借贷利差显示这种借贷方式的高效率。

其实,国内外的借贷网站在收费方式和分散风险手段方面相互模仿,相互之间已经没有太大差别。但是在提供的服务方面,国内网站比国外的同行大为逊色。例如,据《经济半小时》报道:在面临网上借款人恶意拖欠债务的时候,网上贷款人和网站除了把违约人的名字写上黑名单之外,往往无所作为。究其原因,主要是因为网上贷款涉嫌高利贷和违法经营,因此,债权人即使诉诸法律,也不一定能够保护自己的权利。

如果不及时改变这一现状,中国网上借贷市场上将有越来越多的恶意拖欠案例,并最终导致网上借贷交易消失。美国经济学家阿克罗夫早在40年前就注意到了这类市场上的"信息不对称"问题,并用一个经典的"柠檬"市场模型预言了这类市场必然消失的结局,而且因此获得了2001年的诺贝尔经济学奖金。

加速升值和“结构型进口”可以抑制通胀[①]

当前通胀和通胀预期已经很严重。如果不及时采取措施，只是等待翘尾因素来降低统计数字，恐怕会错过调控时机，让通胀持续更久甚至恶化。当然，选择什么样的措施抑制通胀也很重要。下面的三种工具代价就比较大。

第一，提高利率成本很大。保持实际利率为正有道义上的必要，但操作成本很大。提高存款利率造成贷款利率两难。如不提高贷款利率，那么商业银行的盈利能力显著下降，严重的话可能动摇银行业稳定；如果同步提高贷款利率，那么商业银行的不良贷款率增加，银行同样不稳定。

第二，收缩货币时滞严重，远水不解近渴。人民银行紧缩性货币政策效果传递到物价指数，有两年时滞。因此适度收缩货币有必要，但如果用力过猛，会导致两年以后通缩，增大经济波动。这与宏观调控目标相悖。

第三，管制价格和财政补贴更不是好办法。不仅导致短缺，而且把亏损留给财政，费力不讨好。对储蓄存款“保值贴补”效果也一样。而且改制之后的银行继续获得财政补贴，似乎说不过去。

与上述三个工具相比，汇率工具抑制通胀和通胀预期的代价更低、效果最快。

从宏观层面上看，目前中国最根本的通胀压力来自持续的国际收支盈余正在推动实际汇率升值。实际汇率升值有两个途径：一是名义汇率升值，又称对外升值（以下简称“升值”）；二是通货膨胀，又称对内贬值。升值或者通胀都能改善国际收支失衡，在改善国际收支的过程中是“跷跷板”关系。限制升值速度就加大通胀压力，加快升值速度就释放通胀压力。

在国际收支失衡持续且严重的情况下，2008 年中我们也曾建议容忍适度通胀来减小升值压力和外汇储备贬值损失。搞通胀就像玩火，最大风险是通胀失控。因此容忍通胀必须建立在随时监控并且有能力控制通胀的前提之上。由于容忍通胀的本意就是为了替代升值，宏观调控随时可以逆向

---

① 2010 年 11 月 24 日发表于《21 世纪经济报道》。

操作：用更快的升值控制通胀。正是因为有这个快速“掉头”的选项，容忍通胀的风险才是可控的。当前正是应该“掉头”的时候。

在微观层面，“掉头”的效果通过进出口贸易传导：人民币升值导致进口品价格降低。传导的速度和幅度取决于进出口的周转速度、价格弹性和贸易规模。对于无需再加工的消费品，从采购到运输交货最后送上国内的货架，空运的一个月内就可以完成，海运的两三个月也可以大规模上架。因此，通过升值抑制通胀的时滞很短，效果会在一个月后显现、三个月内扩大并且显著反应在物价指数上。可以达到应急的效果。这是进出口依存度高达70%的国家独有的好处。

但是，有些商品的国内价格波动较大，对居民生活和物价指数影响也较大，但受到进口配额等中方制造的贸易壁垒的限制，进口规模不大，因此汇率变化对国内价格影响有限。为了让汇率调整对国内这些价格产生更大作用，可以通过增加配额等方式降低进口壁垒，增加进口数量。用“结构型进口”对治“结构型通胀”。

进口低价商品当然可以降低国内价格。但是，对于需求刚性的商品，只要适销对路，即使进口高价商品，也能降低国内价格。最近涨价较快的食品就是刚性需求。虽然居民对食品的需求总量变化不大，但内部也分高中低档的细分市场。一些居民增加了对高档进口食品的消费，就一定会减少对国内低档食品的消费，从而抑制低端食品价格上涨，让低收入者从这项政策中得到好处。供给增加不多，价格降低很大，这是刚性商品的特点。至于“适销对路”这个前提条件，商人自然会努力，不须政策制订者费心。

人民币升值对进口商有利，对竞争性的出口商短期略有冲击，对垄断的出口商不利。“结构型进口”对国内市场影响有限。

如果说上述政策组合是一帖中药，那么加速升值是主药，降低某些进口壁垒是药引，共同达到抑制通胀的效果。政策出台的时候再配合适当的政策宣传，那么通胀预期比通胀降低得更快。

后记：《财经》2010年12月17日综合报道：在刚刚闭幕的第二十一届中美商贸联委会上，中美两国在医药、农业多项领域上达成了多项成果，中方承诺未来将扩大对美国的进口，改善当前的贸易顺差情况。此外，联委会还取得了一个突破性成果：中国同意逐步取消对部分美国牛肉的进口限制。

中方承诺，逐步恢复进口30月龄以下剔骨牛肉和带骨牛肉，同时解除对艾奥瓦州、肯塔基州的禽流感禁令。商务部研究院研究员梅新育认为，现在国内农产品和食品价格上涨压力大，美国在牛肉、粮食等土地密集型农产品方面具有成本优势，扩大进口有助于抑制国内农产品价格上涨压力，从而控制通胀。

汲取应对危机的教训，提高货币政策独立性[①]

美联储为了挽救华尔街的流动性而实施扩张性货币政策，造成全球流动性过剩和通胀压力。除美国以外的国家应对这一"美元冲击"的最佳策略就是让本国货币对美元升值。但是，发展中国家的货币当局普遍经验不足、独立性不够，采取的措施不是太迟就是太乏力，错过了本币升值的最佳的时机，导致大量廉价美元流入国内。

国际货币基金组织(IMF)提供的数据显示，从2003年四季度到2007年三季度，发展中国家的官方外汇储备增加了2.654万亿美元，增长139%；发达国家由于汇率机制灵活，官方储备同期只增加了3 500亿美元，增加32%。而在发展中国家当中，中国付出的学费最为昂贵，外汇储备四年翻两番，从2003年底的4 000亿美元增长到2005年底的8 000亿美元，之后又加速增长到2007年底的将近1.6万亿美元。在人民币升值20%之后，外汇储备的账面汇兑损失可能已经接近1万亿元。

其实人民币早有升值压力，中国早就应该放弃钉住美元的汇率体制。1994年初的外汇体制改革让人民币官定汇率一次性地大幅贬值约35%，此后中国的外汇收支一改以往入不敷出的局面，经常项目和资本项目持续双盈余，外汇储备在大多数年度大幅增加。即使在亚洲金融危机期间，也仅有个别月度数据环比略有减少，同比则从来没有出现过减少。这显示人民币早就有升值压力。在当年国务院发展研究中心的内部报告中也有过本币升值的提议。

但是在2001年之前，人民币升值压力被两个外部变化部分释放掉了。一是亚洲金融危机。它导致人民币相对于周边国家货币升值。一些周边国家的产业结构与中国类似，在国际市场上与中国是竞争关系。他们的货币贬值不利于中国产品出口，但有利于中国平衡国际收支。二是美元持续走强，带动人民币升值。由于钉住美元，根据国际清算银行(BIS)的计算，人民币真实有效汇率(REER)从1994年初的68.83上升到1998年8月的106.96。这

---

① 2008年10月15日发表于《成都商报》。

两个有利的巧合降低了中国主动调整汇率的必要性，也降低了改革汇率体制的动力。

但是，在盯住汇率制度中，本币汇率变动方向对本国有利只能是偶然的巧合。2001年之后，互联网泡沫破裂、“9·11”事件和次债危机接踵而至，推动美联储一再加大扩张性货币政策力度，导致美元贬值和全球性流动性过剩。更糟糕的是，除美国以外的其他国家应对全球流动性过剩的最佳策略是本币升值，人民币却背道而驰，跟随弱势美元非自愿贬值，真实有效汇率从2002年2月的108.81贬值到2005年1月的87.87。这个不利变化和一直存在的人民币升值压力相叠加，导致中国的国际收支失衡比其他国家更加严重。

汇率政策是货币政策的一部分。在过去十多年的转轨历程中，货币政策的独立性有过提高，也有过下降。独立性的提高主要表现在四个方面：第一，实现了从财政独立，避免了财政赤字货币化；第二，实现了从地方政府独立；第三，部分实现了与国有商业银行独立；第四，一度走向与金融监管独立。

货币政策独立性下降主要是因为两个议事协调机构的建立。其一是货币政策委员会。建立该委员会的初衷是提高货币政策的独立性，但是由于委员会中包括了过多部门，结果反倒降低了货币政策的独立性。在议事机构中，各部门的委员总是围绕本部门的目标提出建议。在国务院的组成部门中，唯有人民银行把稳定币值当作首要目标；有些部门的目标甚至与之冲突。在货币政策委员会中，来自各部门的委员占了半数，人民银行官员不到1/3。所以，该委员会按“少数服从多数”的机制通过的货币政策建议不能确保实现币值稳定的目标。

其二是金融监管联席会议。建立这个制度的初衷是强化监管者之间的信息沟通，消除监管盲点。但是货币政策目标和监管目标有相冲突的地方，由人民银行参与并牵头未见得妥当。如果监管者之间合作过了头，有可能恢复货币政策与金融监管、商业银行之间正在切断的联系，降低货币政策的独立性，导致人民银行采用宽松的货币政策来应对下一次监管失败，掩盖商业银行的损失。华尔街周期性爆发的金融危机告诉我们：宽松的货币政策在挽救上一次危机的同时，总是为下一次更严重的危机埋下祸根。

上一轮讨论人民银行独立性问题的高潮是在20世纪90年代中期，最后得到采纳的是“在国务院领导下保持相对的独立性”。这是当时历史条件下唯一可行的选择。当时的人民银行身兼货币政策和金融监管双重职责。脱离了国务院的支持,人民银行很难监管国有银行;而履行不了监管职责,货币政策必然成为一纸空文。现在的情况已经大不一样,主要监管职能已经从人民银行剥离出去。为了确保货币政策目标的实现,有必要重新研究货币政策的独立性。

再不应该回避取消国务院对货币政策的批准权。国务院履行批准职责不仅增加货币政策时滞,也增加了决策的不确定性。对国务院来说,稳定币值只是众多职责中比较长远的一个,很可能有更紧迫的任务排在它前面。这也是众多国家付出不菲代价换来的历史教训。

附　录

应该充分利用汇率制度改革的机遇[①]

金融危机以来，人民币暂停了升值步伐，实际上重新回到钉住美元的汇率制度。这引起了欧美国家的关注。国际上不时出现要求人民币升值的呼声。面对人民币升值的国际压力和我国经济发展的实际情况，我们应该怎样根据新的国内外形势，选择适合我国经济长远发展的汇率制度，本期专家访谈我们请到国务院发展研究中心金融研究所银行研究室副主任吴庆博士为我们解析这一问题。

国研网：近期美国等国家向人民币汇率施压，要求人民币升值，而欧洲债务危机爆发后，欧元大幅贬值，人民币实际有效汇率出现升值，您认为欧元的大幅贬值对人民币汇率问题会有怎样的影响？

吴　庆：欧元下跌的影响至少有两点，第一点是减轻了短期内人民币升值的压力，另一点是从汇率制度改革的角度来说为我们提供了一个很好的机会。

欧元贬值导致人民币升值，和 2009 年的高点相比，人民币对欧元升值约 18%～19%，从 2010 年 1 月初算起的话，也升值了 14%。人民币对欧元升值了那么多，对美元又是固定汇率，对日元是波动的，这几种汇率加权以后，如果加上 5 月的数据，我估计 BIS 计算的人民币加权汇率可能在最近半年左右的时间里升值了 4.1%，这个幅度已经不小了。

升值是缓解升值预期的最好做法。和半年前相比，人民币升值的经济压力已经变小了。在这种情况下，如果决策者更加看重短期平衡，那么对政府来说升值的必要性就降低了，就可能倾向于选择不升值，维持现在的汇率。但我更强调我们要有更长远的眼光。欧元升值就好像送给我们的一个大礼包，但如果仅仅把它看作一个缓解升值压力的大礼包，那么等到欧元区走出危机以后，欧元汇率的趋势还会逆转，当这个趋势逆转以后，这个大礼包不仅不会变得更大，我们还得把它送回去。所以从长远的角度考虑，现在改革

---

① 本文是笔者接受国研网访谈的笔录，2010 年 6 月 21 日发表在国研网上。早在 5 月上旬，李华就敏锐地策划了这一期访谈。5 月 14 日下午，笔者和冯庆谈话三个小时。小冯聪明勤奋，但由于录音笔故障，什么也没录上，因此回忆庞杂的谈话内容很困难。他不好意思再次占用笔者的时间，于是从笔者已经发表的文字中引用了一些内容。6 月初，笔者再次和冯庆录音谈话一个多小时，并邀请他参加了笔者 8 日主讲的午餐会，遂有下文。由于篇幅原因，这可能是笔者对汇率问题表达最充分的一次。

人民币汇率制度的必要性不能因为欧元的贬值而降低。制度改变这一点过去应该改，现在应该改，以后还是应该改，现在这种钉住美元的汇率制度是不应该维持的。从改变汇率制度的角度来考虑，人民币升值压力小、升值预期小的时候，实际上正是改革的机遇期，所以从这个角度来说，这是我们意外得到的机遇，我们没有想到欧元会跌得那么惨，没有想到人民币的有效汇率会意外地上升那么多。

国研网：在最近举行的中美战略与经济对话上，美国对人民币汇率施加的压力比以前小很多，这种结果会对人民币汇率产生什么影响？

吴　庆：从这次中美对话来看，美国方面不仅没有要求人民币汇率改革，甚至都没有提到人民币汇率问题，对中国来说，至少是给了中国自主决定、主动改变的一个选项。如果中国政府现在做这个选项的话那完全不是受到美国方面的压迫，至少在外界看来是这个样子。

国研网：如果利用这些外部机遇重启汇率改革，我们应侧重升值还是改革人民币汇率形成机制？

吴　庆：升值只能缓解市场的扭曲，最根本的是要改革汇率形成机制。我们必须承认我们的汇率存在着扭曲。扭曲多少谁也不知道，因为均衡汇率只有市场才能去发现，任何研究和猜测都不可信。例如有人说人民币应该升值41%，其实这个41%如果成立的话，前面也加了很多限制条件，比如说三年内实现平衡要升值41%，而绝对不可能说一年内升值41%。如果一年内升值41%，中国的贸易平衡会走到反面的。所以最重要的改革还是要改革形成机制，从长远来看应该是一种形成机制、汇率制度安排的改革。

国研网：您认为我们汇率制度的目标应该是采取钉住一篮子货币的汇率制度还是采取自由浮动的汇率制度？

吴　庆：最彻底的解决方法就是自由浮动，如果中国想成为一个货币大国，人民币想成为国际货币——当然这个目标需要很多年才能实现，人民币必须形成一种浮动的汇率。无论是钉住一篮子还是钉住单一的货币，只要是钉住，实际上差别是不大的。只要是钉住别的货币，人民币实际上都只是一种二级货币，别人的是一种更基本的货币，你就比别人低一级。在这种情况下，人民币的国际货币地位是不会巩固的。

比如香港。20世纪70年代以后，应该说香港的货币管理得相当不错，香港金融市场爆发危机的程度和次数要比华尔街低和少。那么这是否意味着港币是比美元更好的选择呢？不可能！因为港币是钉住美元的，港币再好，充其量是和美元一样好，不可能比美元更好。而美元流动性泛滥的时候，港币一样会流动性泛滥，原因就是港币钉住美元，香港又是自由市场。这就说明只要钉住别的货币，你就不可能成为一个好的、一流的国际货币。

国研网：您怎么看待汇率浮动恐惧现象？

吴　庆：关于人民币不应浮动的理由已经有很多，我们可以理解政府为什么迟迟不肯选择浮动的汇率，惧怕浮动(fear of floating)在很多国家都已经出现过，很多政府都是这样的，这是一个国际问题。但是这种恐惧是没有必要的，虽然我们保护出口部门的出发点是好的，但实际上这是保护不住的。钉住美元保护了跟美国做生意的出口商，那跟欧洲做生意的怎么办？欧洲现在还是我们最大的贸易伙伴，我们跟欧洲做生意的商人，他们一直承担着汇率波动的风险，他们怎么办？

事实上我们跟美国的贸易增长到一个高度的时候再上升就有难度了，跟欧洲的贸易倒是增长得很快，并不是汇率风险大了我们跟欧洲的贸易就不好做了，跟美国的贸易就好做了。我们拿欧洲、美国、日本来作对比，发现并不能证明固定汇率能够促进双边贸易的发展。更好的办法是，把汇率波动的风险交给进出口商，然后放松金融市场的监管，推出一些新的金融产品来降低、转移进出口商的风险。当市场上多种风险汇聚到一起的时候，有一些风险就相互抵消了，这也会促进外汇市场的发展和外汇产品的出现，良好的市场经济就应该是这样的。

管制其实也没有消灭汇率风险，只是把风险从进出口商转移到了央行，所以我们的央行才会有1万亿的外汇占款账面损失。相当于我们拿了1万亿去鼓励出口。让我们想一想，如果给政府一个选择，拿1万亿来扩大进出口，维持几年的20%的增长，维持五年的外汇增长，政府会选择这个选项吗，老百姓会选择这个选项吗，未必。1万亿对中国这样的国家不是一个小数目，白白地去支持那些进出口商搞出口，恐怕很难作出这种选择。而且这1万亿还只是一部分，因为我们的外贸部门、财政部门已经给了出口企业不少补贴。

国研网：如果短期内不能实现完全自由浮动的汇率制度，您认为我们还可以采取什么样的制度安排作为过渡？

吴　庆：从钉住美元到浮动汇率，中间怎么走有很多种选择。一个是暂时地再固定下去，维持对美元的固定汇率，但这是不可能长久的。我们可以维持名义汇率不变，但实际汇率最后取决于市场的选择，市场会用危机、通胀等手段来修正它，所以长期来看这是维持不了的。

第二个是小步小步地来，缓慢地变。这里又会有很多细小的选择，比如2005～2008年我们是选择一种叫爬行的做法。这种做法我们也知道它的坏处，日元当年爬行得比我们快一点，但它也是爬行的，它没有放任市场机制去寻找均衡汇率，而是约束着市场力量，这个受约束的市场力量就起不到汇率发现的作用。市场有一个重要的功能就是价格发现，如果约束着市场的手，它就发挥不了发现汇率的功能，于是均衡汇率到底是多少大家一直都不知道，只知道你管制它，所以大家都以为这个汇率升值得还不够，于是它就不断地升下去。其实在金融市场上有很多人讲过这种道理，就是所谓的涨停板制度是否能够减少股市的大起大落，这个问题在学术上是有很多争议的。涨停板制度只不过是把波动的时间延长了，本来一天就可以涨30%，现在要三天才能涨30%，但是它是否能够抑制高点，把高点降低，把低谷提高，未必。这种爬行的制度实际上就是在尝试类似于涨停板的制度安排，当然它比涨停板制度还坏。

另外一种制度更接近于典型的涨停板制度，就是小幅的跳跃，一次升值1%、3%、5%都有可能，跳跃以后锁定汇率波动的幅度。这种制度相对于每天爬万分之几、千分之一的做法可能好一点。它更接近于涨停板制度，比爬行的制度有改善，至少是在不断地尝试哪个汇率不对，在试错。如果某个汇率不能实现我的国际收支均衡，那就再尝试另一个，这种做法也是可以采取的。但有一点我们是确定的，就是我们最终的结果是自由浮动，在中间的状态里这种台阶式的、跳跃的试错比那种慢慢的爬行要好一些。

国研网：改变人民币汇率制度会引起热钱流动，并可能影响国内资产价格，上半年外汇管理局也在加大对热钱流入的查处，您认为应怎样看待人民币汇率问题中的热钱问题？

吴　庆：外管局加大对热钱流入的控制对于缓解国内的流动性过剩是有帮助的，但中国进出口加在一起的对外依存度在三年前就已经超过70%了，在这种情况下，管住资本项目的意义是不大的。实际上现在有很多热钱的进出已经不需要再走资本项目了，他只要在进出口的贸易上、价格上做一点点手脚，就会有大笔的资金跨越中国的国界实现大进大出，这是很容易的事情。再考虑到跨国公司的存在，这个事情就更加容易。我们海关统计的很多进出口的交易，不过是跨国公司左手和右手的交易而已，都是在跨国公司的控制之下做的，它的价格实际上是跨国公司能够干预和影响的，所以我们对资本项目的管制对于中国这种参与全球化的程度很高、在进出口方面已经达到这么大规模的国家来说，实际上意义已经很小。即便保留资本控制，固定汇率也会受到很大冲击。我们现在的资本管制实际上是名存实亡的。

解决热钱问题最根本的方法就是形成自由浮动的汇率，汇率自由浮动以后，热钱流入本身会推高人民币汇率，而更高的汇率就会阻挡热钱进一步流入，热钱流出的时候也会这样，所以要让汇率来解决热钱的问题。

国研网：最近出台的房地产政策和人民币汇率有什么关联吗？是不是人民币升值之前要先把房价打压下来？

吴　庆：没有太大的关联，要说有关联，就是我们的汇率政策实际上是货币政策的一部分，我们的决策者已经认识到这一点了，所以我们成立了货币政策二司管汇率政策。货币政策影响国内流动性，流动性关系到国内资产价格，资产价格中最重要的一项就是房价，要说关联的话就是这么一条关联。但是这个链条过长了，中间存在很多不确定的东西。至于说人民币升值之前要把房价打下来，我觉得这个说法很难成立，房地产价格波动毕竟是一个微观问题，没有必要把它上升到宏观政策的程度。不是说非要把它打压下来才能改别的地方，这并不是一个必要条件。

我们拿香港经济来看，香港的房价大起大落，香港的经济怎么样，房价涨就涨、跌就跌，香港从来不怕它。香港有一件事做得好，在这件事上可能是全世界做得最好的，就是房价跌50%它的银行体系也是健康的，它能够把风险隔离开。这种隔离是微观层面的隔离，跟宏观经济没有关系，它在监管的层面就能够管住银行，在房地产市场上不承担很大风险。1997年那次危机以后香港的房价跌了可能都不止50%，那怎么样，不过就是那些买房子的人、那些房东变得很辛苦。有很多电影明星，自己对着媒体讲，今年要多拍几部戏，因为他想增加一些收入来弥补房产上的损失，也没有哪家银行为了这件事情怎么样。所以香港实际上是一种很好的模式，值得全世界学习，当然也值得我们学习，就是要把房地产的风险隔离开。

我认为我们现在的很多房产调控政策都是不对的。我们在做这种短期政策的时候，需要有一个长期的目标来评价。我们的房价确实有扭曲的成分，因为你控制了地价，故意把地价炒高等。但我们现在是以另一种扭曲来抵消前一种扭曲，最后导致的结果就是我们的房地产市场会越来越多地扭曲，扭曲到最后我们的房地产就越来越像麻花，是一个扭曲程度越来越大的麻花。好的解决办法应该是减少房地产市场的扭曲，让市场机制发挥更好的作用。我认为如果真的由市场来发挥作用的话，泡沫即使有也不会非常严重。

国研网：对我们国内企业来说，很多出口企业认为目前的出口利润率很低，难以承受人民币大幅升值对出口的冲击，在汇率问题上我们应怎样考虑对出口领域的影响？

吴　庆：调整人民币汇率对出口的影响与出口退税可以作类似的分析。我们在2008年年底开始扩大出口补贴，我当时提出批评意见，说这样做其实很多的出口都补贴给外国人了。当时就很明显，2008年底开的那次广交会，一宣布提高出口退税就开广交会，马上就看到降税降多少，出口的价格就降一个比例，路透社的记者说中国是在向全世界撒钱。倒过来，人民币升值和政府减少出口退税补贴的影响也是一样的，相当于我们提高要价，多数的要价不会由国内一方来承担，而是由国外一方来承担了。

国研网：人民币汇率问题对我国经济增长方式转变提出了怎样的要求？

吴　庆：汇率的变动是一种价格变动，它会引导企业作出新的选择。诺思讲的经济变迁理论，对于中国很有现实意义。汇率变化会改变出口部门的选择，改变他的技术选项，使他选择不同的技术来应对不同的市场。当市场价格变了以后，他有可能就会选择一些不同的技术路线，来实现同样的生产。他也可能选择出口不同的产品。当然他也可以选择迁移地点，从中国东部迁到西部，从珠三角迁到长三角（这是早就发生的事），再从长三角迁到渤海湾，沿海排满了以后就往内地迁。中国是个大国，雁行理论在中国国内就可以发生。还有一些企业可能会迁到越南，越南的海岸线很长，如果非要挨到海边他们可以迁到越南去。对于这些企业我们应该很慷慨地跟他们说再见，我们也要腾笼换鸟。广东最早提出腾笼换鸟。等到广东换得差不多了以后，上海、长三角也要腾笼换鸟，长三角腾完笼、换完鸟之后，又该轮到渤海湾，雁行理论就是这样发展下去的，中国经济就应该这样上台阶的、阶梯式的发展，而不只是数量型的扩张。

近年来中国的出口越做越大，但出口产品的种类没太大变化，技术路线没太大改变，劳动力的价格也没变化，这种增长不过是一个数量型的扩张。当我们拿技术、机器替代人了，用更先进的技术了，或者是生产了更好的、附加值更高的产品了，或者索性有的产品就不生产了，完全生产一种全新的产品，这才是一种有质量的经济增长。我们现在要做的经济增长方式的转变，就是要实现质量提高型的经济增长，汇率可以推动这种转变。当然有很多事情可以推动它，不只是汇率可以，我们的出口退税、土地政策等一系列政策的改变，都可以推动模式发展的转变。

通货膨胀能否被有效控制①

前不久，国家发改委负责人表示，2010 年我国 CPI 的升幅将超过 3%，将 2011 年的经济增长目标定在 8%左右，CPI 控制目标则在 4%左右。

瑞银证券中国首席经济学家汪涛认为，进行一个百分点的调高是一个务实的选择。因为目前物价已经上到 5.1%，从 5.1%压到 3%以下可能是很难很快做到的。另一方面国家在 2011 年会进行更多的结构调整，其中很重要的是资源和能源价格的改革，以及其他价格的调整，这也是给价格调整预留了一定的空间。

国务院发展研究中心研究员吴庆表示，CPI 环比指标已经达到了两位数，从这个角度，央行在控制通胀方面可信度并不高。即便 CPI 年度指标达到了 4%，但如果有的月度是 1，有的月度是 7，这样的波动才是非常严重的问题，因此平均数并不是很有意义。

CPI 的数值在 12 个月以前还是一个负值，那为什么在一年的时间内，一下子就推到了这么高的一个涨幅，是什么力量推动它走这么高呢？

汪涛称，从目前公布的各项数据来看，CPI 上涨最主要是来自于食品价格的上涨，其中多是供给方面因为气候、灾害的原因，使水果、蔬菜价格迅速上涨，其实这些上涨不是特别值得关心，因为过一段时间，种菜的人多了，价格就会下来。但食品价格迅猛上升后，遇到流动性充裕，央行或政府又不愿意加息，大家钱存在银行都是负利率，食品价格的上涨就很可能蔓延到整个全社会的通胀，这种情况非常让人担忧。

吴庆则不太同意食品上涨推高 CPI 的看法，他认为，这一轮通胀实际上是发钞票发出来的，2009 年上半年的货币政策已经过度宽松了，由于这一轮过度的宽松政策微调力度不够，才导致 CPI 的价格一路上扬。他称，有一系列的指数可以预示未来 CPI 会走高，这一轮的通胀是沿着产业链条传递的，最早上涨的是煤、电、油等资源类产品，沿着产业链，从上游向下游传递，最后一个环节才是消费品，才是 CPI。

12 月 10 日，央行再次提高准备金率，在资本市场上很多人把它解读成要暂缓加息的信号，那么，加息是不是因为存款准备金率的上涨延缓呢？

汪涛表示，存款准备金和加息应该同时做，存款准备金是调整流动性，而利率是资金的成本和老百姓存钱的问题。以前市场预期两者都会做，后来只做了一个，因此市场大涨。目前来看是政府担心热钱流入的原因。

吴庆认为，应该连续加息，但在加息之前，要做好体制上的准备，应该从汇率开始做起。

CPI 同比涨 3.3%不会导致加息②

专家认为 7 月涨幅基本符合预期，对于下半年 CPI 走势，专家有分歧，但专家都认

① 见 2010 年 12 月 16 日财新传媒网·第一财经《首席评论》。

② 见 2010 年 8 月 12 日财新传媒网·第一财经《首席评论》。

为，加息时机仍未到。

【财新网】（记者汪苏）国家统计局8月11日发布的数据显示，7月CPI同比上升3.3%，涨幅较6月扩大0.4个百分点，为2010年以来最大涨幅。

CPI3.3%的涨幅意味着什么？面对目前CPI增速已经连续五个月高于一年期存款基准利率的情况，加息是否会成为决策层的选择？如果加息，加息时点在哪里？与百姓生活相关的物价水平，在未来几个月内会呈现什么样的走势？

8月11日，由财新传媒和第一财经联手打造的电视节目《财新·首席评论》，邀请国务院发展研究中心研究员吴庆、亚洲开发银行驻中国代表处高级经济学家庄健，一起解读CPI。

吴庆和庄健都表示，7月的数字比较符合预期，反之6月CPI2.9%的涨幅倒是低于预期的。7月CPI3.3%的涨幅，主要是受翘尾因素及南北洪涝灾害推高食品价格的影响。

不过，对于下半年的CPI情况，两位嘉宾有不同意见。

吴庆认为，高点可能还没有达到，考虑到国际粮价上涨将传导到国内，释放的大量货币消化得还不够等因素，这一轮通胀的传递还没有完成。

而庄健则认为，下行压力更大，目前经济增速在往下走，货币供应量M2也在下降。

对于加息，两位嘉宾重又达成一致。庄健认为，不一定会加息，也不一定是好时机。吴庆更直接地指出，中国不应该加息。

他们的主要理由是，中国的CPI涨幅并未如印度等国家那么高，考虑到和欧美息差，先加息会吸引热钱流入，中国经济增速将下降。

吴庆更认为，中国会越来越接近滞胀的状态，保增长的底线可能不该是8，而是7或者6。

而统计局数据公布前一日，沪指预先作出反应下跌。但吴庆认为，基于目前的CPI不会触动加息进程的判断，下半年楼市下跌的情况，可能会有一部分投资资金转到股市，这从结构上，对股市是一个利好。

中国经济刺激政策何去何从？①

世界金融危机发生以后，中国政府抓住时机果断决策，推出4万亿投资的经济刺激政策。实践证明，4万亿的投资计划对中国经济乃至世界经济的复苏起到了重要作用。当前，全球经济企稳回升，但经济复苏的进程并不是那么顺利，再加上欧洲主权债务危机

① 2010年6月8日国务院发展研究中心学术午餐会主题演讲内容，记者沈刚报道，《中国发展观察》2010年7月刊登。

引发欧洲市场发生变化，世界经济的复苏还是存在许多不确定和不稳定因素。5月31日，世界银行行长罗伯特·佐利克在英国《金融时报》发文指出：我们眼下看到的不仅仅是“金融危机·下半场”，还是“可持续增长挑战·第一幕”。

也是在5月31日，温家宝总理在东京出席日本“经团联”举行的午餐会上表示，全球经济仍存在二次探底可能，中国目前退出经济刺激政策为时尚早。中国经济刺激政策何去何从，成为政府和经济学界热议的话题。6月8日，国务院发展研究中心(简称“国研中心”)举办“中国经济刺激政策何去何从?”的主题午餐研讨会，国研中心的专家学者就此问题展开了讨论。国研中心研究员吴庆是本次午餐会的主讲人，他首先发言：“总理的表态很有前瞻性。保增长的确还是重要的工作。今年上半年保增长不成问题，但是下半年，特别是到了年底的时候，我们很有可能遇到问题。到明年初，可能这个增长的问题就会更加严重。”

吴庆提出金融危机对世界经济影响的四个方面问题：

第一、金融危机直接导致金融资产的贬值，造成投资的巨大损失。金融资产贬值造成的投资损失主要是美国和欧洲的金融机构承担着，像中国和日本的金融机构受到的损失是很小的。

第二、金融危机间接造成储备资产的账面损失。这不是金融危机直接造成的损失，而是美国和欧洲政府在应对金融危机时所采取的经济措施对别国造成的损失。特别是中国的外汇资产贬值很大，一年多以来，中国外汇账面损失达一万亿人民币。当时外汇资产主要是美元，美元贬值促使我国调整外汇资产结构，增加了欧元的比重。现在欧洲主权债务危机的发生，使欧元又开始贬值。在这个危机后的世界，只要持有储备资产就会遭受损失。

第三、廉价美元的冲击。它伤害到一个国家的宏观经济，损失难以估算。受到廉价美元冲击最严重的是中国。廉价美元的风险一直都存在。这个冲击对发达国家的影响比较小，因为他们普遍采用浮动汇率制，美元冲击时，汇率调整自然会挡住外来资金的冲击，储备资产越多，受到的损失越大。

第四、金融危机以后造成全球性的需求不足，进而导致全球经济的衰退。这个衰退原则上对于全世界来说影响都是一样的，大家都遇到同样的问题。但是，像中国这样特别依赖于出口来拉动经济增长的国家受到的冲击还是要大一些。

目前，经济可持续发展、经济结构调整、抑制通货膨胀是我国政府重点关注的三大问题。吴庆认为，中国经济发展遇到的困难关键是经济增长模式，金融危机的影响并不重要。他说：“这也就是佐利克所说的‘可持续增长挑战’，就是我国出口导向型的经济增长模式已经接近终点了，金融危机只是把中国的出口导向型经济增长道路缩得更短。”同时，他也强调：“我们也不是全盘否定出口导向型经济。从1994年开始我们全面走上了这条道路，到现在已经17年了。在过去的时间里，实际上出口导向型的经济增长方式还是给中国带来了很大的好处，中国在这条路上取得了相当大的成功。”

中国经济到底是不是主要依托国际市场来增长？国研中心宏观经济研究部研究员张立群与吴庆观点不同，他认为中国经济一直是内需主导型经济，这是人口大国一个比较普遍的模式。“据有关测算，我们国家内需占总需求的比例一直超过70%的，这就说明了中国经济发生的主线总体来说还是取决于国内市场，这是一个基本格局。我们也要看到中国整个经济发展，特别是经济结构变化是一个双轮驱动，就是既有国内消费需求升级带动产业升级的因素，也有了我们在加入国际分工的过程当中和国际产业接轨所带动的产业结构的变化，像船舶、通信设备、机床等这些都是和国际市场订单直接联系在一起的，而且发展还是比较突出的。这样一个双轮驱动模式不能归结到中国经济是一个外需主导的发展模式。”

张立群强调：“我们也要看到国内市场和国际市场之间有一个相互转换的空间，或是内需相对于外需的变化有一定的弹性，这个弹性就是2003年到2007年中国经济增长当中，我们的内需始终采取一个控制性政策：一是严把土地供给闸门，另一个是严把贷款的闸门，提高投资的准入标准等。到2007年采取更严厉的措施，实行从紧的货币政策。所以中国的国内需求在2003年到2007年之间，并没有被充分释放出来，当时是为了保持经济平稳较快地增长。中国现在国内市场需求之所以大，和人口规模直接相关。中国到去年有13.34亿人，是美国人口的四倍以上，超过发达国家人口之和。”

加快城市化建设是我国社会发展面临主要问题之一，张立群认为这正是我们扩大内需最深厚的源泉。他分析说：“人口向城市的转移带来消费需求的增长，同时大规模的城市建设、工业建设将带来投资增长，这些对整个国内需求都是持续的支持。这种调整我认为不是一个发展模式质的变化，而是一种适应国内发展环境的变化，一种适应性调整，这个调整之后，中国经济增长双轮驱动模式仍然没有改变，我们还是要利用好两种资源、两个市场，并不是主张完全放弃外部市场，放弃国际市场到国内发展，是内需外需结构的适度调整。所以我认为中国经济现在从一个中长期的角度来看，这个可持续性是看得很清楚的。”

张立群对中国经济的总体判断是：中国经济增长从去年的V型反转，由升转稳。而国研中心资源与环境研究所副所长李佐军对中国经济未来增长是持谨慎乐观的态度。他说：“短期乐观，中期悲观，长期相对乐观。主要有以下几个原因：1.从外需来看，像美国等发达国家要调整消费模式，有些外需是永久消失了，靠外需拉动经济增长的动力要下降；2.内需取决于我们生产的改革，收入分配格局的改善，而要做到这一点是不那么容易的；3.从投资来看，目前我们主要依靠的是政府投资，而政府投资有一系列的副作用，有一些也是不可持续的；4.现在全球强调低碳、绿色经济，这方面的主导权还不掌握在我们手中，这总体上来说对中国经济未来增长是约束条件；5.人口红利、市场化红利、国际化红利逐步减少，我们未来经济发展的空间也随之减少。”

在过去的一年多里，中国短期经济刺激政策到底取得了什么样的效果？吴庆认为：“经济刺激政策是中国非常时期的非常之策，不得已的选择，取得的效果明显。但是也面临流通货币、通胀压力加大的风险，所以经济刺激不要过度，要适当控制刺激的力度，为未来的经济政策预留多一点空间。”而张立群认为，我们的经济政策从短期刺激保增长型，转向将中国经济引入新一轮可持续经济增长轨道上来，所以今年面临经济增长由升转稳。他说：“去年经济保增长，很多政策的力度还是相当大的，这么大力度的政策的负面效果我们要给予关注。另外从历史比较来看，几次通过政府的力量来刺激经济增长，应该说这次做的是最平稳的一次。”

吴庆认为长期的经济刺激政策对中国经济的发展不利，他说：“如果我们的刺激政策什么都不变，继续下去的话，即使不发生严重的通货膨胀，中国政府也会往债台上走，而且我们的泡沫还会很严重。”同时，他对经济刺激政策方案也提出自己的看法：“经济刺激政策最重要的是要换汤换药，不能仅仅依靠短期政策，依靠扩张性的货币政策，依靠积极的财政政策去刺激经济增长，这种短期做法不解决中国的问题，中国要做的是用长期政策来推动结构转变。”今年年初总书记讲经济发展方式转变的时候，用了 50 多个“加快”，说明他认识到这件事情很紧迫。吴庆说：“经济发展方式转变现在的障碍就是在体制上。我们有很多干部做出业绩就会得到升迁，按照这种体制来考核干部，干部就很在意他短期的绩效。而这种短期扩张性的政策也会带来短期的效果，长期的效果不能立竿见影，所以很多官员在这上面的积极性就会不够。”

李佐军从投资角度分析，认为长期的经济刺激政策会没有实际效益。“这些年地方通过大力发展基础设施来带动经济增长，而我认为基础设施建设是有一个饱和度的，根据其他国家的发展经验，在工业化进入到一定阶段之后确实有一个高潮，但是那个高潮过去以后长期相对稳定。现在我们建机场、建跨海大桥，三五年也就差不多了，再建就没有效益了，所以基础设施要想大规模投资，空间也会越来越小。”

刺激经济政策是否该退出？李佐军的意见是原来的刺激政策要调整，应该逐步退出。“原因是这些刺激政策本身是强心针，强心针是不可以老打的，我们过去打了一年多的强心针，以后还会产生一系列的后遗症：资产价格泡沫问题、产能过剩的问题、国进民退的问题、银行坏账的问题等。”刺激政策何时退出？他强调，不应光等政策退出的成熟时机，应该逐步进行，同时要解决刺激政策的退出和其他中长期政策对接的问题。

刺激政策负效应显现长期发展需体制改革①

《每日经济新闻》(以下称 NBD)记者：徐奎松

对话嘉宾：谢国忠　独立经济学家

　　　　　吴　庆　国务院发展研究中心研究员

2010 年，是全球经济遭遇金融危机后逐步走向复苏的年度，也是“中国经济最复杂的一年”——年初房价狂飙、股市低迷、消费和出口远没有达到预期、政府投资并没有带动民间投资，年初的干旱、最近的洪涝等自然灾难，更是给中国经济带了诸多“两难”问题。

从外部环境看，欧洲债务危机加剧了全球市场的波动，给中国经济复苏带来了太多的不确定性因素。为此，人们担心中国经济会不会二次探底？中国的宏观政策该何去何从？今天，我们邀请独立经济学家谢国忠、国务院发展研究中心金融专家吴庆先生为我们解析以上问题。

---

① 见 2010 年 7 月 9 日《每日经济新闻》报道。

不是二次探底是增速下行

NBD： 最近的宏观经济数据和股市的表现，让许多人开始对中国经济复苏的前景产生怀疑，有专家和机构说，中国经济可能会二次探底。吴老师，您怎样看待这个问题？

吴　庆： 对中国目前的经济形势还不能用“二次探底”来判断，这不准确。中国经济目前的运行情况是，增长速度开始下行。今年一季度 GDP 增长 11.9%，尽管国家统计局去年底对统计数据进行了调整，但对今年一季度的数字没有更改。在这个基础上，预计第二季度的增长速度会比第一季度低 1 个百分点，第三、四季度也有可能是增速递减的态势。

原因可能与我们的宏观政策收紧有关系，但是宏观政策不是最主要的因素，最主要的因素是经济复苏的过程本来就是曲折的。这一轮经济复苏线路图，用“W”型不可能概括实际的运行状态，应该是三个“V”型连在一起，第一个“V”表明经济翻转向好的开始，现在我们进入第二个“V”，其核心是经济探底深度没有第一个“V”那么深，但时间比第一个“V”拖得更长。这种趋势一旦持续下去，下半年乃至到 2011 年第一季度，我们的经济增长率有可能都是下跌的，还有可能低于 8%。中国经济一直注重保增长，考虑到这个问题，如果跌到 5%或是 6%，政府能不能接受还不好说。所以，2011 年第一季度我们可能又要面临保增长的问题。

NBD： 谢老师，您对中国经济的形势判断好像相对悲观一些。

谢国忠： 我认为经济二次探底已经开始了。首要的风险并不是来自于刺激政策的过早退出，恰恰相反，经济再次衰退风险正是由于全球经济在上轮危机中未能得到较好的调整，由刺激政策引发了经济泡沫。

股市能显示对经济的预期

NBD： 上半年股市大跌，与经济走势有多大的关联度？上半年股指变化能反映出什么问题？

吴　庆： 我们应该客观地看待中国股市走势，现在与十年前已经有了根本性的变化，已经有了相当的理性，很多投资者不再是完全凭胆量追涨杀跌。股指在很大程度上已经能够显示出经济的未来预期，是一个潜在的先行指标，反映的是未来而不是现在。

为此，核心问题是反映出很多投资者较早地预测到高通胀与低增长时期的到来，这种双向走势是中国独有的，可以叫中国式的滞胀预期形式的结果。刚才我说到，5%～6%的经济增长速度在西方国家不是问题，而在中国就有可能承受不了。股市投资者或许是预测中国经济在今年第四季度和明年第一季度可能面临更大的困难，所以，早在前几个月就对股市失去一定的投资信心，导致股市大跌。由此，我预计我国的通胀可能在 2011 年第一季度到达顶点，但今年第四季度增长不会太大。

谢国忠： 中国股市大跌就是因为经济二次探底引起。产生的后果究竟多大？这里有个快慢之分，大小之分，主要是从哪一方面来看的问题。高投入和高增长会带来很危险的后果，目前我们的经济增长是靠大量信贷托起的，地方政府大量投资，这种靠政府投资的模式如果不减弱的话，经济就不是在健康增长的轨道上。

2009 年初，我也预测中国经济在今年上半年会大涨，尔后股市就会大幅下跌，主要原因就是经济的复苏和健康增长不是靠财政刺激就能奏效的。股市大跌的原因完全按照预期设定，既有庞大的融资资金链问题，也有公司盈利情况并不好的原因，在经济大环境走低的情况下，股市害怕，股指就要下跌。

就业好没必要严格“保8”

NBD：按照目前发展态势，有没有必要再去计较“保8”？

吴　庆：我认为没有必要严格地去“保8”。2008年以来，政府提出“保8”的目标，其实也只是一种手段而不是目的。实际上，“保8”的目的是保就业，保就业就是保民生。政府如果想保就业，还有更直接的做法，不需要通过“保8”来保民生。如果想放弃“保8”，可以通过加大支出提高社会保障改善民生。

NBD：2008年10月开始实施的刺激政策，一年半来效果有目共睹。但是，有没有负面效应？

吴　庆：刺激政策的正面效应应该肯定，但负面效应也很明显。宏观层面现在反映出两个负效应问题：一是财政投入增加了财政负担，地方财政已经面临种种问题；二是发行的大量货币导致物价上涨。

在微观层面上，我们付出的一些代价已经很大。一些改革开放30年来的成果，在这轮经济刺激政策下受到了影响，至于影响多大还需要时间进一步观察。最典型的就是银行系统，银行系统经过两轮改革后，在上个世纪90年代加强了自身管理，加强了贷后管理，不承担过多的风险。2001年加入WTO以后实施了股份制的改造，迈入市场化状态。但是，在这一轮刺激政策影响下，银行完全卸掉了风险管理责任，追求资产规模的扩张。这种状态已经回到了上个世纪90年代的状况，这是典型的体制性倒退，代价相当高。

体制改革推动下轮发展

NBD：我们也应该看到，自2008年起实施刺激政策的同时，调整经济结构的政策密集出台，前天还出台了深入实施西部大开发战略的政策，结构性、产业性和金融控制措施也基本都出台了。从今年下半年开始乃至“十二五”期间，宏观政策更应该注重在哪方面加码？

吴　庆：用总书记的话说，重点是向经济发展方式的转变转移。要做到一个转移，核心是需要经济体制改革和政治体制改革来推动的，更重要的是把短期宏观政策转向长期宏观政策。但是有一个问题要做好思想准备，就是很多工作都不会取得立竿见影的效果。目前，我们的地方政府对长期的经济体制改革热情严重不足。回过头来说，我们也不能完全排除没有短期的还能立竿见影的体制性改革，改革垄断行业就可以有立竿见影的成效，现在对垄断行业的改革是政策多、呼声多，而实际行动不多。我预计，只要我们能够打破行业垄断，马上就能促进经济更强劲地增长。

谢国忠：我认为，下半年对经济的调整，当务之急是央行尽快调整利率，至少应调高3个百分点。如果不加息，或是只增加0.27个百分点，经济运行就会持续通胀，价格和生产成本仍然会增高，还会持续放大货币。

今天的中国能够从昨天的日本学到什么?①

二次世界大战之后,日本的经济目标十分明确,就是追赶英美。通过制订并实施经济计划和产业政策,日本成功实现了追赶。但是,在成功实现了追赶之后,实施了将近40年的追赶战略失去了作用,日本面临一个新问题:完成了追赶之后怎么办?

也许是因为日本的经济成功来得太快,日本的官员和学术精英们还没有来得及思考更长远的未来,未来就已经来到了他们眼前。加之在经历了将近40年的快速经济增长之后,日本国民中难免会有骄傲与自满的情绪,还有被全球媒体烘托的即将成为世界第一经济大国的盲目乐观。

精英们的失职和国民们的骄傲自满导致日本在体制和结构方面固步自封,任何改革都变得异常困难,以至于在经济增长方式必须转变的时候错过了宝贵机会。于是实际经济增长徘徊不前,经济泡沫却因为顺应了公众情绪而被各方面接受。终于泡沫破裂,日本陷入严重的金融危机和经济萧条。这时日本才开始接受金融领域"大爆炸"式的体制改革。但是日本不仅"失去了十年",还失去了失不再来的机会,已经从"未来的世界第一"沦落为"未来的世界第三"。

今天的中国同昨天的日本一样,面临着失去方向的危险。在过去15年中,中国成功实施了出口导向型的经济发展战略,实现了举世瞩目的经济增长,经济总量已经成为世界第三。但是,出口导向型的经济增长模式迟早会走到尽头。和当年实施追赶战略的日本一样,中国迟早也要面临一个重要问题:出口导向政策走到尽头之后怎么办?

今天的中国和昨天的日本一样令人乐观。高盛的一份报告指出:日本、中国和韩国的相对经济规模在2005年是6.6∶2.4∶1.0,到2025年将变成2.6∶4.5∶1.0,再到2050年会变成2.2∶13.1∶1.0。也就是说,在2005年,日本的经济规模是中国的2.75倍;45年后,中国的经济规模将是日本的六倍。国内也有著名经济学家在2006年发表过宏论:中国的经济规模将在2030年超过美国而成为世界第一。

东京国际货币研究所的一位日本同事提醒笔者:30年前在日本也有过类似的预测,说日本将在20年内超过美国。今天谁都知道,美国的经济规模还是世界第一,日本只及美国的三分之一。笔者有时候问听众这样的问题:假如一位打工仔的工资连续多年增长得比公司业绩还快,你是否会预测这位打工仔的工资在未来某一天会超过他的老板?笔者预备的答案是:打工仔的财富永远不会超过他的老板,除非打工仔自己成为老板。在国际经济体系中,现在的中国就是一个打工仔。2005年,美国副国务卿佐立克先生直言不讳地要求中国成为"一位承担责任的打工仔"(a responsible stakeholder)。对于国家来说,转变身份的要点就是要实现经济增长方式转变。

中国本来就正在靠近出口导向型经济增长道路的终点,世界性的金融危机让这条道路变得更短。于是,市场的力量开始推动中国经济的增长方式发生转变。在供给方面,无需政府推动就会自然发生双重转变:

---

① 2008年10月31日发表于《每日经济新闻》。标题为:"'出口导向型'正终结,经济增长需变脸"。记者吴晓晶报道。

一方面，成熟产业要在区域间转移。“雁行发展”模式预言：当沿海地区的土地价格和劳动力成本上升到某些产业难以为继的时候，这些产业会转移到低地价和低工资的中西部地区。中国是一个大国，地区间梯度明显。自东向西的转移收益大而成本小，不仅比跨国转移更经济，而且也更低风险。所以“产业空心化”不会成为全国性问题，中央政府更不必采取措施防止。

另一方面，发达地区的产业要升级。地价和工资上升的沿海地区在失去低附加值产业的同时，自然需要更高附加值的产业来填充。如果这个过程不成功，地价和工资就无法继续上升。这是当前一些大中城市出现房价危机的最重要原因。一些地方政府已经提出“腾笼换鸟”口号，顺应并积极推动地区产业升级。产业升级是当前房价下跌、城市稳定房价的根本举措。

而在需求方面，从依靠外需向依靠内需转变则需要政府出手完善市场经济体制。其中完善社会保障、加强产权保护是实现这一转换的关键。

只有在明确了大是大非，确定了大方向，并且确保短期经济政策锚定于、服务于中长期经济目标，才能够保证这些政策真正对国民经济有利。例如，与其提高出口退税鼓励本国出口和国外消费，还不如用同样数量的财政补贴鼓励国内消费。同样是财政补贴，前一种补贴大多溢出到海外，后一种补贴基本上留在国内；前一种补贴抵消市场力量、推迟需求层面的国内替代，后一种补贴则通过扩大内需促进替代。

中小企业融资难　大银行难有所作为[①]

在年中宏观经济数据发布会上，尽管没有提及中小企业的融资情况，但对新“民间投资36条”和《关于进一步做好中小企业金融服务工作的若干意见》这两个文件的实施效果如何，社会各界一直高度关注。因为这两个文件能不能严格贯彻落实，直接决定着能不能化解中小企业融资难的问题。

今年上半年，中小企业的融资情况如何？扶持中小企业融资政策与银行的最大目标有没有矛盾？下半年政策应如何调整？我们邀请国务院发展研究中心金融所银行室副主任吴庆、宁波银行零售公司部总经理助理冯世朋对以上问题进行分析解读。

融资依旧艰难

NBD：今年上半年，中小企业在融资渠道、融资平台和融资额度三个方面有哪些进展？

吴庆：从今年上半年的融资情况看，并不乐观，中小企业融资依旧很难。在融资渠道、融资平台和融资额度三个方面没有明显的进展。但是比起2008年和2009年，多了一些新成立的村镇银行等金融机构。下半年经济将是下滑走势，第三季度可能最严重，现在已经可以看到一些端倪。“一行三会”特别是银监会现在实行的对信贷风险加大监管力度

① 见2010年07月22日《每日经济新闻》，由该报记者徐奎松撰稿。

的政策，预计下半年会继续。在这种大气候下，中小企业的融资状况不会太好。

NBD：冯助理，您如何评价中小企业融资难问题？

冯世朋：解决中小企业融资难，首先要明确到底要扶持的是哪类中小企业？因为要解决所有中小企业的融资难问题，显然是不现实的，也没有必要。这本身也是社会优胜劣汰的自然法则，无论你要扶持哪一批，每年注定要死掉一批中小企业，这也是社会资源合理分配的一种体现。

所以，我们首先要明确一点，那就是扶持应该扶持的中小企业，扶持可以扶持起来的中小企业。应该扶持的中小企业有哪些？是有利于解决就业问题的、有利于环保改进的、有利于节能减排的、有利于民生的、有利于技术改造的、有利于生活方式改进的（如IT）等中小企业。这些企业虽然很小，但对社会进步意义非凡。毫不夸张地讲，没有中小企业，社会的创新黯然失色。扶持可以扶持起来的企业指的是：银行（当然也包括社会其他金融机构）在某种意义上讲，是社会资本科学配置的机构，从这一个角度讲，银行已经履行资源优化配置的社会责任。

大银行难作为

NBD：央行、银监会、证监会、保监会6月推出了《关于进一步做好中小企业金融服务工作的若干意见》，银行系统目前做了哪些具体工作？

吴庆：据我了解，大银行几乎没有什么动作。有个前提需要分别看待，就是银行的传统体制并没有改变。在这种体制下，银行的金融服务又因其大小而存在着局限性。像给中小企业发放贷款这类政策，实际很难为大型银行。工、农、中、建四大国有银行，比较适合提供结账、存款和基本账户等标准化的金融产品服务，而且比小银行有效率；而融资、贷款等非标准化的金融服务，大银行做起来难度很大，地方小银行更合适提供这类服务。所以，我认为，银监会要求大银行给中小企业提供信贷，实际是在为难大银行。因为在现有的银行体制下，很难解决问题。

NBD：我们了解到，银行实行行长责任制，是追求利润最大化和风险最小化的，像刚上市的农行，行长就表态"要多赚钱回报股东"，这说出了银行的本质追求；我们也了解到，目前我国的中小企业普遍存在信誉度不高和抵押物不足两大问题。在这种情况下，银行如何才能把政策落实到位？对中小企业的最大信贷容忍度是什么？

吴庆：这个问题确实是这样的，特别是大银行追求的目标与某些政策是存在矛盾的。大银行如果执行这些政策，就会与股东利益最大化相冲突。具体看，大银行把同样的信贷发放给大企业与发放给小企业，得到的回报完全不同，大企业的回报高、成本低、风险低；而小企业的回报小、成本高、风险高。

同样的情况，对地方小银行而言，这种矛盾就不存在了。小型金融机构服务不了大企业、大客户，因为有很多监管规则和制度限制着他们，比如对单一客户贷款不能超过10%、同一行业的贷款也不能超过10%等，加上资本金很少，就不可能给大企业提供足够的贷款。现在刚成立的村镇银行就不存在这样的矛盾。所以，要满足中小企业的信贷需求，就必须多发展中小型金融机构。

如果非要求大银行为中小企业贷款，可以设立中小企业信贷部门，但问题是银行肯定要损失一些利润。大银行只能拿另一部分的业务所得来补贴中小企业服务的损失，如果有一笔业务失控，十笔业务就白做了。还要考虑到现在仍然有利率和手续费等项目的管制，还有对中小企业的收费反映不出所提供服务的成本。

信誉问题很难用标准化的东西来衡量，属于非标准化范畴，给中小企业发放贷款就属于非标准化服务。银行普遍用抵押物发放贷款额度，但现实问题是不仅小企业做不到，就连中型企业也做不到，他们提供不了足够的抵押物，这个比例很大，所以贷款就很难。银行是靠承担风险赚钱，我们的银行目前几乎靠抵押物和机构担保这两个办法来降低信贷风险，但按照这两条，就有很多的中小企业贷不到款。

冯世朋：小企业信誉高还是低？从银行从业者的角度来讲，小企业的信誉是高的，但它的抗风险能力较弱。一个小企业几乎是一个家庭的全部经济来源，没有特殊危机出现，小企业主是不愿意让维持生计的小企业失去信誉的，因为这个违约成本太高了。所以从小企业主主观上来讲，它是有很高信誉的，但从小企业自身客观来讲，它的信誉具有不确定性。这个特点对银行如何去把握信贷风险具有参考作用。

金融机构太少

NBD：同样的道理，地方性银行尽管受地方政府领导，但是利润高增长仍是行长的责任，而帮助中小企业融资则是政府的责任。由于政府与行长的目标不同，所以，往往出现政府不好插手行长的业务，一旦插手过深又将形成呆坏账，如何化解这对矛盾？

吴庆：用行政力量要求银行为中小企业提供贷款，这种做法不会成功。自从银行体系改革以来，银行每年都要接到来自行政部门的信贷指示，但实际的执行情况并不乐观。所以，作为银行应该两手来做：一手是银行还是要有很好的治理结构，为股东服务；另一手在满足中小企业服务方面可采取有两个办法，首先是要有足够多的中小金融机构，其次是靠竞争，竞争会迫使中小型金融机构为中小企业提供服务，这种情况在近几年逐步显现出来了。

NBD：冯助理，您说小企业的信誉高，但抗风险能力弱，那么，在您看来，如何解决小企业融资难题？

冯世朋：既然小企业的信誉具有双重性，那么解决小企业的融资困难切入点就是要排除小企业客观上的不确定性。小企业自身的资产小，寻找有效担保也很困难，它的价值洼地是它的商业模式和产业链上的资产价值，如应收账款、订单等，这些方面的融资品种突破，小企业融资的春天就真正到来了。目前这些贷款品种各行都在积极尝试，但不成熟，也还没有普遍意义。因此，目前小企业融资还离不开业主个人的信誉、朋友圈的信誉、企业现金流的价值。如宁波银行推出的几家小企业联保型贷款，就是发挥企业主朋友圈的价值，如根据企业现金流状况给予一定的信用贷款等。

政府主管部门要解决小企业融资难的问题，首先要让市场上有足够多的金融机构，至于是选择让银行开更多的分支机构，还是让更多的民间资金入股金融机构，那是政府的选择。机构多了，由于竞争的关系，客户选择自然会下移，小企业资金需求的解决渠道会更多，才能缓解小企业融资难的问题。小企业主管机构、社会民间组织发挥更多作用的地方是建立一个有公信力的信息平台。小企业在寻找银行，其实银行寻找小企业更难。另外一点就是加快普及小企业融资知识。小企业经常抱怨银行贷款手续多，它的参照物是跟最好的朋友借钱比较。如果小企业有融资意识，提前与银行建立关系，很多资金问题会顺利解决。

小企业的发展离不开银行的支持，银行的发展也离不开小企业的支持，这是双向的，互为支撑。因此，银行在解决它的利润问题的同时，也自发地在履行社会责任。当然，随着银行体系越来越完善，银行业会更加细分，未来会出现更多的小企业专营银行。至于银行的平均利润水平，它的决定因素是社会资金的供求关系，而不是某个银行本身。

规范民间借贷

NBD：农村信用合作社、农业银行的分支机构、村镇银行和邮政储蓄银行等，已经成为中小企业融资选择的信贷部门。据我们了解，这四大信贷系统远远解决不了中小企业的融资问题，该如何改进他们的缺陷？

吴庆：实际上，我们的很多农村信用合作社和农业银行的分支机构，都在尽可能地寻找大企业，与大客户做业务。村镇银行刚刚发展还不成熟，规模很小。我们应该从基础做起，允许个人之间的信贷业务，签订的信贷合同要受法律的保护，河北的“孙大午事件”就说明保护制度还不够。央行早在前几年就对此进行了深入的研究，有意推进民间借贷的合法化并健康发展。

NBD：2009年初，就有文件要求地方政府为中小企业搭建融资基金平台，《关于进一步做好中小企业金融服务工作的若干意见》又进一步做了部署，到目前为止，地方政府所搭建的融资基金平台有哪些？进展情况如何？

吴庆：现在地方推出了很多的融资基金平台，但总体状况还处于刚刚起步阶段，谈不上规模型发展，业务都不大。典型的担保公司现在每个市都成立了几家和十几家，但规模有限，而且很难发展下去，主要是商业业务模式不流畅，资本金花完了就处于半关门状态。政府实行的降低利率和财政补贴等办法中，财政贴息的办法从最初的小企业层面逐步贴给大企业层面，打着小企业的招牌在为大企业做事，脱离了政策的初衷。

结束语：从两位资深人士的分析来看，中小企业融资依然很难，而在目前的银行体制下，巴望大银行给中小企业足够的信贷是不现实的。就像冯世朋先生所说的那样，要解决中小企业融资难题，首先要让市场上有足够多的金融机构，金融机构多，竞争才激烈，竞争激烈后银行的客户选择才会下移，小企业资金需求解决渠道才会更多。感谢两位的精彩解析！

后 记

本书汇集了我在过去两年多时间里写下的一百余篇经济与金融评论。刊登过这些评论的媒体包括:《明报》《中国经济时报》《上海证券报》《21世纪经济报道》《人民日报》以及FT中文网、搜狐财经、中国经济网等。尽管文责自负,但是如果这本书还算得上成果的话,我应该感谢很多人的贡献。

首先感谢香港《明报》前任资深财经记者杨盈慧女士和助理副总编辑高志坚先生。2008年1月,杨盈慧女士劝说我为"中国经济专栏"写评论,还在高志坚先生和我之间牵线搭桥。这是我定期撰写经济评论的开端。高志坚先生编辑了我为《明报》写的每一篇评论。他编辑的时候做两件事:一是把某些普通话翻译为广东话,或者添加解释;二是加上几个小标题,把一篇一千五百字的稿子分成几段更短的文字。他解释说:香港读者时间宝贵,没有耐心读很长的稿子。一千五百字的篇幅已经是《明报》上最长的。

感谢《中国经济时报》前任总编辑包月阳先生。从2009年4月起,他在每周一的第二版上开辟了一个"金融时评"专栏,让我一人执笔。感谢邓志高、单羽青的鼓励与帮助,我坚持了半年。之所以在《明报》之外另辟蹊径,是因为我愿意写给香港读者看,更愿意写给大陆读者看。但是香港媒体与大陆媒体之间不仅有语言障碍(普通话和广东话的区别),还存在"市场分割":《明报》上刊登的稿件,大陆网站均不转载。

还要感谢其他经常向我约稿的记者和编辑们,包括《上海证券报》的邹民生、乐嘉春,《21世纪经济报道》的祝乃娟,还有《人民日报》的牛瑞飞、搜狐财经的汪华峰、FT中文网的魏城、中国经济网的郭涛等。正是他们持之以恒地向我约稿,促使我把一闪即过的想法记录下来,加工成评论。两年下来,回头一看,竟然写了一百多篇评论、二十多万字。

感谢金融所副所长巴曙松博士。他是一位勤奋的学者,也给《明报》写评论。他再三勉励我坚持写下去,"一年以后就可以汇集成一本书"。不过当时我不如巴所长看得高远,更没有想过汇编文集。我一度认为:这些关于短期经济问题的评论、争执甚至对策、方案,随着时间推移会很快失去价值,不值得出版。我的这一短见一直维持到去年10月看到余永定教授亲笔签赠的新著《见证失衡》。

感谢余永定教授和他的新著。《见证失衡》汇集了余教授在1996年到2009年间撰写的25篇论文,历史性地记录了中国经济在融入世界的过程中遇到的挑战、可选的路径、当时的争论,以及走上现在这条道路的过程。

重读余教授的文章,我忽然意识到:虽然《见证失衡》记录的事件已经成为历史;但是中国经济面对的真实挑战依然未变,这段历史还没有终结。因此,《见证失衡》一书不仅有历史价值,也极具现实意义。正是受到余教授这本文集的启示和激发,我决定把这一百多篇评论中的大部分编辑成册,并且起名为《见证通胀》。

感谢上海远东出版社匡志宏副总编辑。远东社出版了吴敬琏老师著作《当代中国经济改革教程》的好几个版本,也出版过国务院发展研究中心的课题成果,我因此有幸认识了匡志宏女士,还时常把短文发给她看。2011年元旦前夕我们再次见面,说起我正要编辑的《见证通胀》,竟然一拍即合。匡总很快把这本书列入了出版计划。还要感谢李巧媚编辑。由于她谦虚、认真和高效率的编辑工作,这本书才及时地摆放在读者面前。

特别感谢吴敬琏先生。我1998年参加吴老师的课题组、2001年拜吴老师为师攻读博士学位。若没有这段幸运的经历,我不会重修经济学基础,也不会追求逻辑严密,对中国经济更不会有深刻见地。直到今天,无论面对面还是通过电话线或者电子邮件,吴老师总是鞭策和鼓励我思考问题。吴老师师门里的讨论对我也大有裨益。范世涛、廖强两位师兄弟还为我提供了实质性的帮助。

这本书是我独立完成并且出版的第一本专著。虽然不期而得,我却在很早以前就想好要把它献给养育过我的四位老人:我的爷爷闫学义、奶奶靳自清、瘦祖祖曹素贞和胖祖祖闫绍氏。人世间的感动比自然界的资源更稀缺。感动过的人,不枉此生。他们常在我心,我却没有机会报答他们。我曾经发愿:在我的第一本书的扉页上,写上给他们的献词。现在终于可以还愿。